CAMPAGNE DE 1870-1871

LA GUERRE DANS L'OUEST

L'auteur et l'éditeur déclarent réserver leurs droits de traduction et de reproduction à l'étranger.

Cet ouvrage a été déposé au ministère de l'intérieur (section de la librairie) en mars 1874.

PARIS. — TYPOGRAPHIE DE E. PLON ET Cie, RUE GARANCIÈRE, 8.

PUBLICATION DE LA RÉUNION DES OFFICIERS.

CAMPAGNE DE 1870-1871

LA GUERRE DANS L'OUEST

PAR

L. ROLIN

ANCIEN OFFICIER

Avec un extrait de la carte du Dépôt de la Guerre

PARIS

E. PLON ET Cⁱᵉ, IMPRIMEURS-ÉDITEURS

10, RUE GARANCIÈRE

—

1874

Tous droits réservés.

AVANT-PROPOS.

Les événements de 1870-1871 ont été d'une telle gravité, que la plupart de nos généraux ont considéré comme un devoir de dire au pays ce qu'ils avaient fait des hommes qui leur avaient été confiés pendant cette campagne. C'est ainsi que les diverses armées de province ont pu lire les récits de leurs opérations écrits par ceux mêmes qui les ont conduites. Seules, les troupes de l'Ouest n'ont pas eu leur monographie, sans doute parce qu'elles ont si souvent changé de chefs qu'aucun d'eux n'a cru sa responsabilité suffisamment engagée pour rendre un compte public des actes relatifs à son commandement.

Assurément les défenseurs de cette partie de la France, abandonnés à eux-mêmes et réduits à faire la petite guerre, ont eu un rôle des plus restreints et des plus modestes. N'ayant été reliés ni à l'armée de la Loire ni à l'armée du Nord, ils ne se sont point illustrés sous les ordres des Chanzy et des Faidherbe; mais ils n'en ont pas moins honorablement combattu pour la même cause dans plusieurs circonstances, qu'il n'est peut-être pas inutile de rappeler.

AVANT-PROPOS.

En publiant les lignes qui suivent et qui n'engagent que sa propre responsabilité, l'auteur n'a pas eu l'intention d'écrire une page d'histoire, ce qui serait une entreprise prématurée et d'ailleurs au-dessus de ses forces. Il a voulu, par la simple relation des faits qui se sont passés à sa portée, rendre un hommage à la mémoire de ceux qui ont succombé pour la défense de la patrie, offrir un souvenir à ceux qui ont survécu, apporter un témoignage sincère à ceux qui voudront plus tard raconter à nos fils cette sombre période de nos annales.

L'Auteur.

Le Havre, novembre 1873.

LA GUERRE DANS L'OUEST

CHAPITRE PREMIER.

Marche des Allemands sur Paris. — Situation militaire de la France au mois de septembre. — Troupes de marche de la ligne. — Garde mobile. — Corps francs. — Garde nationale.

Après que l'Empire eut succombé à Sedan, nos armées régulières, battues dans dix combats, étaient détruites, cernées ou captives, et la France se trouvait dans la plus effroyable situation qui eût jamais attristé son histoire : restée seule, sans armes et sans gouvernement, elle n'avait plus que la terrible responsabilité d'une campagne mal engagée et plus que compromise. Cependant, le sentiment qui se manifesta chez elle après ces premiers désastres ne fut point celui du découragement ou de la peur, mais plutôt celui de la colère et de la vengeance. Au lieu de renoncer à la lutte après un mois d'hostilités, la France retrempa son courage dans son infortune, et relevant son drapeau, elle appela chacun de ses enfants à la défense de l'honneur national.

Commentant la célèbre proclamation de Saint-Avold, les journaux officieux du roi Guillaume avaient donné à entendre que ce n'était pas à la nation française, mais à Napoléon III, que l'Allemagne faisait la guerre; ils avaient nettement séparé l'Empereur de la France, et l'Empereur étant hors de cause, on était fondé à croire qu'il serait facile de désintéresser le vainqueur. Notre ministre des affaires étrangères, M. Jules Favre, se trouvait sans doute sous le coup de cette illusion lorsqu'il se rendit de son propre mouvement à la conférence de Ferrières; mais il put s'assurer là du degré de confiance que méritaient les déclarations germaniques, et en quittant le chancelier allemand, il vit bien qu'il n'y avait plus qu'à combattre. Pour les Prussiens, il n'y avait pas de paix possible sans la cession de notre frontière de l'Est, et sans le payement d'une rançon qui devait consommer notre ruine; en outre, c'était à Paris même, dont la route leur était ouverte, qu'ils voulaient dicter leurs conditions : Paris était depuis longtemps leur objectif; c'est là qu'ils voulaient assouvir les haines accumulées contre nous depuis un demi-siècle.

La capitulation de Sedan fut signée au château de Bellevue, le 2 septembre, à onze heures et demie du matin : à midi, les armées allemandes recevaient l'ordre de faire leurs préparatifs pour continuer leur marche sur Paris. Elles se mettent en route le 4, atteignent Dormans le 8, s'emparent de Laon qu'elles enlèvent au passage le 9, et s'avancent désormais sans rencontrer d'obstacles; le 14, le grand quartier général prussien est à Château-Thierry, le 15 il est à Meaux. Chaque jour les télégraphes et les chemins de fer, ces organes de la volonté et de la vie nationales, sont coupés ou détruits; chaque jour de nouvelles régions se voient isolées de la capitale; c'est comme une lente paralysie qui commence, et les membres, isolés du cerveau d'où partait l'impulsion, vont maintenant se débattre dans une terrible agonie. Le 17, les Allemands marchent sur Pontoise et sur Corbeil; leur ligne se resserre de jour en jour, d'heure en heure ; le 18, ils sont à Poissy; le 19, à Versailles, et leur cercle d'investissement, peu à peu rétréci, est tout à coup fermé brusquement. Paris se voit désormais complétement isolé de la province, et la France est comme décapitée.

En marchant si aventureusement sur notre capitale, les Prussiens cédaient à des considérations politiques plutôt qu'à des raisons militaires : il aurait été possible de déjouer leurs calculs, en imitant de sages et illustres exemples. Il fallait transporter ailleurs le siége du gouvernement et faire sortir de Paris les bouches inutiles; de cette façon on eût enlevé à l'ennemi les deux auxiliaires sur lesquels il comptait le plus, la sédition et la famine; il était réduit à faire un siége régulier, opération dans laquelle il est loin d'exceller, ou à attendre au moyen d'un investissement ce que, dans son langage recherché, il appela « le moment psychologique du bombardement ». Quant à la France, au lieu de dépendre d'une ville bloquée avec laquelle elle ne communique plus qu'à de rares intervalles et par les airs; au lieu d'attendre des ordres d'un gouvernement prisonnier des Prussiens et qui ne peut plus songer qu'à lui-même, elle eût eu plus de facilités pour délivrer sa capitale. En un mot, on pouvait laisser entre les mains des Allemands une simple place de guerre; on leur permit d'étreindre le cœur même du pays.

A l'approche de l'ennemi, le gouvernement de la défense nationale avait enfermé dans Paris les derniers débris de nos armées régulières, quelques troupes de ligne dont le corps du général Vinoy formait le noyau, des marins, et tout ce qu'il avait pu réunir de bataillons de mobiles; malheureusement il s'y était enfermé lui-même, et, pour organiser la défense en province, il s'était contenté d'envoyer à Tours une délégation composée de trois personnes : MM. Crémieux, Glais-Bizoin et le vice-amiral Fourichon. Ce dernier avait seul une compétence militaire; les deux premiers avaient fait partie de l'opposition sous l'Empire, et ils avaient énergiquement revendiqué nos libertés; mais ils avaient combattu avec non moins d'énergie la loi militaire de 1868, et s'étaient ainsi rendus les complices de ceux qu'ils accusaient. Étrange et triste contradiction des choses : ceux qui étaient chargés d'organiser la levée en masse, de prêcher la guerre à outrance et de décréter la victoire, étaient les mêmes hommes qui, deux ans auparavant, avaient demandé la suppression de l'armée et l'abolition de nos institutions militaires.

La tâche de ces organisateurs était devenue bien difficile. Pour porter l'armée du Rhin à la frontière et pour former ensuite l'armée de Sedan, nous avions épuisé toutes nos ressources militaires. Triste et incroyable situation! Avec neuf contingents, une population de 38 millions d'habitants et un budget de la guerre d'un demi-milliard, il ne nous reste plus rien, après un mois de lutte, ni cadres, ni soldats, ni matériel, et, pour défendre son propre sol, la France est réduite aux derniers expédients.

Nos réserves elles-mêmes sont déjà engagées, et plusieurs de nos régiments de marche ont été faits prisonniers à Sedan. Pour en former d'autres, il va falloir organiser les quatrièmes bataillons des dépôts, or ces bataillons sont composés des hommes de la seconde portion du contingent, c'est-à-dire de jeunes soldats n'ayant que quelques mois de présence sous les drapeaux, et, par conséquent, qu'une instruction militaire superficielle ; un décret appelle les célibataires et les veufs sans enfants de vingt-cinq à trente-cinq ans qui ont accompli leur temps de service ; leurs rangs reçoivent quelques débris échappés à nos premiers désastres ; plus tard, à la fin de septembre, on y ajoutera les jeunes recrues de la classe de 1870, et ce sont ces bataillons de marche formés à la hâte, avec un nombre insuffisant de sous-officiers, avec des officiers comptables ou de toute provenance, la plupart fatigués ou même usés par le service, n'attendant plus que leur retraite, et ayant permuté deux mois auparavant pour rester dans les dépôts ; ce sont ces bataillons qui formeront nos troupes dites régulières et nos têtes de colonnes.

Avec ces troupes de marche en formation, nous avions la garde mobile qui devait primitivement faire le service de garnison et rendre toute l'armée active disponible en permettant la mobilisation des dépôts. Le plan adopté par Napoléon Ier en 1815, à son retour de l'île d'Elbe, était tout le secret de la loi militaire de 1868. Malheureusement l'organisation de la garde mobile, d'abord poussée avec activité par le regretté maréchal Niel, fut arrêtée par son successeur. Par suite du mauvais vouloir qu'elle avait rencontré de toutes parts, la loi de 1868 était donc une loi manquée. La disposition qui portait que la garde mobile ne pourrait être exercée plus de quinze jours par an, et que chaque exercice ne devrait pas donner lieu à un déplacement de plus de vingt-quatre heures, supprimait par cela même les moyens d'en faire une force sérieuse. Bientôt le gouvernement, l'ayant expérimentée à Paris, ne vit plus dans l'institution qu'un sujet de crainte; il forma d'abord le projet d'envoyer les hommes faire l'exercice aux chefs-lieux de canton avec des armes placées sous la protection de la gendarmerie, mais cette idée ne fut même pas mise à exécution : quand l'ennemi parut, les gardes mobiles n'avaient pas encore de fusils et ne pouvaient opposer à l'invasion que le seul obstacle de leurs poitrines.

Cette milice, qu'on se plaisait à comparer à la landwehr, à la « nation armée », était bien la nation elle-même, et ce fut un spectacle mémorable que cette application, au milieu de nos revers, du service militaire obligatoire. Cette égalité devant le danger n'était point une chimère; la plus étroite solidarité avait confondu sous le drapeau, dans un même sentiment, toutes les conditions et toutes les fortunes. La garde mobile, c'était la jeunesse française dans toute la richesse et dans toute la variété de ses éléments : on ne l'avait point appauvrie pour former les armes spéciales ou les corps d'élite; les jeunes gens remplacés auparavant payaient comme les autres leur dette à la patrie, et bon nombre d'engagés volontaires venaient grossir les rangs et prendre leur part au péril commun. C'était un admirable recrutement, comprenant des jeunes gens de vingt et un à vingt-six ans, tous dans la force de l'âge, et bien supérieurs aux recrues de la ligne; non-seulement par leur constitution physique, mais encore par leur intelligence et par leur instruction. Aussi la supériorité des bataillons de marche sur ceux de la garde mobile consistait surtout dans l'armement : la ligne avait des fusils Chassepot, et la meilleure arme des mobiles était le fusil à tabatière. L'habillement était des plus défectueux, et nos braves jeunes gens se rappelleront longtemps leur premier uniforme, pour lequel l'État leur avait alloué la somme de dix francs, et qui se composait d'une simple casquette et d'une blouse de toile bleue. L'équipement consistait dans une mauvaise musette ou un bissac grossièrement cousu : plusieurs mobiles portaient même leurs effets serrés dans un mouchoir, et auraient plutôt ressemblé à des émigrants qu'à des soldats, si deux galons de laine rouge, ajustés sur leurs manches, n'eussent distingué ces nouveaux croisés de l'indépendance nationale. Si le choix de ses officiers avait été partout dicté par des considérations essentiellement militaires; si elle avait été réunie et exercée, la garde mobile aurait encore rendu de meilleurs services; « elle eût été peut-être le salut de la France [1] »; mais quand après nos premiers revers elle fut appelée par décret à l'activité, elle passa subitement, sans transition, de l'oubli auquel on l'avait vouée à la vie active des camps et des champs de bataille.

On ne peut se rappeler sans émotion les tristes circonstances dans lesquelles elle parut pour la première fois en rase campagne. En s'avançant de Metz sur Paris, les Allemands rencontrèrent, le 25 août, à Sivry-sur-Ante, un millier de gardes mobiles du 4e bataillon de la Marne qui, à l'approche de l'ennemi, avaient été dirigés de Vitry sur Sainte-Menehould. « Après leur avoir envoyé quelques obus »,

---

[1] Voy. Chareton, *Rapport sur la loi d'organisation de l'armée.* 1873.

dit le colonel fédéral Rüstow[1], « une fraction de la 6ᵉ division de cavalerie les chargea, les dispersa, et les fit en grande partie prisonniers; un grand nombre furent sabrés ou tués à coups de lance. Les Allemands ont prétendu que ces gardes mobiles avaient voulu se rendre; mais que ne sachant par quels signes conventionnels manifester ce dessein, ils s'étaient arrêtés et avaient formé le carré de leur mieux. C'est là ce qui avait été la cause de la charge inutile des cavaliers. » L'écrivain que nous venons de citer paraît n'avoir connu que le premier acte d'un drame dont voici le lamentable dénoûment : faits prisonniers, désarmés et emmenés en captivité, ces malheureux jeunes gens venaient de traverser le village de Passavant, lorsque l'un d'eux quitta les rangs pour aller se désaltérer au ruisseau du chemin. Un soldat de l'escorte tire sur lui, et les Prussiens, se croyant attaqués, chargent impitoyablement les infortunés mobiles. Une reconnaissance de cavalerie fait feu sur eux; puis, l'infanterie cantonnée dans le village se mêle à cette attaque, et bientôt les deux côtés de la route sont jonchés de blessés et de cadavres. Les Prussiens mettent tant d'acharnement dans cette horrible mêlée, où l'on tue à bout portant des prisonniers sans armes, que ceux mêmes qui n'ont pas quitté leurs rangs ne sont point épargnés; trente-deux d'entre eux sont massacrés, quatre-vingt-douze mutilés, et plusieurs vont périr misérablement et sans secours dans les champs où ils s'étaient cachés. Dix mois après cette scène sanglante, on retrouvait dans les bois de Passavant, sou-

---

[1] Voy. Rüstow : *Der Krieg um die Rheingrenze.* Zurich.

tenus par les grosses branches d'un chêne, les débris d'une victime que l'on put encore reconnaître : c'était un pauvre mobile qui s'était réfugié là pour éviter les coups de ses meurtriers, et qui, trop grièvement blessé, n'avait pu redescendre [1].

C'est par de tels exploits que les cavaliers du Schleswig-Holstein payaient leur bienvenue à la Prusse. Un de leurs chefs, commandant le 15ᵉ régiment de uhlans, le major baron de Friesen, tomba sous la balle d'un mobile champenois, et paya de sa vie la charge « inutile » qu'il avait conduite ; quant aux acteurs de Passavant, les héros du 16ᵉ hussards, c'est à Ablis, où nous les rencontrerons plus tard, qu'ils trouveront leur châtiment.

La garde mobile devait avoir pour auxiliaires les corps francs ; malheureusement, en ce qui concerne cette dernière création, le gouvernement impérial avait commis la même faute que pour la précédente. On se rappelle le mouvement patriotique qui se manifesta dans nos provinces de l'Est après Sadowa : un grand nombre de volontaires demandèrent à s'organiser en compagnies. C'était un mouvement qui, au moment du danger, aurait pu nous donner plus de cent mille hommes, armés, équipés, prêts à marcher, et surtout exercés à la pratique du tir. Après avoir passé en revue le premier bataillon des francs-tireurs de l'Est, on lui donna une fête à Paris, puis on autorisa la formation des compagnies franches, mais à la condition qu'elles entreraient dans la garde mobile, qui, on l'a vu, n'existait elle-même que sur le papier. Après ses premières défaites, l'Empire

---

[1] Voy. *Les Victimes de la Basse et de Passavant*. Châlons.

fut réduit à exciter le mouvement qu'il avait lui-même entravé deux ans plus tôt; mais cette création allait forcément se ressentir de la précipitation des événements, car ce n'est pas en un jour qu'on forme des tireurs. Plus tard, le gouvernement de la défense nationale favorisa également par tous les moyens le recrutement des corps francs, et il alla même au delà du but en donnant une importance exagérée à ces milices indépendantes, dont le nombre successivement accru finit par dépasser trente mille hommes. Il n'est presque pas de bourg tant soit peu important qui n'ait eu sa compagnie franche, et les grandes villes les multipliaient à l'envi. Dans ces corps, il y avait en moyenne un officier pour une escouade, un capitaine et quelquefois un officier supérieur pour une section, et un colonel pour un demi-bataillon. On encourageait par ce morcellement les ambitions personnelles ou les rivalités de clocher, et au lieu de condenser nos forces, on les laissait s'émietter en mille commandements divers. En outre, cette institution porta le dernier coup au respect de la discipline, en propageant dans le pays le principe de l'élection pour la collation des grades. L'élu est généralement considéré comme le mandataire de l'électeur, et les francs-tireurs étaient assez disposés à croire que les officiers nommés par eux devaient être leurs serviteurs obéissants. Il en résultait que le commandement était faible à tous les degrés; on rencontrait d'un grade à l'autre un manque presque complet de confiance et d'autorité, et l'on peut dire que, sauf de rares exceptions, les chefs de corps francs menaient leurs hommes à la condition de leur obéir. L'habillement et l'équipement des francs-tireurs étaient relativement soignés; ils avaient tous des fusils perfectionnés; payés par l'État, ils touchaient en outre une haute paye de leurs municipalités, sans préjudice des indemnités qui étaient allouées à leurs femmes, et presque tous étaient mariés. Ceux qui jadis étaient les premiers à crier contre les priviléges formaient donc, sous le rapport de la solde et des accessoires, une véritable troupe privilégiée.

Un décret du 29 septembre avait mis les francs-tireurs à la disposition du ministre de la guerre, mais ils continuèrent néanmoins à agir isolément. Quant aux opérations qu'ils avaient en vue, et dont nous aurons souvent l'occasion de parler, c'étaient les coups de main, les surprises et les embuscades, dans lesquelles la ruse, l'intelligence et l'audace luttent contre la force; opérations qui, en échange d'une plus grande indépendance, exigent des chefs qui les dirigent une plus grande somme de facultés individuelles. Par malheur, outre les vices inhérents à l'institution et que nous avons signalés, les corps francs ne se trouvaient pas dans des conditions à faire la guerre de partisans telle qu'on la comprend d'ordinaire, et qui consiste à enlever les convois de l'adversaire et à inquiéter ses derrières ou ses flancs. Ils étaient réduits à agir devant le front de l'ennemi, à l'aiguillonner mal à propos, à harceler ses éclaireurs et à faire en un mot ce que l'on a si justement appelé « la » chasse aux Prussiens ». Cette chasse, lors même qu'elle était infructueuse, ne manquait presque jamais d'attirer des représailles, le bombardement, le pillage et l'incendie de la commune sur le territoire de laquelle avait été tendue l'embuscade; en sorte que les malheureux habitants de nos campagnes, au lieu d'être protégés par les francs-tireurs, étaient gravement compromis par leur présence. Si, ce qu'à Dieu ne plaise! la France devait passer de nouveau par les cruelles épreuves de l'invasion, il faudrait bien se garder d'égrener et d'éparpiller nos ressources comme on l'a fait dans la dernière guerre, mais se rappeler au contraire l'ancien adage, qui seul peut donner la victoire : « L'union fait la force. »

Aux éléments que nous venons d'énumérer et de passer rapidement en revue, ligne, garde mobile, corps francs, si nous ajoutons pour mémoire, la garde nationale sédentaire, réorganisée sur de nouvelles bases par un décret du 12 août et chargée du maintien de l'ordre et de la défense locale, nous aurons l'ensemble des ressources militaires dont on pouvait disposer au mois de septembre, dans les provinces de l'Ouest comme dans le reste de la France.

CHAPITRE II.

Premières entreprises des fourrageurs ennemis après l'investissement de Paris. — Pointe de la brigade de Bredow sur la rive gauche de la Seine : Rencontre d'Aulnay-sur-Mauldre; incendie de Mézières; apparition de l'ennemi à Mantes (22 septembre). — Marche des détachements prussiens et saxons sur la ligne de l'Oise. — Occupation de Creil (23 septembre). — Rencontre de Laigneville (25 septembre). — Rencontre de Liancourt; occupation de Chantilly et de Senlis (26 septembre). — Prise de Clermont (27 septembre). — Occupation de Beauvais (30 septembre). — Reconnaissance des Saxons sur Breteuil (1ᵉʳ octobre). — Engagements dans la vallée basse de l'Oise. — Embuscade de Stors (23 septembre). — Rencontre de Mériel (26 septembre). — Combats de l'Isle-Adam et de Parmain (27-29 septembre). — Incendie de Parmain (30 septembre). — Marche du détachement du prince Albert (fils).

Les premiers partis ennemis qui envahirent l'Ile-de-France et la Normandie étaient des détachements de l'armée de la Meuse, et nous allons faire connaître en peu de mots dans quelles circonstances cette armée avait été créée, et les positions qu'elle occupait dans l'investissement de Paris.

Dès que l'armée du Rhin fut enfermée dans Metz, les Allemands virent bien qu'il leur serait possible de la contenir avec moins de forces qu'ils n'en avaient déployé jusque-là; c'est pourquoi le 19 août, le lendemain même de la bataille de Saint-Privat, ils formèrent une IVᵉ armée, qui reçut pour mission de marcher à la droite de celle du prince royal et d'opérer de concert avec elle. Cette nouvelle armée, qui se composait de la garde prussienne, du IVᵉ corps, du XIIᵉ (Saxons), des 5ᵉ et 6ᵉ divisions de cavalerie, prit le nom d'« armée de la Meuse », et fut placée sous les ordres du prince royal de Saxe : c'était une manière adroite de gagner les Saxons, de leur faire oublier Gitschin et Königsgrätz, et de tâcher d'effacer les souvenirs qu'a laissés parmi eux la campagne de 1866. Après avoir servi de pivot à la conversion qui eut pour résultat d'envelopper à Sedan le maréchal de Mac Mahon, l'armée de la Meuse, conjointement avec celle du prince royal de Prusse, se dirigea sur Paris aussitôt après la capitulation.

D'après le plan adopté par le grand quartier général prussien pour l'investissement de Paris, l'armée de la Meuse dut occuper la rive droite de la Seine et de la basse Marne, et chacun des corps qui la composaient resta jusqu'à la fin du siège dans les positions qui lui avaient été assignées dès le début[1]. Le IVe corps sur la rive droite de la Seine, entre Chatou et Épinay, quartier général à Soisy; la garde déployée dans la plaine qui s'étend au nord de Saint-Denis, entre Montmagny et le Blanc-Mesnil, quartier général à Gonesse; le XIIe corps, depuis Aulnay jusqu'à la rive droite de la Marne, occupant la forêt de Bondy, quartier général au Vert-Galant. La 5e division de cavalerie prit position entre Poissy et Neauphle, quartier général à Saint-Nom-la-Bretèche; la 6e division entre Neauphle et Chevreuse, quartier général à Mesnil-Saint-Denis; la brigade des uhlans de la garde, établie à Argenteuil, se tenait en communication à Saint-Germain avec la 5e division de cavalerie. Le quartier général du prince de Saxe fut établi le 19 septembre au grand Tremblay, et le 12 octobre à Margency.

Pour fermer le cercle d'investissement, il reste à

---

[1] V. Niemann: *Der französische Feldzug* 1870-1871. Hildburghausen.

faire connaître les positions de la III⁰ armée allemande, qui étaient les suivantes : la division wurtembergeoise sur la rive gauche de la Marne, entre Noisy-le-Grand et le chemin de fer de Lyon; le VI⁰ corps sur les deux rives de la Seine, observant la boucle de la Marne, la plaine d'Alfort et les hauteurs de Villejuif, jusqu'au chemin de fer de Sceaux; le II⁰ corps bavarois sur les deux rives de la Bièvre et les plateaux de Châtillon; la 21⁰ division à Ville-d'Avray, Sèvres, Meudon, Clamart; le V⁰ corps dans la région accidentée qui s'étend entre Saint-Cloud et la Malmaison.

Une fois le blocus de Paris organisé, le grand quartier général prussien s'occupa de le protéger extérieurement par une sorte de seconde ligne d'investissement, tournée en sens inverse, et ayant pour but de s'opposer à toute tentative de nos armées de province pour secourir la capitale. Les quatre divisions de cavalerie allemande rayonnèrent aussitôt à l'extérieur de ce cercle pour éclairer le pays, disperser les rassemblements, désarmer les habitants, et surtout pour assurer le ravitaillement de leur armée de siége.

En campagne, le soldat allemand porte ordinairement dans son sac une journée de vivres, qui n'est consommée que quand les réquisitions n'ont pu être faites et que les ressources locales sont insuffisantes. Chaque division est suivie, à une journée de marche, par une colonne de vivres : *Feld-proviant-colonne,* qui marche non sur la même route, mais sur une route parallèle, afin d'éviter tout encombrement et tout retard; cette colonne porte un approvisionnement de plusieurs jours, ménagé et renouvelé avec soin et ne servant que pour les concentrations extraordinaires qui précèdent ou suivent les grandes batailles. Les Allemands possèdent en outre des fours roulants de campagne, et, en cas de nécessité, la farine peut être rapidement transformée en pain. Ce sont ces dispositions qui donnent aux troupes allemandes une grande mobilité. A la guerre, les Prussiens n'ont rien inventé, mais ils ont presque tout fait progresser, à l'exception toutefois du droit des gens. Leur système d'alimentation est celui de Napoléon Ier. Leurs états-majors sachant se servir de toutes les voies de communication, multiplient le nombre des colonnes, conduisent les troupes par les chemins vicinaux, au besoin à travers champs, et laissent les grandes routes aux bagages, aux équipages de ponts, aux services du transport et du matériel, et aux autres *impedimenta*; en un mot, ils savent se servir non-seulement d'un chemin de fer, mais encore d'une route, et ils y font passer quatre fois autant de troupes que nous dans le même temps, sans croisement, sans allongement de colonnes et sans désordre. C'est dans cet art de conduire leurs troupes, où les Prussiens apportent beaucoup de méthode, d'ordre et de précision, qu'il faut voir, à notre avis, une des principales causes de leurs succès.

Depuis leur départ de Metz, les Allemands, marchant sur un front très-étendu, traversant des contrées riches dont ils connaissaient aussi bien que nous les ressources, vécurent exclusivement sur le pays, et le soldat ne toucha pas à la journée de vivres de réserve qu'il portait dans son sac : *Die Verpflegung der Truppen erfolgte lediglich durch Requisitionen*[1].

---

[1] Voy. *Die sächsische Armee im Kriege* 1870-1871. Pirna.

Mais en arrivant près de Paris, ils furent obligés de se concentrer, et, en outre, ils ne tardèrent pas à s'apercevoir que le vide avait été fait à une certaine distance autour de la capitale. A dix lieues à la ronde, il leur fut impossible de trouver, à l'exception du vin, des provisions de quelque importance. Ils furent donc forcés d'entreprendre de petites expéditions, de se contenter de ce qu'ils pouvaient arracher aux habitants, et ils avouent aujourd'hui qu'à cette époque leur armée vivait au jour le jour : *So lebte die Armee aus der Hand in den Mund* [1]. Jusqu'à la capitulation de Toul, ils ne pouvaient espérer de se ravitailler au moyen de convois venus directement d'Allemagne, et, même après la chute de cette place, la voie ferrée qu'ils rétablirent ne servit guère qu'au transport de leur parc de siége, de leurs munitions et de leurs troupes de remplacement; aussi leur premier soin, une fois l'investissement achevé, fut d'organiser autour de Paris un vaste système d'impitoyables réquisitions. Chose digne de remarque, l'intendance française, au contraire, n'a eu recours à ce moyen qu'avec la plus grande répugnance, elle n'a jamais voulu s'écarter des habitudes de la routine, elle a rarement essayé d'acheter sur place, et elle a continué son exclusif et désastreux système d'emmagasinage. Un des membres les plus distingués de ce corps dénonçait, il y a quelques années, comme « une illusion » et « une chimère », l'idée de faire vivre sur le pays le plus riche une armée réunie de deux cent mille hommes pendant un mois seulement [2]. Les Allemands ont fait de cette chimère une dure réalité;

---

[1] Voy. Blume : *Die Operationen der deutschen Heere*. Berlin.
[2] Voy. Vigo-Roussillon : *Puissance militaire des États-Unis*. Paris.

le problème a été résolu à nos dépens, et l'intendance française, qui est chargée de liquider les réquisitions, pourra savoir dans quelle proportion l'ennemi a vécu sur notre malheureux pays. Dans tous les cas, elle fera bien de profiter des leçons de l'expérience, et de renoncer à des traditions surannées qui ont fait que, dans la dernière guerre, elle est restée complétement au-dessous de sa tâche.

Pour assurer leur ravitaillement, les Allemands établissent à Corbeil, à Saint-Cyr, à Chantilly, de vastes magasins d'approvisionnements qu'ils s'efforceront de maintenir constamment pleins, et c'est pour cela qu'ils vont lancer leurs divisions de cavalerie dans toutes les directions. La Beauce, le Beauvaisis, le Vexin, ces plaines riches et fertiles sont ouvertes aux excursions de leurs fourrageurs, où nous allons les suivre successivement.

Partie le 17 septembre de Nanteuil-le-Haudouin, la 5ᵉ division de cavalerie prussienne (général-lieutenant de Rheinbaben) avait passé par Pontoise, franchi la Seine à Triel, s'était avancée le 19 entre Poissy et Neauphle, comme on l'a dit plus haut, et avait mis son quartier général à Saint-Nom. A peine établie dans ses positions et le cercle d'investissement fermé, cette division entreprit des expéditions fréquentes sur la rive gauche de la Seine, où nous la verrons opérer pendant toute la durée de la guerre.

Dès le 21 septembre les premiers éclaireurs de la 12ᵉ brigade (général-major de Bredow), des uhlans du 16ᵉ régiment, s'avancèrent dans la direction de Mantes. A leur approche, le maire de Mézières avait fait charger sur des voitures les fusils de la garde nationale, afin de les soustraire à l'ennemi; sur ces entrefaites, les cavaliers prussiens font irruption dans le village, s'emparent des armes et les consignent au maire, en lui faisant jurer de les conserver à leur disposition jusqu'au lendemain. Dans la matinée du 22, à l'heure dite, ils reviennent pour les emporter ; mais dans l'intervalle elles avaient été enlevées par une quarantaine de francs-tireurs de Mantes et des environs. Ceux-ci, embusqués à l'entrée du village, font feu sur les deux premiers uhlans qui se présentent, les blessent mortellement, et s'enfuient à toutes jambes, tandis que les autres cavaliers tournent bride. Le soir l'ennemi revient en force ; le général de Bredow en personne, à la tête d'une colonne de cavalerie et d'artillerie appuyée par un détachement d'infanterie bavaroise, se dirige sur Mézières. En passant à Aulnay-sur-Mauldre, une reconnaissance du 13° régiment de dragons du Schleswig-Holstein essuie la décharge de quatre francs-tireurs venus à la découverte. Les francs-tireurs, qui ont blessé un dragon, expient chèrement cet exploit : attaqués par l'avant-garde ennemie, deux d'entre eux sont tués sur place, un troisième est blessé, et le quatrième seul peut s'échapper sain et sauf. Le général de Bredow continue sa route, et vers quatre heures il prend position à peu de distance de Mézières. Une patrouille y pénètre, arrête le maire et le traîne devant le général, qui le somme de lui fournir des explications. Pendant ce temps trois uhlans poussent jusqu'à l'autre extrémité du village, et y rencontrent deux francs-tireurs attardés, qui, surpris eux-mêmes, s'enfuient après avoir déchargé leurs armes. Au bruit des coups de feu, le général de Bredow ne veut plus rien entendre ; c'est en vain que le maire essaye de se justifier, accablé de coups et foulé sous les pieds des chevaux, il ne doit son salut qu'à la fuite. Pendant une heure, le malheureux village de Mézières, rendu responsable d'une rencontre que ses habitants ne pouvaient empêcher, est canonné et criblé d'obus; puis, après que l'ennemi l'a traversé pour continuer sa route sur Mantes, son arrière-garde, la torche à la main, y met le feu : une soixantaine d'habitations sont la proie des flammes.

A cinq heures, le général de Bredow est aux portes de Mantes. Après y avoir lancé une douzaine d'obus, il lâche sur la ville l'infanterie bavaroise du 2ᵉ régiment « Prince royal », qui saccage les deux gares, tue ou blesse plusieurs employés du chemin de fer, et emmène les autres comme otages. La population affolée s'enfuit jusque dans les bois de Rosny; le lieutenant-colonel Mocquard, commandant le régiment des éclaireurs de la Seine, arrivait en ce moment et s'apprêtait à courir à l'ennemi; on le supplie de renoncer à une attaque dont le résultat serait d'attirer sur la ville les mêmes représailles qu'à Mézières, dont l'incendie embrase l'horizon.

Après cette courte mais terrifiante apparition aux portes de Mantes, le général de Bredow retourne dans ses cantonnements en traversant les ruines fumantes de Mézières à moitié détruit. Le lendemain, en déblayant les décombres, on trouva sous les ruines de la même maison six cadavres étroitement entrelacés : le père, la mère et quatre enfants avaient péri asphyxiés dans les flammes. Toute une famille avait été la victime de ces horreurs, dignes des temps barbares.

Sur la rive droite de la Seine, l'armée de la Meuse

avait établi ses magasins à Chantilly. Pour les remplir et les protéger, elle s'empressa de faire occuper Creil. Ce point stratégique, qui est le nœud de plusieurs embranchements de chemin de fer rayonnant en forme de patte d'oie sur Compiègne, Clermont, Beauvais et Pontoise, était naturellement désigné, et déjà l'ennemi l'avait fait reconnaître par ses flanqueurs.

Dès le 15 septembre, Creil et Chantilly avaient été visités par des détachements de la 6e division de cavalerie qui occupait alors Senlis. L'invasion de la gare de Creil fut accompagnée de circonstances assez curieuses, qui ont été relatées dans un intéressant travail sur le chemin de fer du Nord pendant la guerre [1]. Bien que la cavalerie ennemie fût signalée, on ne l'attendait pas si tôt, et des machines remorquant des fourrages arrivaient de Beauvais; tout à coup les uhlans débouchent par la route de Senlis, font feu sur le train arrivant, envahissent la gare des marchandises, s'emparent du matériel, fouillent et dévalisent les caisses de la grande et de la petite vitesse. Ils étaient guidés dans cette opération par un ancien employé de la Compagnie du chemin de fer du Nord, Allemand d'origine, qui, congédié quelques mois auparavant, s'était vanté « d'avoir travaillé pour le roi de Prusse ». Il s'était en effet livré, pour le compte de ce monarque, à des études très-approfondies sur les divers services du chemin de fer; il savait dans quelles conditions se trouvait le réseau du Nord; il connaissait tous les détails du service, et jusqu'au chiffre moyen des recettes journa-

---

[1] Voy. Ernouf: *Le Chemin de fer du Nord.* (*Revue de France*, 1872.)

lières. Nos ennemis ne manquèrent pas de mettre à profit ces précieuses connaissances. C'est ainsi que nous nous croyions envahis depuis quelques semaines seulement, quand en réalité l'invasion remontait à plusieurs années; depuis longtemps l'Allemagne avait lancé sur la France ses nuées d'employés et de commis, de pionniers et d'enfants perdus, qui avaient levé les plans de nos places fortes, étudié nos positions stratégiques, nos voies de communication, nos ressources et notre statistique; puis, au jour de la déclaration de guerre, elle avait rappelé à elle cette avant-garde d'espions qui avaient éclairé au loin dans notre malheureux pays la marche de ses troupes, et qui allaient les guider jusque sous nos toits domestiques.

Visitée plusieurs fois depuis le 15 par les patrouilles ennemies, la ville de Creil ne fut occupée à demeure que le 23 septembre, par un détachement de réquisition venu de Chantilly, sous les ordres du capitaine de Massow, et composé de deux pelotons de cuirassiers et d'un piquet d'infanterie appartenant au corps de la garde prussienne. Le premier soin de l'ennemi en entrant à Creil fut de désarmer les habitants et de briser leurs fusils; sa présence excita dans la ville et dans les localités voisines de la vallée de l'Oise un soulèvement qui, s'il avait été secondé, aurait amené l'anéantissement certain des premières colonnes réquisitionnaires; mais le département, évacué par l'autorité militaire, était alors dégarni de troupes, au grand désespoir des habitants.

Le 25 septembre, un petit détachement d'un piquet de dragons et d'une escouade de fantassins s'avança de Creil jusqu'à Laigneville, sur la route de Clermont, pour y faire des réquisitions. La présence de ces fourrageurs répand aussitôt l'alarme et fait naître l'exaspération chez les habitants de Liancourt; bien que désarmés par l'ennemi depuis quelques jours, ils s'emparent de fusils de chasse et de fourches, et mettent à leur tête M. le duc de la Rochefoucauld, un ancien colonel de cuirassiers français qui, rendu à la retraite, était loin de s'attendre à diriger un jour cette chasse contre les cuirassiers prussiens. Mais, ainsi qu'il arrive souvent dans ces battues, les plus pressés se firent voir, les Prussiens prirent l'éveil, et s'apercevant qu'on cherchait à les tourner, déguerpirent au plus vite en abandonnant leur convoi. Ils furent poursuivis jusqu'à Nogent-les-Vierges, et comme le détachement de Creil s'avançait pour recueillir ces fuyards, son avant-garde fut saluée par une fusillade qui blessa un cheval et fit tourner bride au reste de la troupe. Le capitaine de Massow, redoutant sans doute l'approche de forces supérieures, s'empressa d'évacuer Creil, emmenant le maire comme otage, et se retira par la route de Chantilly sur les hauteurs qui dominent la ville; il n'y rentra qu'avec deux compagnies du 2ᵉ régiment à pied de la garde prussienne, envoyées comme renfort sur ces entrefaites.

Les habitants de Clermont, de leur côté, n'avaient cessé de réclamer depuis plusieurs jours près de l'autorité militaire pour obtenir un envoi de troupes qui vinssent les appuyer : dans la soirée du 25 septembre, ils virent avec satisfaction arriver dans leur ville environ 1,200 hommes du 3ᵉ bataillon des mobiles de la Marne (commandant de Breuil), envoyés d'Abbeville par le chemin de fer. Ce secours ne leur fut pas inutile quand, le lendemain, l'ennemi revint en force sur Liancourt : un peloton de cuirassiers, un escadron du 18ᵉ régiment de uhlans saxons et un détachement d'infanterie, traînant à leur suite une cinquantaine de chariots, partirent de Creil de bon matin pour aller réquisitionner de nouveau sur la route de Clermont. Dès que les Allemands eurent dépassé Rantigny, le maire de cette commune se hâta de demander du secours à Clermont, au moyen du télégraphe que, contre son habitude, l'ennemi avait négligé de couper; mais la population, dispersée dans les marais, n'attendit pas l'arrivée des renforts pour commencer la fusillade; les premiers coups de feu blessèrent un uhlan saxon et coûtèrent la vie à un habitant inoffensif. Cependant la nouvelle de la marche de l'ennemi avait été bientôt connue à Clermont, où on avait battu la générale et sonné le tocsin. Les mobiles de la Marne, suivis des gardes nationaux, se précipitent avec un élan remarquable et un enthousiasme trop peu contenu au-devant de l'ennemi, qu'ils rencontrent à la hauteur de la Maison-Blanche. Attaqués de tous côtés par les forces disséminées autour d'eux, les éclaireurs allemands font promptement demi-tour et se replient au galop sur le gros de la troupe, qui, resté en arrière, s'abritait derrière ses voitures, placées à la hâte en travers de la route, à la hauteur du hameau de Senecourt. Rejoint et serré de près, l'ennemi se retire sur Liancourt, où il essuie encore le feu des gardes nationaux embusqués dans les bois et les marais; poursuivi jusqu'aux abords de Monchy-Saint-Éloi, il rentre à Creil, en bon ordre il est vrai, mais moins nombreux qu'il n'en était parti. Cinq fantassins de la garde prussienne, qui réquisitionnaient à outrance dans un moulin, furent surpris dans cette besogne et faits prisonniers : dirigés sur Clermont, ils y entrèrent vers une heure de l'après-midi, et la vue de cette capture excita un vif enthousiasme. De notre côté, il y avait eu deux victimes parmi les habitants de Liancourt et de Monchy-Saint-Éloi.

Tandis que la ville de Clermont s'armait et que plusieurs milliers de gardes nationaux venus des communes voisines faisaient leurs préparatifs pour repousser l'attaque prévue pour le lendemain, il arrivait à Creil de nouveaux renforts qui allaient changer la situation. Le capitaine de Massow ayant rendu compte de l'accueil fait à ses fourrageurs, la division de cavalerie saxonne reçut dans la nuit du 25 au 26 septembre l'ordre de se diriger sur Chantilly, pour assurer d'une manière plus efficace le ravitaillement de l'armée de siége. Cette division, commandée par le général-major comte de Lippe, était détachée du corps auquel elle appartenait, et placée sous le commandement direct du quartier général de l'armée de la Meuse. On lui avait adjoint provisoirement le bataillon de fusiliers du 2ᵉ régiment à pied de la garde prussienne (major de Kropff), qui fut suivi peu de temps après par les autres bataillons du même régiment. Le comte de Lippe était chargé de réquisitionner et d'étendre son rayon d'occupation dans le nord, de tenir constamment rempli le magasin de Chantilly, et de rétablir les embranchements du chemin de fer de Creil à Compiègne, Clermont et Beauvais.

Parti des environs d'Annette et de Thorigny à la réception de cet ordre, le comte de Lippe, accompagné de l'état-major de sa division, du 17ᵉ régiment de uhlans et de quatre pièces d'artillerie, atteignit Chantilly dans la matinée du 26 ; en même temps il détachait à Senlis la 24ᵉ brigade (général-major Senfft de Pilsach), tandis que le régiment de dragons de la garde saxonne (major de Funcke), avec une section d'artillerie à cheval, se portait rapidement sur Creil pour soutenir le capitaine de Massow, qui ne paraissait pas très-rassuré. Vers quatre heures du soir, ce dernier détachement arrivait à Creil au moment même où les fourrageurs, suivis de près par les gardes nationaux de Liancourt, venaient de rentrer dans la ville. Persuadé que nous occupions en force les hauteurs de la rive gauche de l'Oise, le major de Funcke s'était concerté avec le capitaine de Massow pour une attaque qu'ils devaient faire ensemble le lendemain ; mais dans la soirée même il fut informé que la marche sur Clermont serait continuée le 27, et que le général-major Krug de Nidda arrivait avec le reste de la 23ᵉ brigade et prendrait lui-même le commandement de la colonne.

La nouvelle de l'arrivée de ces renforts parvint à Clermont dans la soirée du 26. Le commandant des mobiles de la Marne ayant contrôlé ces renseignements, s'assura qu'il aurait à se mesurer avec un ennemi supérieur en nombre, muni d'artillerie, et contre lequel il ne lui serait pas possible de lutter avantageusement. Conformément aux instructions qu'il avait reçues, il quitta la ville pendant la nuit, malgré les habitants, et se retira par Bresles et Saint-Just sur Breteuil, où il arriva dans la soirée du lendemain [1].

---

[1] Voy. *Le 3ᵉ bataillon des mobiles de la Marne.* Reims.

CHAPITRE DEUXIÈME.

Le 27 septembre, dès six heures du matin, les gardes nationaux d'Angy, de Mouy et de Cauvigny, auxquels s'étaient joints des habitants des communes voisines énergiquement résolus à défendre leurs foyers, se portaient dans la direction de Liancourt. Arrivés sur les hauteurs d'Ars, ces braves gens s'y arrêtèrent : ignorant le départ des mobiles de la Marne et n'ayant reçu aucun ordre, ils attendirent là les renforts qu'ils supposaient devoir arriver et la direction militaire dont ils avaient le plus grand besoin ; mais ils furent bientôt cruellement déçus dans leur attente, car au lieu du secours qu'ils espéraient, ils ne tardèrent pas à se trouver en présence des éclaireurs ennemis. Bien que sans appui, ces troupes improvisées engagèrent le feu avec le même entrain que la veille.

Le général Krug, de son côté, était parti de Creil avant le jour, à la tête d'une colonne composée du régiment de dragons de la garde saxonne, de deux escadrons du 18e uhlans, du bataillon de fusiliers de la garde prussienne et de quatre pièces d'artillerie, en tout près de 2,000 hommes. Il n'avait laissé à Creil que deux pièces et un escadron, qui avaient pris position au sud de la ville pour la tenir en respect et couvrir la retraite en cas d'insuccès. Pour cette expédition, le général saxon avait pris des dispositions savantes qui font surtout honneur à la poignée de braves gardes nationaux qu'il avait devant lui. Il avait réparti ses troupes en trois colonnes : sur la route de Clermont, se portaient un escadron de dragons et une compagnie d'infanterie ; dans le défilé à l'ouest de Nogent, marchaient les trois autres compagnies précédées d'un peloton de uhlans ; enfin sur la route de Montataire à Rousseloy, s'avançait le général Krug avec la colonne principale, composée de cinq escadrons et de quatre pièces. La réunion de ces deux dernières colonnes s'opéra bientôt en avant de Rousseloy, et alors l'artillerie prenant position sur les hauteurs situées entre Laigneville et Soutraine, dirigea son feu sur les bois d'Ars, où se trouvaient nos gardes nationaux, puis sur la Poste, sur Rantigny et sur Cauffry, afin de balayer la route de Clermont. Assaillis par une grêle d'obus auxquels leurs mauvais fusils ne leur permettent pas de répondre d'une manière efficace, nos gardes nationaux sont bientôt dispersés et forcés de gagner la plaine dans toutes les directions. C'est alors que l'infanterie prussienne, descendue des hauteurs, envahit le village de Rantigny et s'y livre à des actes odieux : des maisons sont incendiées à la main, et des habitants inoffensifs lardés à coups de baïonnette. Pendant ce temps, les cavaliers saxons s'avancent entre Ars et Cambronne pour fouiller le pays; plusieurs habitants d'Angy, qui, sans armes, font néanmoins résolûment le service d'éclaireurs, sont assez heureux pour échapper à la mort, si toutefois c'est un bonheur que de survivre à un traitement dont les nègres seuls et les soldats allemands ne se trouvent pas déshonorés. Ils ne sont relâchés qu'après avoir reçu une ample volée de bois vert : *mit einer derben Tracht Prügel entlassen*[1]. Ces hauts faits accomplis, l'ennemi continue sa marche; deux escadrons et l'infanterie suivent la route de Clermont, le reste de la colonne se dirige sur Cambronne et Auvillers, pour gagner la route de Mouy.

---

[1] *Das k. sächs. garde-Reiter-Regiment im Feldzuge* 1870-1871. Pirna.

Le général Krug ne s'avance qu'avec précaution et après avoir fouillé le terrain de ses obus. Sur les hauteurs d'Auvillers, où ils ont essuyé un coup de feu, les éclaireurs incendient une ferme et ses dépendances. La flamme et la fumée qui s'élèvent en tourbillonnant dans les airs sont aperçues de Clermont et commencent à y jeter l'effroi. Quelques gardes nationaux se sont avancés imprudemment; deux d'entre eux sont massacrés par les coureurs ennemis. Déjà la colonne principale atteint la route de Mouy; celle qui s'avance par la route de Creil est dans la plaine de Giencourt; les premiers éclaireurs gravissent les collines qui bordent la ville de ce côté; deux curieux qui, à leur approche, essayent de s'abriter derrière des arbres, sont sabrés sans pitié. Cette scène sanglante s'aperçoit des hauteurs de la ville, et les habitants, convaincus que toute résistance est désormais impossible, arborent le drapeau parlementaire au clocher de leur église. Au moment où les membres de la municipalité se portent à la rencontre de l'ennemi, une patrouille fait irruption dans Clermont; le porte-épée de Spörcken, qui la commande, déclare au maire qu'il le retient comme otage, qu'il le fera fusiller et brûlera la ville, si un seul coup de feu est tiré contre sa troupe : menace que les Allemands ne manquaient jamais de proférer et qu'ils mirent trop souvent à exécution.

A midi, le général Krug fit son entrée dans la ville à la tête de ses troupes; il était suivi d'une soixantaine de chariots destinés à emporter les réquisitions : farine, blé, avoine, paille, fourrages, riz, sel, café, vin et tabac, furent entassés sur ces voitures, et lorsque les Allemands eurent pris le repas que les habitants furent forcés de leur porter aux endroits désignés, ils repartirent par la route de Creil, emmenant plusieurs notables comme otages. Une arrière-garde de deux escadrons et de deux pièces, sous les ordres du major de Schnehen, fut laissée à Clermont pour enlever et escorter les réquisitions.

Les pertes de l'ennemi dans cette journée ayant été nulles ou insignifiantes, il est sans excuse pour les meurtres et les incendies dont il a marqué son passage. Quant aux quatre-vingts Français tués qui auraient été trouvés sur le champ de bataille : *Achtzig todte Französen auf dem Schlachtfelde gefunden* [1], c'est heureusement là une fable inventée à plaisir par l'historiographe de la garde prussienne.

Après le départ des Allemands, les habitants de Clermont s'abandonnaient à l'espoir d'en être pour longtemps délivrés; mais leur joie devait être de courte durée, car le 29 la ville fut occupée définitivement par le régiment de dragons de la garde qui avait pris part à l'expédition de l'avant-veille, et par une section d'artillerie. En rentrant à Clermont, le major de Funcke, chef des dragons saxons, renouvela la menace de ruiner la ville au premier acte d'hostilité : c'était la formule préparée par laquelle les Allemands commençaient invariablement leurs discours; les simples soldats avaient, eux aussi, leurs phrases comminatoires, et l'on ne peut se figurer le luxe de précautions dont s'entouraient ces vainqueurs au milieu de populations atterrées et sans armes.

Après avoir pris possession de Clermont, le major

---

[1] Voy. Lindau : *Die preussische Garde im Feldzuge* 1870-1871. Berlin.

de Funcke fit détruire le télégraphe, et prescrivit une série de mesures minutieuses; un poste d'une trentaine d'hommes, commandés par un officier, fut établi à la gare; un poste semblable placé à la bifurcation des routes de Beauvais et d'Étouy; celles de Mouy et de Creil furent gardées avec le même soin et parcourues par de nombreuses patrouilles; le passage sur ces routes était strictement défendu aux habitants, et la circulation interdite dans la ville à partir de neuf heures du soir.

Tandis que Clermont recevait une garnison saxonne, le général Senfft dirigeait sur Beauvais sa brigade renforcée de deux bataillons du 2e régiment à pied de la garde prussienne. Parti de Senlis le 29 septembre, ce détachement arriva le 30, vers onze heures du matin, aux portes de Beauvais, et, comme jadis César, le chef saxon s'empara sans coup férir de l'antique cité des Bellovaques; pénétrant dans la ville par toutes les rues à la fois, les Allemands arrivèrent tambour battant et musique en tête sur la place où s'élève la statue de Jeanne Hachette. Hélas! depuis le temps où cette héroïne, enflammant par son exemple le courage de ses concitoyens, avait repoussé les assauts des Bourguignons, les circonstances et les conditions de la défense étaient bien changées. Outre qu'elle avait perdu ses remparts, la ville de Beauvais, évacuée par les autorités militaires, n'avait aucune troupe régulière à opposer à l'envahisseur; le préfet lui-même l'avait quittée la veille, et la municipalité, dépourvue de moyens de défense, dut inviter la population à s'abstenir de toute attaque.

En présence d'une telle attitude, le colonel de

Standfest, chef du 3ᵉ régiment de dragons saxons et commandant du détachement, ne pouvait guère prendre les allures d'un conquérant; aussi s'annonça-t-il comme un honnête pourvoyeur qui venait faire des provisions, promettant de payer tout ce qu'il prendrait. Il engagea les habitants à continuer leur marché, et l'intendance de l'armée de la Meuse fit immédiatement afficher et publier un avis par lequel elle informait les cultivateurs des achats qu'elle désirait faire et des prix qu'elle entendait payer. Par ces cauteleuses promesses, qui ne devaient pas être longtemps suivies d'effet, les Saxons espéraient faire de Beauvais un centre de ravitaillement sans s'exposer à soulever les populations, ce qui aurait pu avoir pour eux de graves inconvénients, car ils se trouvaient isolés, en flèche et hors de la portée de tout secours, au milieu d'une ville de près de quinze mille habitants. Pour prévenir ce danger, le colonel de Standfest fit publier partout une proclamation, en dix articles, dans laquelle il faisait connaître, entre autres choses, « que toute attaque faite par surprise » aurait pour conséquence l'incendie du lieu, et que » les communes étaient rendues responsables de » tout acte d'hostilité commis sur leur territoire. » La responsabilité des communes avait été indiquée par Napoléon Iᵉʳ comme un des grands moyens moraux à employer pour maintenir dans l'obéissance les pays conquis; les Allemands allaient appliquer ce principe avec la dernière rigueur, et nous ne verrons que trop souvent les populations punies par le meurtre, le pillage et l'incendie, pour des faits de guerre qu'elles ne pouvaient ni moralement ni matériellement empêcher.

A peine installés, les Saxons poussèrent en avant de fréquentes patrouilles, afin de s'éclairer dans les principales directions. Le 1er octobre, une reconnaissance, composée d'un escadron des dragons de la garde sous les ordres du capitaine de Klenck, partit de Clermont sur Breteuil. Cette dernière ville avait alors comme garnison un bataillon de marche du 43e de ligne, le 2e bataillon des mobiles de la Marne et le 4e de la Somme. En outre, la gare était occupée par un autre bataillon de mobiles. Connue à Breteuil vers midi, l'approche de l'ennemi y causa une alerte des plus vives; plusieurs compagnies prirent les armes et se rendirent à leurs positions de combat; mais les dragons, après avoir observé quelque temps nos avant-postes et reconnu le terrain, tournèrent bride sans avoir été inquiétés. En passant à Saint-Just, le capitaine de Klenck annonça l'arrivée pour le lendemain d'un détachement de 5,000 hommes et de deux batteries, pour lesquels il fit préparer le logement. Ce stratagème, très-familier aux Allemands, était alors peu connu de nos troupes; en apprenant cette nouvelle, la garnison évacua Breteuil. On était tellement persuadé que la ville serait occupée le lendemain par la colonne ennemie annoncée à Saint-Just, que l'on fit sauter derrière nos soldats le viaduc de Courcelles, sans prendre même le temps d'évacuer le matériel du chemin de fer, qui tomba plus tard entre les mains de l'ennemi. Le 2 octobre, les Saxons revinrent en effet, mais fort peu nombreux, et, après s'être assurés du départ des troupes françaises, ils reprirent la route de Clermont.

Ainsi, au commencement d'octobre, la division de cavalerie saxonne du comte de Lippe, forte de seize escadrons et de dix-huit canons, et à laquelle on avait adjoint trois bataillons du 2ᵉ régiment à pied de la garde prussienne, avait occupé, sans rencontrer de résistance sérieuse, les villes de Senlis, Chantilly, Creil, Clermont, Beauvais, et, étendant peu à peu son rayon d'occupation, couvrait le cours moyen de la rivière de l'Oise.

Pendant ce temps, dans la vallée basse, déjà si éprouvée par le premier passage de l'ennemi, la présence continue de ses fourrageurs avait fait naître une émotion croissante et une indignation mal contenue.

Dès le 21 septembre, le général d'infanterie d'Alvensleben, commandant le IVᵉ corps, qui occupait Saint-Brice, avait lancé ses détachements de réquisition dans la direction de Pontoise et de l'Isle-Adam. Dans cette dernière ville, les Prussiens, n'étant pas satisfaits des fournitures, brisèrent les portes des habitations et des caves, et se livrèrent à des actes de pillage et de vandalisme qui exaspérèrent la population[1]. Quelques hommes de cœur, des gardes nationaux mal armés, des volontaires avec leurs fusils de chasse, habitants de Parmain, de l'Isle-Adam, de Valmondois et des communes voisines, résolurent de châtier ces pillards. Le 23 septembre, ils dressèrent des embuscades sur la rive gauche de l'Oise, en face du château de Stors, et des fourrageurs prussiens, qui revenaient de réquisitionner à Pontoise, furent surpris à leur retour par une vive fusillade qui leur blessa quelques hommes, entre autres un officier du 71ᵉ régiment d'infanterie, chef de l'escorte.

---

[1] Voy. Desjardins : *Tableau de la guerre des Allemands*. Versailles.

Ils s'enfuirent aussitôt dans toutes les directions, abandonnant treize fourgons chargés et une douzaine de chevaux, que les nôtres s'empressèrent de faire passer sur l'autre rive et dirigèrent sur Beauvais.

Le bruit de cette capture s'étant répandu dans les environs, donna aux habitants l'idée de se défendre d'une façon sérieuse, et les hostilités, ainsi commencées, se continuèrent les jours suivants. Le 26, un détachement du 86ᵉ régiment de Schleswig-Holstein s'étant avancé dans la direction du château de Stors, essuya, sur le territoire de Mériel, des coups de feu qui lui blessèrent quatre ou cinq hommes. A l'Isle-Adam, le génie français avait détruit, dans les premiers jours de septembre, le pont qui relie cette ville au hameau de Parmain; sur la rive droite, à l'extrémité du pont rompu, une cinquantaine de francs-tireurs improvisés élevèrent une barricade pour empêcher l'ennemi de rétablir le passage. Le 27 septembre, vers neuf heures du matin, un nouveau détachement, appartenant au 71ᵉ régiment d'infanterie prussien et fort d'environ trois à quatre cents hommes, arrivait à l'Isle-Adam, escortant une quarantaine de voitures destinées à de nouvelles réquisitions. Poussant devant eux le curé et son vicaire, le maire et un autre habitant, qui devaient leur servir de boucliers, les Prussiens marchent vers le pont; mais un feu nourri, parti de la barricade, en renverse plusieurs, épargnant heureusement les nôtres, et force les assaillants à se réfugier dans les rues de la ville, où ils luttent jusqu'à cinq heures du soir. Ayant reçu dans la journée quelques renforts avec une section d'artillerie, ils lancent sur Parmain une douzaine d'obus, qui n'y causent que quelques dégâts matériels et ne font aucun mal aux défenseurs. En présence de l'attitude des francs-tireurs, qui leur tuèrent un homme et en blessèrent huit à dix autres, ils se retirèrent dans la soirée sur leur camp de Saint-Brice, après avoir mis le feu à la mairie et fustigé dans la forêt, à la manière prussienne, une dizaine d'habitants inoffensifs, qui n'avaient commis d'autre crime que celui d'être spectateurs de leur déconvenue.

La résistance opposée par cette poignée d'hommes résolus ne tarda pas à exciter de l'inquiétude parmi les Allemands; le quartier général de l'armée de la Meuse s'empressa de diriger sur l'Isle-Adam un nouveau détachement prussien, commandé par le colonel prince de Hohenlohe, et composé d'un bataillon du 27e d'infanterie, du 1er régiment de uhlans de la garde, et d'une section d'artillerie, avec l'ordre de purger définitivement la contrée. Le 29, vers midi, une partie de cette colonne arrive à l'Isle-Adam, et recommence, sans plus de succès, la tentative faite le 27 pour enlever la barricade de Parmain; mais cette fois l'attaque de front n'a vraisemblablement d'autre but que d'occuper les francs-tireurs, car, pendant ce temps, le reste du détachement jette un pont de bateaux à Mours, près de Beaumont, et s'apprête à franchir la rivière de l'Oise, pour prendre la barricade à revers. Nos francs-tireurs, avertis à temps, évacuent leur position, n'ayant fait d'autres pertes, dans ces divers combats, que celles d'un tué et d'un blessé. Quant à l'ennemi, il avait eu, dans la journée du 29, un chirurgien et deux hommes tués, plus une vingtaine de blessés, dont un officier, appartenant tous au 27e régiment d'infanterie de Magdebourg.

Lorsque les Prussiens arrivèrent à Parmain, dans

la matinée du 30 septembre, ils n'y trouvèrent que des habitants inoffensifs, qu'ils accablèrent de mauvais traitements ; une cinquantaine de maisons furent incendiées à l'aide du pétrole, et le village à demi consumé ; celui de Nesles fut bombardé, et plusieurs francs-tireurs, pris dans la campagne les armes à la main, furent fusillés à Persan dans la même journée. L'une de ces victimes était un ancien magistrat, nommé Desmortier, vieillard plus que septuagénaire, dont la bravoure dans un si grand âge aurait désarmé tout autre ennemi. Pour allier le grotesque au tragique, les Prussiens couronnèrent cette sanglante exécution par un de ces exploits qu'on ne grave pas avec la pointe d'une épée : en passant dans une ferme du Val, les fourrageurs font une razzia sur un troupeau de moutons, qu'ils emmènent et essayent de parquer dans une cour de Presles ; mais ces prisonniers d'un nouveau genre, saisis d'une peur subite, se pressent vers la porte et s'échappent dans la campagne, après avoir bousculé leurs gardiens stupéfaits, qui essayent vainement de les poursuivre.

Ainsi, dans les premiers jours du mois d'octobre, les Prussiens occupaient fortement la vallée basse de l'Oise, sillonnant de leurs patrouilles les cantons de Marines et de Magny ; le 4, ce détachement fut renforcé par le 3e régiment des uhlans de la garde, et placé sous le commandement du prince Albert (fils). Le prince Albert devait agir de concert avec le comte de Lippe, et nous suivrons plus tard la marche combinée de ces deux détachements.

CHAPITRE III.

Suite des entreprises de la cavalerie ennemie sur l'Eure et sur l'Oise. — Situation militaire de la Normandie à la fin du mois de septembre. — Corps du général Gudin dans le département de la Seine-Inférieure. — Corps du général Delarue dans le département de l'Eure. — Excursion de la garde nationale de Rouen à Mantes (29 septembre). — Entreprises du détachement de Bredow sur la rive gauche de la Seine. — Rencontre des Alluets (30 septembre). — Occupation de Mantes (1er octobre). Rencontre d'Aigleville (5 octobre). — Entreprises des Allemands sur la ligne de Chartres. — Embuscades et massacres de Saint-Léger-aux-Bois (1-2 octobre). — Combat d'Épernon (4 octobre). — Surprise et incendie d'Ablis (8 octobre). — Entreprises des Saxons et des Prussiens sur la rive droite de la Seine. — Rencontres de Gournay (2 octobre) et d'Armentières (5 octobre). — Incendie d'Héricourt (6 octobre). — Occupation de Compiègne (7 octobre). — Apparition des Prussiens à Gisors (6 octobre).

La présence des Allemands à Mantes et à Beauvais avait semé au loin l'effroi parmi les populations de la Normandie, et l'alarme était grande dans les départements d'Eure-et-Loir, de l'Eure et de la Seine-Inférieure, qui se sentaient de plus en plus menacés, et qui allaient avoir à subir d'un jour à l'autre les incursions et les déprédations des fourrageurs ennemis. Ces craintes n'étaient que trop fondées, et la situation était devenue des plus sombres dans les derniers jours de septembre, au moment où la France, après d'irréparables désastres, apprenait encore la chute de Toul et celle de Strasbourg. La capitale, étroitement investie, ne pouvait songer qu'à elle-même; la province, abandonnée à ses propres ressources, était réduite à se débattre dans la confusion et l'impuissance, et se trouvait désormais livrée à tous les hasards et à tous les périls de la résistance locale.

Déjà l'Empire, ayant risqué sa dernière armée et à la veille de s'écrouler, avait fait appel à son armée administrative pour la création de nos réserves. Le ministre de l'intérieur reçut la mission de réunir en quelques heures, au moyen du télégraphe, les ressources que le ministre de la guerre avait eu des années pour organiser. Les préfets furent chargés de convoquer la garde mobile, de pourvoir à son habillement, à son équipement, à son armement et à sa solde, de favoriser la formation des corps francs, et d'activer celle des compagnies de marche de la garde nationale. Des fonctionnaires civils, remplissant des fonctions analogues à celles de nos inspecteurs généraux, furent envoyés en province pour s'assurer de l'exécution des mesures prescrites. Cette mission fut dévolue, pour la Normandie, à M. le conseiller d'État Oscar. de Vallée, dont la tournée se trouva interrompue par la nouvelle de la catastrophe de Sedan. Ce qui restait en France d'anciens militaires subit avec tristesse, mais avec résignation, les inspections et les revues de ces personnages civils. Si seulement on s'était borné à se servir de notre machine administrative pour habiller, soigner et ravitailler les divers contingents, peut-être que l'on eût pu tout réparer; mais, au lieu de s'occuper exclusivement d'administration, les autorités civiles prétendaient s'immiscer dans la direction militaire, imposer des plans et ordonner des mouvements; les généraux et les chefs de corps, au lieu d'avoir à songer uniquement à leurs troupes, sont forcés de compter avec les préfets, les maires et les conseils municipaux, qui, loin de les aider, les contrecarrent, leur enlèvent toute initiative, et par là même le sentiment de leur propre responsabilité. Au moyen des ressources qu'il a créées, chaque département, dans un esprit d'égoïsme aussi absurde qu'étroit, veut essayer de protéger ses confins comme une nouvelle frontière ; les arrondissements imiteront l'exemple des départements, et nos forces, au lieu de se concentrer, vont se trouver éparpillées sur tous les points.

Comme l'Empire, le gouvernement de la défense nationale ne sut pas se dégager des préoccupations politiques ; c'est pour ce motif qu'il patronna ce funeste système de défense sur place, et la formation de ces innombrables comités de défense, d'initiative ou de vigilance, dont l'action a si souvent paralysé celle de nos généraux. Ces divers comités étaient composés de gens étrangers pour la plupart aux connaissances militaires, et qui avaient néanmoins la voix prépondérante. Des avocats, des médecins, des pharmaciens, qui n'auraient pas manqué de crier *haro* s'ils avaient vu des officiers plaider le mur mitoyen, prescrire des médicaments ou manipuler des pilules, étaient les premiers à fouler aux pieds l'antique maxime : « Chacun son métier ». Abusés par la légende de 1792, ils croyaient à l'improvisation des armées, et proclamaient qu'il n'était pas nécessaire d'avoir moisi plusieurs années dans une caserne pour défendre son pays ; ils se figuraient qu'un homme est un soldat, et que l'élan et la passion suffisent à tout et remplacent tout, l'ordre, l'autorité, la discipline, le nombre, et même le canon.

Avec de tels stratégistes, nos provinces de l'Ouest se trouvaient condamnées à l'isolement. Elles étaient presque complétement dépourvues de troupes régulières ; mais, sous l'imminence du danger, il s'était produit chez elles un grand mouvement patriotique : les volontaires se multipliaient, chacun voulait se défendre, et chacun cherchait un fusil ; mais par malheur les armes faisaient défaut, et, plus encore que les armes, les institutions militaires, qui forment à l'avance les bras capables de les manier, et qui sont le plus sûr boulevard de l'indépendance d'une nation.

Par suite du manque de direction militaire, nous n'aurons guère à étudier dans le cours de cet ouvrage que des opérations toutes locales, ne se rattachant à aucun plan d'ensemble ; nous allons donc suivre successivement, sur chaque rive de la Seine, les efforts isolés qui vont être faits pour tâcher d'opposer une digue au flot sans cesse grossissant de l'invasion.

Sur la rive droite, à Rouen, commandait le général de division comte Gudin, fils de l'illustre Gudin, tué à Valoutina ; l'ancien page de Napoléon Ier à Waterloo, sorti spontanément du cadre de réserve pour offrir à son pays le secours d'un bras plus que septuagénaire et l'exemple du patriotisme, était venu reprendre le commandement de la 2e division militaire, qu'il avait longtemps et dignement exercé. C'était un homme d'une activité et d'une énergie vraiment surprenantes pour son grand âge, qui jugeait la situation froidement, sans illusions, mais sans faiblesse. Il voyait clairement qu'en voulant se défendre de tous côtés, on n'arrêterait l'invasion nulle part ; aussi était-il d'avis de temporiser, convaincu que chaque jour écoulé était un jour de gagné sur l'ennemi.

D'ailleurs, les forces dont il disposait étaient des plus restreintes : le noyau en était formé par deux régiments de cavalerie échappés de Sedan et arrivés à Rouen dans les derniers jours de septembre. Il y avait, en outre, deux bataillons de marche de la ligne en formation dans la 2° division militaire; mais ces corps se composaient, en grande partie, de jeunes soldats de la classe de 1870, appelés dans les dépôts dans la seconde quinzaine de septembre; il fallait le temps de les instruire, et ils ne furent en état de prendre la campagne que vers la fin du mois suivant. Le gros des forces du général Gudin se composait de douze bataillons de mobiles, mal habillés, peu ou point équipés, n'ayant que des chaussures de carton ou des vêtements d'amadou, dont la fourniture a honteusement enrichi quelques enfants d'Israël; tous armés de fusils transformés modèle 1867, dits à tabatière, armes défectueuses, d'une faible portée, d'une justesse médiocre, très-sujettes à se détraquer, sans pièces de rechange, et en grande partie hors de service. Telles étaient les troupes que, sur la rive droite de la Seine, le général Gudin pouvait opposer aux détachements du comte de Lippe et du prince Albert, qui, opérant de concert, avaient sous leurs ordres six bataillons, seize escadrons et trente canons, c'est-à-dire sept à huit mille hommes de troupes aguerries, exaltées par le succès, éclairées par une nombreuse cavalerie, et pouvant, en cas d'attaque, se concentrer rapidement sur le même point.

A côté du général Gudin, à Rouen, M. Estancelin, ancien député, avait reçu du gouvernement le commandement supérieur des gardes nationales dans les départements de la Seine-Inférieure, du Calvados et de la Manche, avec la mission de les habiller, de les armer, de les organiser et d'utiliser leurs services. M. Estancelin s'était aussitôt mis à l'œuvre, avec un dévouement d'autant plus méritoire qu'il n'avait autour de lui aucun militaire apte à le seconder, et qu'il rencontrait à chaque pas des difficultés de toute sorte. Dissoute dans presque toutes les villes de France, la garde nationale avait été maintenue à Rouen et à Elbeuf, où elle formait une légion bien organisée; mais dans le reste du département de la Seine-Inférieure et dans ceux du Calvados et de la Manche, il n'était guère possible de compter sur un concours efficace des gardes nationaux volontaires avant que les compagnies de marche fussent formées. Le grand génie guerrier des temps modernes écrivait : « Il ne faut pas que les gardes nationales » aillent se mettre par quinze cents devant l'en- » nemi, sans ordre. Elles y vont, il est vrai, mais » elles en reviennent bien plus vite [1] ». Le général Gudin connaissait l'opinion de Napoléon Ier sur la garde nationale, et se serait bien gardé d'épuiser, en les employant prématurément, les ressources que pouvait fournir plus tard cette milice, lorsqu'elle aurait été réunie et exercée. Avec des moyens aussi restreints, il ne pouvait faire qu'une seule chose, gagner du temps pour instruire et discipliner ses jeunes troupes, pour organiser un peu d'artillerie, car il ne possédait pas un canon, et enfin pour permettre aux fortifications du Havre de s'élever et de s'armer; car le Havre était son seul point d'appui, et, en cas d'échec ou devant des forces supérieures, il avait l'ordre du ministre de se retirer sur cette place.

La ville de Rouen, dont les maisons sont en grande

---

[1] Napoléon Ier, *Correspondance.*

partie construites en bois, est dominée à une très-petite distance par une série de hauteurs qui l'entourent de toutes parts sur la rive droite de la Seine, et n'est pas défendable avec la portée actuelle de l'artillerie, à moins d'avoir des troupes nombreuses et solides pour occuper sérieusement la crête des coteaux. La défense immédiate de Rouen avec le peu de troupes novices que possédait le général Gudin, eût amené inévitablement la destruction d'une des plus grandes cités commerciales de France, la perte de sa garnison, et cela sans résultat utile pour l'ensemble de la défense du territoire. Aussi le plan du général était-il d'occuper la vallée de l'Andelle, la forêt de Lyons et le pays accidenté qui s'étend depuis Gournay jusqu'à Neufchâtel, en portant successivement sur cette ligne les bataillons organisés au fur et à mesure qu'ils lui arriveraient. Ce terrain couvert, coupé, boisé, était un champ de bataille très-favorable pour former des débutants, les Allemands ne pouvant y déployer les deux armes qui leur donnaient la supériorité, la cavalerie et l'artillerie. Là on pouvait, non point les provoquer, mais les attendre; aguerrir nos jeunes troupes en leur faisant surprendre les reconnaissances ou les partis ennemis qui se présenteraient à leur portée, et, en cas d'attaque par des forces supérieures, se retirer, selon les circonstances, sur le Havre par la rive droite de la Seine, ou par la rive gauche au moyen des ponts conservés intacts.

Les nombreux comités locaux de défense qui avaient, eux aussi, leurs plans particuliers et leur stratégie de clocher, ne se firent pas faute de critiquer les dispositions prises par le général Gudin;

dans l'arrondissement des Andelys, qui se trouve séparé par la Seine du reste du département de l'Eure, on pressait très-vivement le général de s'établir sur la ligne de l'Epte, qui formait autrefois la limite entre la Normandie et l'Ile-de-France. De cette façon, il est vrai, nos troupes, au lieu d'être adossées à une rivière, eussent été couvertes par une autre; mais l'Epte, qui prend sa source au même point que l'Andelle, a un développement de plus de vingt lieues, et en outre, dans son cours inférieur, elle arrose un pays à peu près découvert, le pied des plateaux du Vexin; elle offrait donc une ligne plus étendue, plus éloignée et beaucoup moins favorable que l'Andelle. D'ailleurs il est probable que si le général Gudin s'était porté sur l'Epte, d'autres lui auraient conseillé de s'avancer jusqu'à l'Oise; mais se hasarder si loin avec des troupes si peu nombreuses et si novices, c'était appeler l'attention de l'ennemi, aller bénévolement au-devant d'un échec certain, et découvrir du même coup, non-seulement l'arrondissement des Andelys, mais encore Rouen et la Seine-Inférieure, qui avaient bien aussi leur importance et qu'il s'agissait particulièrement de protéger. Le général s'en tint donc avec fermeté au plan qu'il avait conçu, plan qui était le seul raisonnable, le seul sérieux, et le seul qui serait probablement adopté aujourd'hui par tout chef militaire placé dans les mêmes conditions.

Dans les derniers jours du mois de septembre, les troupes dont le général Gudin disposait sont ainsi réparties : à Fleury-sur-Andelle, le 12e régiment de chasseurs; à Charleval, le 2e bataillon de la garde mobile des Hautes-Pyrénées; à la Feuillie, le 8e bataillon du Pas-de-Calais ; à Gournay, deux escadrons du 3ᵉ régiment de hussards, le 1ᵉʳ bataillon de la garde mobile du Pas-de-Calais et le 4ᵉ de l'Oise ; à Argueil, le 1ᵉʳ bataillon des Hautes-Pyrénées ; enfin le 1ᵉʳ bataillon de l'Oise est dirigé sur Formerie. Les 1ᵉʳ et 2ᵉ bataillons des Landes, arrivés depuis quelques jours à Rouen, achèvent de s'y former ; les 2ᵉ et 3ᵉ bataillons de l'Oise et le 2ᵉ de la Seine-Inférieure sont employés aux travaux de défense et à l'armement de la place du Havre. Si nous ajoutons aux troupes que nous venons d'énumérer les bataillons de marche de la ligne en formation dans les dépôts, nous aurons l'ensemble des forces placées sous les ordres du général Gudin au 1ᵉʳ octobre, soit deux régiments de cavalerie, deux bataillons de marche de la ligne en formation, et onze bataillons de mobiles ; en tout, 13 à 14 mille hommes sans artillerie.

Sur la rive gauche de la Seine, à Évreux, le général Delarue, commandant la subdivision territoriale, était chargé de la défense du département de l'Eure, car le délégué du ministre de la guerre avait réparti pour la défense les départements en deux zones, la première comprenant ceux qui se trouvaient en contact immédiat avec l'ennemi. Vers le 20 septembre, le général Delarue avait reçu pour instructions d'évacuer Évreux dès que l'ennemi s'en approcherait, et de replier ses troupes sur Serquigny, point stratégique qu'il devait défendre autant que possible, ainsi que la ligne du chemin de fer, qui restait dans ce cas la seule communication libre avec Rouen et le nord de la France.

A cette date, le général Delarue n'avait à sa disposition que le 39ᵉ régiment de la garde mobile de l'Eure et le 1ᵉʳ régiment des Éclaireurs de la Seine, formant ensemble un effectif de moins de 4,000 hommes, sans cavalerie ni artillerie. Le département de l'Eure faisant partie de la 2ᵉ division militaire, le général Delarue se trouvait sous les ordres du général Gudin; mais il était en réalité dans la dépendance des comités de défense de son département, lesquels, comme on sait, prétendaient ne dépendre de personne. L'action des départements de la Seine-Inférieure et de l'Eure se trouva ainsi presque complétement isolée dès le début; le commandant de la division militaire ne s'occupait de ce qui se passait au delà de la Seine que parce que Rouen pouvait être attaqué de ce côté. Avant de revenir sur la rive droite de ce fleuve, nous allons raconter en peu de mots les événements qui se sont déroulés sur la rive gauche à la fin de septembre et dans les premiers jours d'octobre.

Retournés à Vernon à la suite de leur première apparition à Mantes le 22 septembre, les Éclaireurs de la Seine, formant deux bataillons, allèrent s'établir le lendemain dans la forêt de Rosny; le 25, ils s'avancèrent jusqu'à Magnanville, et le 28, ils occupèrent Mantes, chassant devant eux les éclaireurs prussiens. Ce jour-là, un des leurs, le capitaine Guillaume, explorant les environs à la tête d'une patrouille, surprit dans la cour d'un moulin d'Épône quelques cavaliers qu'il dispersa; il s'empara de leurs chevaux, qu'il ramena, aux grands applaudissements des habitants de Mantes qui le virent rentrer dans cet équipage. Le 29, les Éclaireurs de la Seine allèrent camper à Maule, en arrière de la petite rivière de la

Mauldre et de la forêt des Alluets, opposés aux fourrageurs ennemis de la 5ᵉ division de cavalerie, dont le quartier général se trouvait à Saint-Nom, et qui, depuis l'expédition de la brigade de Brédow contre Mézières, était concentrée à Saint-Germain, sur la lisière de la forêt de Marly.

Les francs-tireurs furent suivis dans ce mouvement par des gardes nationaux sédentaires. Depuis le 20 septembre, un piquet d'éclaireurs à cheval de la garde nationale de Rouen (sous-lieutenant Lequeux-Muston) avait exploré la rive droite de la Seine, en passant par Fleury-sur-Andelle, Étrépagny et Magny. En l'absence de toute cavalerie régulière, ces volontaires avaient rempli leur mission avec une intelligence et une activité remarquables, donnant fréquemment de leurs nouvelles et tenant la population, alors si anxieuse, au courant de la marche de l'ennemi. Ils furent rejoints peu de temps après par une colonne sous les ordres du commandant général Estancelin; elle se composait d'un autre piquet de cavaliers et d'éclaireurs à cheval de Rouen et d'Elbeuf, du dépôt de la garde mobile de la Seine-inférieure, et d'environ sept cents volontaires du 1ᵉʳ bataillon de la garde nationale de Rouen (commandant Rondon). Transportées par le chemin de fer, ces troupes firent leur entrée à Mantes le 29 septembre, peu d'heures après que les Éclaireurs de la Seine en étaient partis. Après avoir poussé une pointe en chemin de fer jusqu'à Meulan, de concert avec les tirailleurs havrais de la 1ʳᵉ compagnie qui se trouvaient dans ces parages, et exploré quelques localités entre Mantes et Mézières sans rencontrer l'ennemi, la colonne expéditionnaire, couverte par les francs-tireurs, reprit le soir même le train qui l'avait amenée, et passant par Louviers et Elbeuf, fit sa rentrée à Rouen le 2 octobre.

« C'était incontestablement une expédition aventurée », comme l'a plus tard avoué celui qui la dirigeait [1]; en effet, si elle avait été différée de vingt-quatre heures seulement, le commandant général Estancelin se serait trouvé en face du général de Bredow, qui, à la tête d'une colonne composée du 13º régiment de dragons, de deux escadrons du 16º uhlans, de six compagnies d'infanterie bavaroise et d'une batterie d'artillerie, s'apprêtait à faire de son côté une expédition contre Mantes, afin de purger la contrée des francs-tireurs qui l'occupaient.

Les deux bataillons des Éclaireurs de la Seine (commandant de Faby), arrivés à Maule le 29, s'étaient répandus aux environs, notamment à Ecquevilly, où ils tirèrent sur une patrouille du 10º hussards, à laquelle ils prirent un homme et deux chevaux, et aux Alluets, où deux cents des leurs environ passèrent la nuit : aucune troupe française ne devait s'approcher aussi près de Paris pendant l'investissement. Le 30, vers six heures du matin, on signala la présence d'une patrouille; c'étaient trois dragons du 13º régiment de Schleswig-Holstein qui se dirigeaient sur les Alluets au pas de leurs montures. Embusqués derrière des murs, les francs-tireurs les attendirent et les reçurent par une décharge qui tua un cheval et blessa mortellement un cavalier. Le même jour, vers onze heures, l'avant-garde du général de Bredow vint prendre position à l'est du village, à une distance de plus de deux kilomètres, et se mit en devoir de le

---

[1] Voy. Estancelin : *La Vérité sur les événements de Rouen.* Rouen.

bombarder et de l'incendier, tout en fouillant de ses obus les bois où les éclaireurs s'étaient réfugiés. Ceux-ci, bien que hors de portée, ripostèrent par une fusillade qui eut pour résultat de maintenir à distance l'infanterie bavaroise. Pendant près de trois heures l'artillerie ennemie ne cessa de tonner, et plus de cent obus tombèrent sur les Alluets, où ils mirent le feu à une grange et endommagèrent plusieurs habitations. Les nôtres, qui couraient risque d'être enveloppés dans les bois, furent avertis par les gens du pays, qui leur servirent de guides, et ils se retirèrent, sans cesser de tirailler, par Ecquevilly et par Mareil-sur-Mauldre. L'ennemi en les poursuivant lança encore une douzaine d'obus sur le village d'Herbeville, et brûla, à la Falaise, la maison d'un paysan pris les armes à la main. A la suite de cet engagement, qui ne causa d'autre perte à l'ennemi que celle du dragon tué le matin, et aux nôtres qu'une seule blessure sérieuse, les Prussiens occupèrent Maule, et les Éclaireurs de la Seine se replièrent sur Mantes, où ils arrivèrent à la nuit. Dans la matinée du lendemain, 1er octobre, le général de Bredow fit son entrée à Mantes à la tête de la colonne dont nous avons donné plus haut la composition, et qui pouvait être forte d'un peu plus de 2,000 hommes. Les Éclaireurs de la Seine, rejoints par des francs-tireurs de Rouen et du Havre, venaient de quitter la ville quelques heures auparavant et n'eurent que le temps de se retirer à Dammartin, pour se rabattre pendant la nuit suivante dans la direction de Vernon et de Louviers.

Il ne restait plus pour couvrir Évreux de ce côté que la garde mobile de l'Eure. Dès le 22 septembre, le 1er bataillon avait été envoyé à Vernon, avec l'ordre d'occuper la forêt de Bizy. Le 2 octobre, le 3e bataillon du même département fut dirigé d'Évreux sur Pacy, avec mission de harceler l'ennemi qui occupait Mantes et de le gêner dans ses réquisitions, mais il avait l'ordre de se retirer devant des forces supérieures, en se conformant aux instructions contenues dans la circulaire ministérielle du 21 septembre sur l'emploi de la garde mobile. Le 3, sur l'ordre du lieutenant-colonel d'Arjuzon, commandant le 39e régiment de la mobile de l'Eure, les 1er et 3e bataillons se réunirent à Chaufour, et poussèrent une reconnaissance jusque près de Bonnières, après quoi ils reprirent les positions qu'ils occupaient précédemment. Dans la matinée du 4 octobre, la 2e compagnie du 1er bataillon (capitaine de Saint-Foy), envoyée de Port-Villez en reconnaissance vers Bonnières, s'y trouva tout à coup en présence du gros du détachement ennemi venu de Mantes ; elle eut à essuyer le feu de son artillerie, et dut se replier sur Vernon, d'où la garnison se retira peu de temps après sur Gaillon et Louviers. Après avoir fait incendier et détruire la gare de Bonnières, sous le prétexte qu'on avait tiré quelques coups de fusil sur ses éclaireurs du haut d'une locomotive blindée, le général de Bredow se porta dans la direction de Pacy. Le commandant Power, chef du 3e bataillon qui occupait cette ville, fut informé que l'ennemi s'était dirigé sur Bréval, et il apprit sa présence à Bonnières. Menacé ainsi de deux côtés, il prit ses dispositions en vue d'une attaque qui devenait imminente. Il fit occuper Saint-Chéron par trois compagnies, en plaça deux autres dans les bois qui se trouvent en avant de Pacy, le long de la route de Bonnières, et laissa les deux dernières en réserve dans la ville. Avant que les deux compagnies envoyées dans la forêt eussent le temps de prendre position, une trentaine de dragons prussiens arrivèrent jusqu'au poste établi en avant de Pacy, mais ils rebroussèrent immédiatement à la vue des mobiles. Dans la soirée, le commandant Power rassembla les deux compagnies restées en réserve et rejoignit celles qui se trouvaient déjà dans la forêt avec le lieutenant-colonel d'Arjuzon. Le 5, avant le jour, ces quatre compagnies, auxquelles s'étaient joints quelques volontaires des environs, furent postées à la lisière du bois, sur le territoire d'Aigleville. Vers dix heures l'ennemi parut. Ce furent d'abord quelques éclaireurs qui tournèrent bride après avoir essuyé une décharge; puis une assez forte avant-garde de cavalerie, soutenue par un détachement d'infanterie dont le feu prenait en flanc nos tirailleurs. A plusieurs reprises les dragons se mirent en devoir de charger, mais ils essuyèrent une fusillade nourrie qui les força de tourner bride. Peu de temps après on entendit sur la route le roulement de l'artillerie qui arrivait avec le gros de la colonne. Le colonel d'Arjuzon, voyant qu'il avait affaire à un corps de toutes armes et supérieur en nombre, s'abstint de s'engager et donna le signal de la retraite, qui s'effectua par Ménille et par le pont de Cocherel.

Cependant le général de Bredow, après avoir fouillé la forêt à coups de canon, s'était porté rapidement vers Pacy; puis, apercevant les mobiles dans Ménille, il dirigea son feu de ce côté; mais les maisons seules eurent à en souffrir, et les compagnies qui s'y trouvaient purent gagner Évreux sans avoir à déplorer aucune perte. Les volontaires furent moins heureux : dans le mouvement de retraite, un garde national d'Évreux fut pris et massacré par la cavalerie. Trois habitants de Pacy, qui s'étaient avancés en curieux et sans armes, trouvèrent également la mort aux portes de la ville. Quant au détachement de Saint-Chéron, il se retira sans coup férir et ne perdit qu'un caporal isolé, qui, rencontré par quelques cavaliers, fut blessé et fait prisonnier. Bien que cette rencontre n'ait occasionné à l'ennemi, s'il faut l'en croire, que des pertes nulles ou insignifiantes, le village d'Aigleville faillit être incendié : l'ordre en avait été donné, et plusieurs fantassins, la torche au poing, n'attendaient plus que le signal, lorsqu'une domestique du château, Bavaroise d'origine, parvint à adoucir la férocité de ses compatriotes.

La présence de l'ennemi à Pacy, connue aussitôt à Évreux, y causa une panique des plus vives. Le colonel Cassagne, qui avait remplacé la veille le général Delarue dans le commandement de la subdivision de l'Eure, eut d'abord l'intention de tenter un retour offensif et de reprendre ses positions ; mais l'ennemi ayant occupé Vernon dans la même journée et paraissant menacer Évreux de deux côtés, cette ville fut abandonnée dans la nuit du 5 au 6, les divers services administratifs et le matériel de la gare évacués précipitamment, et les troupes dirigées sur Serquigny. Le 6, le général de Bredow lança dans la direction d'Évreux et de Vernon de forts détachements de réquisition qui ne rencontrèrent plus aucune résistance ; il réunit ainsi de grandes provisions, consistant principalement en farines, bestiaux, avoine et fourrages, qu'il dirigea aussitôt sur les magasins de l'armée d'investissement.

Pendant ces entreprises du détachement de Bredow sur la rive gauche de la Seine, la 6ᵉ division de cavalerie (général-major duc de Mecklembourg-Schwerin), qui opérait à la gauche de la 5ᵉ, s'avançait sur Chartres en suivant la ligne de Paris à Rambouillet.

Le 1ᵉʳ octobre, une patrouille du 16ᵉ hussards de Schleswig-Holstein tentait de se mettre en communication avec le général de Rheinbaben; entre Saint-Léger-aux-Bois et Condé-sur-Vègre, au lieu dit les Pins-du-Phalanstère, elle tomba dans une embuscade dressée par des gardes nationaux des communes voisines et des francs-tireurs de Saint-Léger, et elle eut deux cavaliers tués et cinq blessés. Dans ce pays couvert de forêts, les paysans s'étaient organisés pour inquiéter l'ennemi, et chaque jour ses fourrageurs étaient reçus à coups de fusil. Pour mettre fin à cette résistance, le duc de Mecklembourg donna l'ordre à un bataillon du 11ᵉ régiment bavarois « de Tann » de faire une battue dans la forêt. Dans la matinée du 2 octobre, les Bavarois cernèrent la commune de Poigny et se mirent en devoir de fouiller les bois. Aux abords de l'étang de la Cerisaie, ils égorgèrent froidement deux bergers dans la hutte desquels ils avaient trouvé un vieux fusil; puis ils les suspendirent par les pieds aux arbres de la route, le corps labouré de coups de sabre et les entrailles pendantes [1]. A Saint-Léger-aux-Bois, pour venger les pertes essuyées la veille par les hussards, ils pendirent le maire par son écharpe à la porte de sa mairie,

---

[1] Voy. Desjardins : *Tableau de la guerre des Allemands*. Versailles.

fusillèrent un garde national et emmenèrent seize habitants comme otages. Deux de ces malheureux, effrayés, essayent de fuir; ils sont impitoyablement massacrés; l'un d'eux, lorsqu'il reçut le coup mortel, tenait ses deux enfants par la main. Là encore, les meurtriers branchèrent les cadavres de leurs victimes, supplice que les bourreaux du moyen âge réservaient aux voleurs de grands chemins. Un récit allemand de la dernière guerre [1], récit illustré, dans lequel la plume rivalise souvent avec le crayon pour l'extravagance, nous apprend le nom de celui qui présidait à l'exécution de ces hautes-œuvres. C'était le major de Beumen, un philanthrope, nous dit-on : *der menschenfreundliche Major von Beumen*. Si cet officier est un type d'humanité, on se demande ce que peut être le commun des Bavarois, ses compatriotes.

Pendant ces escarmouches, l'ennemi, qui occupait en force Rambouillet, poussait de fréquentes reconnaissances jusqu'à Épernon. Le 4 octobre, le colonel d'Alvensleben, à la tête de la 15ᵉ brigade de cavalerie, de deux compagnies d'infanterie du régiment du corps et du 11ᵉ bavarois, et d'une batterie, se porta lui-même sur cette ville, menaçant ainsi le département d'Eure-et-Loir. Ce département était tout à fait dépourvu de moyens de défense.

Dès que les communications avaient été coupées avec Paris, le général Boyer, commandant de la subdivision militaire, se conformant aux instructions qu'il avait reçues du ministre, s'était retiré dans l'Orne avec les mobiles placés sous son commande-

---

[1] Voy. Hiltl : *Der französische Krieg von* 1870 *und* 1871. Bielefeld.

ment, afin qu'ils pussent achever leur instruction et acquérir quelque solidité. Mais cet officier général se trouvant en désaccord avec les comités de défense, fut relevé de ses fonctions, et les mobiles rappelés à Chartres. A la nouvelle de l'approche de l'ennemi, le préfet d'Eure-et-Loir, qui, comme tant d'autres fonctionnaires civils, ne craignait pas d'ordonner des mouvements militaires, dirigea sur Épernon les 2º et 4º bataillons de la garde mobile de son département (lieutenant-colonel Marais); renforcés par quelques gardes nationaux et par des francs-tireurs du pays, ils allèrent occuper le plateau des Marmousets et celui de la Diane, qui dominent la ville à une faible distance et sont séparés par une vallée étroite que traverse la grande route du côté de Rambouillet [1]. Le 4 octobre, entre dix et onze heures, l'ennemi parut, et commença la canonnade. Après une lutte sérieuse de plusieurs heures, dans laquelle le commandant Lecomte tomba bravement à la tête du 4º bataillon d'Eure-et-Loir, et qui coûta, tant aux mobiles qu'aux gardes nationaux de Droué, quinze tués et une trentaine de blessés, les nôtres, écrasés par l'artillerie, se virent forcés d'abandonner le terrain et de se retirer sur Chartres. D'après les états de pertes du bureau statistique prussien auxquels nous nous en rapportons, bien qu'ils soient souvent inexacts, le colonel d'Alvensleben avait eu, de son côté, dans cette journée, sept hommes tués et vingt-quatre blessés, dont un officier. Le soir même, il entra à Épernon; le lendemain, il s'occupa de faire des réquisitions, et

---

[1] Voy. de Coynart : *La guerre à Dreux*. Paris.
Voy. Engel : *Die Verluste der deutschen Armeen*. Berlin.

le 7, il retourna à Rambouillet, emmenant son butin et laissant derrière lui quelques détachements.

L'un de ces détachements, composé du 4ᵉ escadron du 16ᵉ régiment de hussards de Schleswig-Holstein et d'un piquet d'infanterie du 11ᵉ régiment bavarois, occupait Ablis, bourg riche et important, situé sur les confins du département de Seine-et-Oise. Le 8 octobre, un peu avant le jour, les Allemands y furent surpris et attaqués par environ cent trente francs-tireurs de Paris (commandant Lipowski), venus de Denonville. Après une demi-heure de combat, les nôtres se replièrent, emmenant avec eux soixante-dix prisonniers et près de cent chevaux. Dans ce hardi coup de main, qui leur coûta deux hommes seulement, les francs-tireurs de Paris tuèrent six Prussiens et en blessèrent cinq autres; parmi les premiers se trouvait le capitaine Ulrich, chef de l'escadron des hussards et du détachement. Malheureusement les représailles ne devaient pas se faire attendre : à neuf heures du matin, l'ennemi revient avec des forces considérables pour venger son échec de la nuit; le village est envahi et cerné; quatre paysans, rencontrés dans les rues, sont massacrés sans pitié; le maire est averti que s'il ne paye pas sur l'heure une contribution de cinq mille francs, on va incendier sa commune; puis, quand l'argent est versé, le feu est mis aux habitations, et le bourg est brûlé de fond en comble; dans sa soif de vengeance, l'ennemi n'épargne même pas l'ambulance dans laquelle on a soigné ses blessés. Vingt-deux otages sont enchaînés et traînés au quartier prussien du Mesnil-Saint-Denis par le général-major de Schmidt, chef de la division de cavalerie, qui menace de les retenir si le gouvernement français ne lui rend pas les hussards faits prisonniers. Le lendemain, cependant, sur la protestation de la délégation de Tours et des autorités du département, le général de Schmidt se décida à relâcher les habitants d'Ablis, et il aurait même, dit-on, en les reconduisant aux avant-postes, laissé échapper ces paroles : « A mon lit de mort, je me rappellerai cette malheureuse affaire [1]. » Il pourra se rappeler également le drame de Sivry-sur-Ante, dans lequel son ancien régiment a été le principal acteur, et dont la Champagne ne perdra pas de sitôt le souvenir.

« L'incendie d'Ablis était, dit Rüstow, le premier acte annonçant clairement la guerre de terreur. » Ce n'était ni le premier ni malheureusement le dernir : déjà nous avons vu le général de Bredow inaugurer sa marche par le bombardement de Mézières ; nous verrons cette consigne s'exécuter impitoyablement sur les deux rives de la Seine, et nous n'aurons que trop souvent l'occasion de flétrir ces représailles dignes des guerres civiles.

Sur la rive gauche de la Seine, nous avons laissé les Saxons au moment où, après avoir pris possession de Beauvais, le 30 septembre, ils ont envahi la plus grande partie du département de l'Oise. Au commencement d'octobre, se sentant soutenus par le détachement du prince Albert, dont les patrouilles sillonnent déjà les environs de Marines et de Magny, et s'avancent jusqu'aux portes de Gisors, ils deviennent, de leur côté, plus entreprenants et le 2 octobre ils envoient dans la direction de Gournay une première

---

[1] Voy. Desjardins : *Tableau de la guerre des Allemands*. Versailles.

reconnaissance, forte de deux escadrons de cavalerie, dragons et uhlans.

Gournay, ville commerçante et marché important, était un centre de ravitaillement dont l'ennemi désirait s'assurer la possession; aussi, dès le 21 septembre, le général Gudin avait-il fait occuper cette ville par le 8ᵉ bataillon de la mobile du Pas-de-Calais (commandant Darceau), qui fut renforcé le 1ᵉʳ octobre par le 4ᵉ bataillon de l'Oise et par deux escadrons du 3ᵉ hussards, sous les ordres du colonel d'Espeuilles. Dans la matinée du 2 octobre, un peloton de nos hussards rencontra à la hauteur de Senantes la reconnaissance saxonne en marche sur Gournay, et, en présence d'un ennemi supérieur en nombre, il dut se replier sur cette ville, suivi de près par les Saxons. Enhardie par la retraite des nôtres, une patrouille du 18ᵉ uhlans s'avance jusqu'à la gare; mais elle est reçue à coups de fusil par une section de la 5ᵉ compagnie du Pas-de-Calais (lieutenant de Puisieux), qui se trouve là de grand'garde. Tandis que le reste de la compagnie de mobiles (capitaine du Hays) cherche à les tourner au pas de course, le colonel d'Espeuilles, à la tête d'un escadron, donne la chasse aux uhlans; et ceux-ci, après avoir essuyé plusieurs décharges, s'enfuient, emmenant un de leurs sous-officiers blessé et laissant entre nos mains deux chevaux et un prisonnier.

Cette première apparition des fourrageurs à Gournay, sur la limite même de la Seine-Inférieure, causa dans le département une très-vive émotion; mais l'émotion de l'ennemi ne fut pas moins vive, car il ne s'attendait nullement à rencontrer notre cavalerie régulière, ni surtout à être ramené par elle, aussi cette escarmouche occasionna-t-elle une alerte, non-seulement parmi la garnison de Beauvais, mais encore parmi celle de Clermont, qui s'empressa de doubler le service des grand'gardes et des patrouilles.

Devenus plus circonspects, les Saxons ne se hasardèrent plus aussi loin, et ce furent nos cavaliers qui allèrent à leur rencontre. Le 5 octobre, un peloton du 3ᵉ hussards, en reconnaissance à la Chapelle-aux-Pots, fut averti de la présence de patrouilles ennemies dont il suivit la trace jusqu'à Hodenc-en-Bray. Là, sept de nos hussards se détachèrent, fondirent à toute bride sur Armentières, et y rejoignirent les Saxons, qui, ne se croyant pas suivis de si près, faisaient tranquillement leur provision de tabac et de cigares. Troublés dans leurs achats, ils détalèrent précipitamment, poursuivis pendant plusieurs kilomètres par les décharges des nôtres. Dans cette nouvelle rencontre, deux dragons furent mortellement atteints; quant à nos hussards, n'ayant éprouvé aucune perte, ils rentrèrent à Gournay, ramenant encore un uhlan fait prisonnier.

En traversant, dans leur fuite, le hameau d'Héricourt, les dragons du 2ᵉ régiment saxon s'écriaient qu'ils seraient vengés. Ils le furent en effet dès le lendemain. Sur les ordres du colonel saxon de Standfest, qui occupait Beauvais, un détachement d'exécution, commandé par le major de Goerne, du 2ᵉ régiment à pied de la garde prussienne, et composé des 6ᵉ et 7ᵉ compagnies de ce régiment, de deux escadrons du 18ᵉ uhlans saxons, et de deux pièces d'artillerie, se mit en route pour la Chapelle-aux-Pots. Tandis que la cavalerie cernait le village, le gros de la troupe se dirigeait sur Héricourt. Déjà l'avant-garde prussienne avait massacré sur sa route, au Pont-qui-Penche, un malheureux paysan dont les réponses incohérentes lui avaient paru suspectes; en arrivant au passage à niveau du chemin de fer, dit le Pont-aux-Claies, les fantassins envahirent la maisonnette du garde-barrière; l'ayant trouvé caché dans sa cave avec plusieurs ouvriers employés aux réparations de la voie, ils le firent sortir; puis, sur le simple soupçon qu'il était de connivence avec des francs-tireurs, ils le forcèrent à s'adosser à un poteau du télégraphe et le fusillèrent sous les yeux de sa femme éplorée, en face de sa maisonnette en flammes. Quant aux terrassiers, ils échappèrent à la mort, mais non à l'ignominie : mis à nu et attachés aux arbres de la route, ils ne furent relâchés qu'après avoir été fustigés d'une façon toute germanique. Poursuivant sa marche sur Héricourt, le major de Goerne arrive vers midi à l'entrée du village; sachant qu'il est vide de défenseurs et qu'il n'y a personne pour lui *répondre, il met ses pièces en batterie et commence le* bombardement pour ainsi dire à bout portant : au bout de vingt minutes, les hameaux d'Héricourt, d'Armentières et de la Frenoye sont en feu. Vers deux heures, ces héros reprennent la route de Beauvais, laissant derrière eux une soixantaine d'habitations en flammes, et satisfaits d'avoir tiré vengeance d'un fait de guerre qui était pourtant des plus réguliers. C'est ainsi que, sur la rive droite comme sur la rive gauche de la Seine, les Allemands, ayant rompu en visière avec la civilisation, parcourent notre malheureux pays la mèche allumée, la torche à la main, et ils se réjouissent de ce que la « pacification fait partout de rapides progrès » : *Die Pacifirung machte hier überall gute Fortschritte*[1] *!* Ah! si de pareils moyens eussent été employés dans un pays armé et préparé pour la défense, ils auraient eu pour résultat l'extermination certaine des « pacificateurs ».

Au lendemain de l'incendie d'Héricourt, les Allemands, pensant nous avoir suffisamment terrifiés du côté de l'ouest, résolurent d'étendre leur rayon d'occupation dans le nord : un régiment de dragons saxons parti de Clermont avec une section d'artillerie, et deux compagnies prussiennes envoyées de Chantilly, allèrent tenir garnison à Compiègne, qui avait été visité plusieurs fois déjà par les fourrageurs ennemis, et qui fut occupé sans difficulté. Le major de Funcke, qui commandait ce détachement saxo-prussien, s'attendait à faire un long séjour à Compiègne; installé à l'ancienne résidence impériale, il se montrait assez satisfait de la nourriture et du logement, quand, deux jours après son arrivée, il reçut tout à coup, à son grand déplaisir, l'ordre de retourner à Clermont, dont le colonel de Standfest venait de prendre le commandement. Le général Senfft, de son côté, s'était rendu à Beauvais pour concourir au mouvement que le prince Albert et le comte de Lippe allaient effectuer de concert contre Gisors.

La ville de Gisors, qui est le centre d'un commerce important, le nœud de plusieurs embranchements de chemin de fer, et, en quelque sorte, la clef du Vexin, ne devait pas tarder à être réquisitionnée par l'ennemi : c'était l'objectif fixé au prince Albert, que nous avons laissé à la fin du chapitre précédent sur la rive droite de l'Oise. Au commencement d'oc-

---

[1] Voy. Blume : *Die Operationen der deutschen Heere*. Berlin.

tobre, le détachement de ce prince, se reliant à celui du comte de Lippe, poussait ses patrouilles le long de la ligne de l'Epte, où il détruisait les ponts de Bray-et-Lu, de Montreuil et d'Aveny.

Le 2 octobre, le jour même où les cavaliers saxons s'avançaient jusqu'aux portes de Gournay, les uhlans prussiens poussaient jusqu'à Trie-Château, coupaient le télégraphe à Éragny et y détruisaient le chemin de fer. Le 6 octobre, huit des leurs pénétrèrent dans Gisors, poussant devant eux un habitant qu'ils avaient pris comme guide et comme sauvegarde; mais, reçus à coups de fusil par les gardes nationaux, qui leur blessèrent deux chevaux, ils s'enfuirent à toute bride en abandonnant leur prisonnier.

La présence presque simultanée de l'ennemi à Pacy et à Vernon, à Gournay et à Gisors, dans les premiers jours d'octobre, avait redoublé les alarmes en Normandie. A Rouen, le commandant général Estancelin faisait retentir l'appel aux armes : « L'en-
» nemi entre dans notre province, disait-il dans sa
» proclamation du 8 octobre, que tout homme de
» cœur prenne son fusil et vienne le recevoir ! Sur
» les frontières de notre département, des accidents
» de terrain, des bois profonds, permettent une résis-
» tance efficace : que chaque arbre abrite un tireur,
» que chaque obstacle soit défendu ! »

C'est à la même date que M. Gambetta, échappé de Paris en ballon et tombé la veille aux environs de Montdidier, traversait la ville de Rouen, où de sa voix vibrante il adressait à la foule assemblée ces paroles restées célèbres : « Si nous ne pouvons
» faire un pacte avec la victoire, faisons un pacte
» avec la mort ! »

CHAPITRE IV.

Suite des opérations des détachements saxo-prussiens dans le nord-ouest. — Marche du prince Albert (fils) sur la ligne de l'Epte. — Situation militaire des deux partis sur l'Andelle et sur l'Epte. — Prise de Gisors et combat de Bazincourt (9 octobre).—Expédition des Allemands à Gournay (10 octobre). — Combat de Breteuil (12 octobre). — Rencontre d'Écouis (14 octobre). — Expédition des Prussiens aux Andelys (15 octobre). — Embuscades de Fontenay-Saint-Père (15 et 16 octobre). — Expédition des Allemands à Montdidier (17 octobre). — Nouvelle répartition de nos commandements en province, nominations et mutations dans les régions du nord et de l'ouest.

Le prince Albert, qui avait établi depuis quelques jours son quartier général au château de Montchevreuil, envoya de nouveau ses uhlans à Gisors dans la matinée du 8 octobre. Le chef de la patrouille fit mander le maire, et réclama, au nom de son général, le passage libre dans la ville, la reddition des armes de la garde nationale, une indemnité pour les chevaux blessés l'avant-veille, et des cartes géographiques. On remarquera la singularité de cette dernière demande, que les Prussiens renouvelèrent souvent dans le Vexin et dans la Normandie : en gens prévoyants, ils étaient tous munis de la carte de l'Europe centrale de Reymann, mais cette carte s'arrêtait précisément à la rive gauche de l'Epte. Il est vrai qu'ils avaient copié, revisé et même amélioré celle de notre dépôt de la guerre, dont les officiers français ne possédaient que de rares exemplaires, mais ils ne se doutaient pas, et qui de nous eût pu le croire? que l'investissement de Paris les forcerait d'étendre aussi loin leur rayon d'occupation, et que les nécessités du ravitaillement les pousseraient jusqu'en Normandie. La municipalité de Gisors ayant refusé de satisfaire aux exigences de l'ennemi, l'officier de uhlans se retira annonçant que son général avait résolu d'occuper la ville et qu'il arriverait le lendemain avec des forces plus sérieuses et du canon.

Gisors, comme tant d'autres localités, se trouvait alors dans une situation des plus difficiles : d'un côté les dépêches des préfets et les proclamations de l'état-major des gardes nationales prescrivaient partout la lutte à outrance; le sol national devait être défendu pied à pied; d'après l'énergique recommandation du commandant général Estancelin, « chaque arbre devait abriter un tireur »; mais d'un autre côté, les militaires craignaient, avec raison, de compromettre le peu de troupes novices dont ils disposaient. Le général Gudin résista donc avec beaucoup de fermeté aux sollicitations dont il était l'objet pour la défense de Gisors, d'autant plus que cette ville, bien qu'elle ait par elle-même une certaine importance stratégique, est, au point de vue défensif, dans de très-mauvaises conditions topographiques. A la date du 8 octobre, il n'avait en avant de Rouen que six escadrons de cavalerie, comptant moins de cent chevaux chacun et fournissant tous les services, plus huit bataillons de mobiles, à peine organisés, environ 8 à 9,000 hommes en tout, sans un canon. Avec d'aussi faibles moyens il lui était impossible de songer à défendre la ligne de l'Epte; il est même fort probable que si les forces combinées qu'il avait alors devant lui avaient attaqué la ligne de l'Andelle, il n'aurait pu s'y maintenir, et que, conformément aux ordres du ministre et d'après un itinéraire tracé à l'avance,

CHAPITRE QUATRIÈME.

il aurait replié ses troupes sur le Havre. On savait à la division militaire de Rouen que le comte de Lippe avait sous ses ordres trois bataillons, seize escadrons et dix-huit canons ; on ignorait, il est vrai, l'effectif du détachement du prince Albert, mais on supposait, avec une certaine vraisemblance, qu'un neveu du roi de Prusse, nommé récemment général-lieutenant, commandait non pas une troupe de fourrageurs, mais des forces respectables, en rapport avec son rang, ou tout au moins avec son grade. En réalité, les deux détachements réunis du prince Albert et du comte de Lippe comptaient six bataillons, vingt-quatre escadrons et cinq batteries, c'est-à-dire 8 à 9,000 hommes avec trente canons.

Dans une telle situation, tout projet de résistance aurait dû être abandonné ; mais l'autorité civile en avait décidé autrement. Sur une démarche faite par la municipalité de Gisors, le sous-préfet de l'arrondissement des Andelys prit sur lui d'envoyer au secours de cette ville un détachement de mobiles et une section de francs-tireurs. Ce fonctionnaire fut immédiatement blâmé par le général Gudin, qui lui intima par le télégraphe la défense d'ordonner à l'avenir aucun mouvement militaire ; mais les secours promis à Gisors étaient déjà rendus aux portes de la ville et passaient la nuit du 8 au 9 aux Thilliers, à Vesly et à Dangu. Le détachement se composait d'environ 500 mobiles du 1er bataillon des Landes (commandant Beaume), et de la section des francs-tireurs des Andelys (capitaine Desestre). Dans la matinée du 9 octobre, il fut renforcé par 2 ou 300 gardes nationaux. Les défenseurs de Gisors allèrent se masser sur le Mont-de-l'Aigle, position dominante au nord-ouest de la ville; et là, adossés à la forêt et couverts par la rivière de l'Epte, ils attendirent, sous une pluie battante, des événements dont l'issue n'était malheureusement pas douteuse.

Vers midi, l'ennemi parut sur les hauteurs opposées de la rive gauche : c'était le prince Albert, avec trois bataillons, huit escadrons et deux batteries; il était appuyé par le général Senfft, parti de Beauvais avec deux compagnies, trois escadrons et deux sections d'artillerie; il disposait par conséquent d'environ 5,000 hommes et seize canons. Tandis que les uhlans battent le pays, l'infanterie prussienne se déploie sur le plateau de la Folie et l'artillerie met deux pièces en batterie sur la colline qui domine la gare, la ville de Gisors et les routes aboutissantes. L'un des premiers obus tombant au milieu du détachement des Landes, y tue ou blesse plusieurs hommes; les mobiles se réfugient dans la forêt, et ce mouvement de retraite dégénère bientôt en une fuite précipitée dans la direction des Andelys.

Au bruit du canon, le maire de Gisors, M. Le Père, à la tête de la municipalité, s'était rendu près du prince Albert, pour tâcher d'épargner à la ville les horreurs d'un bombardement; mais pendant ces pourparlers, un bataillon prussien, sous les ordres du major Schramm, en avait déjà pris possession.

Tandis que cette échauffourée avait lieu aux portes de Gisors, une trentaine de gardes nationaux mal armés luttaient héroïquement à quatre kilomètres au nord de cette ville pour contenir les efforts d'un ennemi vingt fois supérieur en nombre; cette noble résistance allait illustrer un village de deux cents habitants et sauver l'honneur de la journée. Les gardes nationaux de Bazincourt, auxquels deux blessés de Gravelotte, recueillis au château de Thierceville, avaient servi d'instructeurs, s'étaient chargés de défendre les ponts qui donnent accès sur la rive gauche de l'Epte et d'empêcher ainsi un mouvement tournant. Plusieurs ouvriers étaient en train de couper le pont de Droittecourt dans la matinée du 9 octobre, lorsqu'ils furent dispersés par les uhlans descendus des hauteurs opposées. A cette vue, les gardes nationaux de Bazincourt, ayant à leur tête le lieutenant Lebrun, se déploient en tirailleurs le long de la rivière, chassent les éclaireurs à coups de fusil, démontent l'un d'eux et font tourner bride aux autres; puis, enhardis par ce succès, ils franchissent la rivière et se lancent à leur poursuite jusqu'au village d'Éragny; mais là ils se trouvent en présence de deux compagnies ennemies, et après avoir soutenu pendant quelque temps un combat inégal, ils sont poursuivis à leur tour et forcés de repasser l'Epte. Tandis que les uhlans, débouchant au galop par Droittecourt, manœuvrent pour les tourner, l'infanterie prussienne envahit le territoire de Bazincourt. Cernés de toutes parts, six de ces braves gens se font tuer pour l'honneur et tombent percés de balles. Bien qu'il n'ait eu qu'un seul blessé dans cette affaire, l'ennemi déploie un tel acharnement contre ces paysans en blouse, que deux d'entre eux, mis hors de combat, sont massacrés sans pitié, après s'être rendus. Le maire de Bazincourt, M. le comte de Briey, qui s'est jeté courageusement dans la mêlée, est fait prisonnier avec deux des siens; il parvint néanmoins, au prix des plus grands efforts, à fléchir le baron de Korff, qui commandait ce détachement, et à préserver la commune des représailles dont elle était menacée [1].

Pendant ce temps, la ville de Gisors était complétement enveloppée au sud et à l'ouest par l'infanterie et la cavalerie du prince Albert; les uhlans passant au nord par le chemin des Ursulines, au sud par Courcelles et le pont d'Inval, barraient la route d'Étrépagny, incendiaient la ferme des Bouillons, et, s'avançant jusqu'à Saint-Paër et Bézu-Saint-Éloi, faisaient prisonniers cinq mobiles et quatorze gardes nationaux, derniers fuyards du Mont-de-l'Aigle.

A deux heures, Gisors était occupé par le 27ᵉ régiment d'infanterie prussienne (Magdebourg) et par le 3ᵉ régiment de uhlans de la garde avec deux batteries d'artillerie. Le commandement de la place fut dévolu au colonel des uhlans; c'était l'un des descendants du généralissime des troupes prussiennes en 1806, le prince de Hohenlohe-Ingelfingen, qui prenait à Gisors la revanche d'Iéna. Le premier soin de l'ennemi fut de frapper sur la ville une contribution de guerre de 18,000 francs : aux réclamations que fit entendre la municipalité, le prince de Hohenlohe répondit que le meilleur moyen de bien disposer le prince Albert en faveur des prisonniers était de payer entièrement et sur-le-champ la somme exigée. Moyennant ce versement et la fourniture de très-fortes réquisitions, les mobiles et les gardes nationaux pris à Saint-Paër et à Bézu furent en effet rendus à la liberté. Dans une cérémonie bizarre [2] que présida le second lieutenant de Bismarck, neveu du chancelier allemand,

---

[1] Voy. *Bazincourt pendant la guerre.* Gisors.
[2] Voy. *Procès-verbaux du conseil municipal de Gisors.* Beauvais.

on leur avait fait jurer de ne pas reprendre les armes jusqu'à la fin de la campagne.

Quant aux prisonniers de Bazincourt, malgré les démarches que fit pour les sauver M. le comte de Briey, malgré les généreux efforts d'un officier polonais, le second lieutenant comte de Bninski, ils devaient cruellement expier le crime d'avoir défendu leurs foyers sans porter d'uniforme. Trois d'entre eux, il est vrai, furent relâchés après avoir été roués de coups de bâton, à la manière allemande, mais les cinq autres, après un simulacre de jugement, furent impitoyablement fusillés à Saint-Germer-de-Fly, le lendemain du combat. Le chef du peloton d'exécution n'oublia pas de lire aux victimes, dans un psautier latin, les prières des agonisants : on ne pouvait observer avec plus de scrupule les pratiques de la religion, et violer plus odieusement les droits de l'humanité.

Après la prise de Gisors, le prince Albert fit défiler toutes ses troupes à travers la ville, dont il confia la garde au prince de Hohenlohe; après quoi, il partit lui-même avec la majeure partie de ses forces, remontant le cours de l'Epte, de concert avec le détachement saxon du général Senfft, et se dirigea sur Sérifontaine, où il passa la nuit. Ce mouvement menaçait clairement Gournay. Le colonel d'Espeuilles, qui l'occupait avec deux escadrons de hussards et deux bataillons de mobiles, ne jugea pas prudent de s'engager sans artillerie contre des forces supérieures, ni d'essayer de se maintenir dans une ville dominée de tous côtés par des hauteurs et qui, sous le rapport de la défensive, se trouve dans d'aussi mauvaises conditions que Gisors; c'est pourquoi il se retira sur Argueil, dans la matinée du 10 octobre. Quelques heures après son départ, les détachements réunis du prince Albert et du général Senfft se montraient aux portes de la ville, qui fut occupée par une partie de ces troupes tandis que le reste en gardait les abords. Après avoir désarmé la garde nationale, levé de fortes réquisitions de vivres et exigé de la municipalité certaines fournitures dont la livraison devait être faite à des époques déterminées, les Prussiens et les Saxons reprirent le soir même, vers quatre heures, les directions de Gisors et de Beauvais.

Tandis que chez nous le déplorable système de la défense locale éparpillait nos faibles ressources, et rendait ainsi impossible le concert qui aurait dû exister entre les troupes de l'Eure, de la Seine-Inférieure et de la Somme pour repousser un ennemi commun, nos adversaires, sans cesser d'étendre leur cercle d'occupation, étaient toujours prêts à écraser toute tentative de résistance. Afin d'être à même de se prêter un appui réciproque, ils avaient rétabli sur leurs derrières plusieurs sections de nos voies ferrées. Dès le 7 octobre le comte de Lippe avait envoyé de Chantilly aux maires de l'Oise l'ordre de prendre toutes les mesures nécessaires pour assurer la circulation des trains, et il rendait les communes responsables de tous les accidents qui auraient pu être occasionnés sur la voie ; certaines municipalités furent frappées d'une réquisition d'un nouveau genre : on les somma de fournir à un emplacement désigné des rails et des traverses de chemin de fer. Grâce à ces dispositions, le prince Albert et le comte de Lippe étaient toujours en mesure de se concentrer avec rapidité et de recevoir au besoin des renforts de l'armée d'investissement.

Les Prussiens de Gisors avaient la mission d'observer Rouen; les Saxons de Beauvais surveillaient Amiens. Ces derniers, ayant appris que Breteuil, évacué au commencement du mois, avait été depuis réoccupé par nos troupes, résolurent de faire contre cette ville une expédition dont la date fut fixée au 12 octobre. On se rappelle qu'à la suite d'une fausse alerte la ville de Breteuil avait été abandonnée au commencement du mois. Quelques jours plus tard, le 6, le général Paulze d'Ivoy, commandant à Amiens, la fit réoccuper par le 4° bataillon de la garde mobile de la Somme (commandant Huré); ce bataillon, fort d'environ 1,200 hommes, détacha une compagnie à Tartigny, et plaça ses avant-postes au Mont-Joie sur la route de Clermont, à Caply sur celle de Beauvais, et au bois du Gard sur celle de Crèvecœur. Dans la nuit du 11 au 12, on reçut, à Breteuil, plusieurs renseignements qui tous concordaient et annonçaient une attaque certaine pour le lendemain.

Le 12 octobre, deux détachements partaient en effet de Clermont et de Beauvais dans cette intention. Celui de Beauvais, conduit par le général Senfft, se composait de cinq escadrons et d'une batterie; celui de Clermont, commandé par le major de Funcke, était fort de quatre escadrons, deux sections d'artillerie, et deux compagnies d'infanterie montées sur des charrettes qui avaient été réquisitionnées le long de la route. Vers midi cette dernière colonne arrivait à la hauteur de Beauvoir, et l'alerte était donnée par notre grand'garde établie au moulin à vent du Mont-Joie. Le général Senfft voulait, paraît-il, investir complètement Breteuil, ce qui lui eût été facile avec sa nombreuse cavalerie ; mais avant qu'il eût fait part de ses projets au major de Funcke, celui-ci avait déjà établi son artillerie sur le Mont-Joie et ouvert le feu sur deux compagnies de mobiles qui débouchaient par la route de Vendeuil. Grâce à la résistance de ces mobiles et à l'énergie de quelques gardes nationaux de Breteuil qui, embusqués derrière les bouquets de bois et les haies, tinrent en respect les tirailleurs ennemis, le reste du bataillon de la Somme put prendre position au nord de la ville et se déployer sur le plateau qui s'étend jusqu'à Esquennoy et Paillart.

Au bruit du canon, plusieurs détachements de gardes nationaux des environs de Breteuil se dirigèrent résolûment vers cette ville pour prendre part à la résistance, mais aucun d'eux ne put y pénétrer. Les pompiers et les volontaires de Blancfossé, au nombre d'une soixantaine environ, s'étant dirigés sur Fléchy, aperçurent de cette position le bataillon de la Somme : ils essayent de se joindre à lui, mais arrivés à une faible distance, ils sont subitement enveloppés et pris par un escadron ennemi qui a franchi la Noye à l'est de Breteuil. Déjà les dragons s'apprêtent à donner une escorte à leurs prisonniers, lorsqu'ils essuient eux-mêmes une décharge des mobiles qui les force de lâcher leur capture et d'abandonner le terrain. D'autres cavaliers qui s'étaient avancés trop près des jardins de la ville et avaient fait également quelques prisonniers sont reçus de la même façon par les gardes nationaux de Breteuil et s'enfuient en perdant plusieurs des leurs, blessés ou démontés. Il règne en ce moment un épais brouillard, et le feu des mobiles de la Somme est tellement nourri que les Saxons se demandent s'ils n'ont pas affaire à l'infanterie prussienne et s'ils n'ont pas essuyé le feu des fusils Dreyse; ils détachent donc trois dragons pour mettre fin à ce qu'ils considèrent comme une méprise : l'un de ces volontaires s'approche en agitant un mouchoir blanc, mais quelques coups de fusil partis par mégarde de l'aile gauche de nos tirailleurs lui font aussitôt tourner bride. Cependant le feu ayant cessé, un officier de mobiles, le capitaine des Cressonnières, s'imaginant que les cavaliers ennemis voulaient se rendre, s'élance à son tour un mouchoir à la main; le signal est aperçu par les dragons, qui s'avancent jusqu'à cinq ou six cents pas du bataillon, et leur chef se détache alors pour se porter à la rencontre du capitaine français; mais dès qu'ils ont échangé les premières paroles, ces deux officiers s'aperçoivent de leur erreur réciproque, et ils se séparent après cette entrevue,. d'ailleurs très-courtoise. Les dragons se retirent sur le chemin du bois Ricard, et les mobiles gagnent la route d'Amiens.

Tandis que cette rencontre avait lieu au nord de Breteuil, le major de Funcke, des hauteurs du Mont-Joie, couvrait de ses obus les défenseurs de la ville, qui, débouchant au sud, entre les routes de Beauvais et de Clermont, se portaient sur Vendeuil. Cette canonnade força les nôtres à se replier en se couvrant des haies et des bois d'aunes qui bordent la Noye. Ils furent suivis par les tirailleurs ennemis, qui, s'étant un peu aventurés, furent éloignés par une vive fusillade. Mais le major de Funcke fit avancer sur la route une section d'artillerie, bientôt suivie par ses deux autres pièces, et il dirigea sur l'entrée de la ville un tir à mitraille qui éteignit le feu des mobiles et força les habitants à hisser le drapeau parlementaire au sommet du clocher de l'église.

Le général Senfft, soit qu'il n'ait pas aperçu ce signal, soit que, séparé du détachement de Clermont par la vallée de la Noye, il n'ait pas été en communication directe avec le major de Funcke, continua pendant plus d'une demi-heure à canonner Breteuil; il empêcha ainsi l'infanterie prussienne d'y pénétrer, et permit aux deux compagnies de la Somme (capitaines Brandicourt et Blin de Bourdon), qui avaient soutenu le principal effort de la lutte, de se retirer vers le nord et de gagner Paillart en traversant les bois et les marais. Il était environ une heure et demie lorsque le feu cessa. Le major de Funcke, pénétrant alors dans Breteuil qu'il laissa sous la garde d'une compagnie, se mit à la poursuite des nôtres, dont plusieurs furent blessés ou pris. Le général Senfft, arrivant à son tour, suivit le major de Funcke jusqu'au delà d'Esquennoy, et dirigea sur Bonneuil une très-vive canonnade qui se prolongea jusque vers deux heures et demie. A quatre heures, toutes les troupes allemandes étaient de retour à Breteuil.

Dans cette journée, il y eut du côté de l'ennemi un sous-officier du 18ᵉ régiment de uhlans saxons mortellement atteint, plusieurs dragons mis hors de combat, et une dizaine de chevaux tués ou blessés. De notre côté, les gardes nationaux de Bonneuil perdirent un homme, et ceux de Blancfossé eurent trois des leurs grièvement blessés. Dans la garde mobile de la Somme, il y eut onze blessés, parmi lesquels le capitaine Blin de Bourdon, et cinquante-quatre prisonniers, dont trois officiers. Si nos pertes ne furent pas plus considérables, il faut certainement l'attribuer à un concours fortuit de plusieurs circonstances heureuses : le brouillard ne permit pas à l'ennemi de s'assurer de la faiblesse numérique de ses adversaires; beaucoup de ses obus, tombant dans un terrain détrempé, n'éclataient pas, en sorte que son artillerie lui fût de peu d'utilité; enfin le défaut d'entente qui régna depuis le début jusqu'à la fin de l'affaire entre le détachement de Clermont et celui de Beauvais, empêcha les Saxons de faire usage de leur nombreuse cavalerie, qui aurait pu causer de véritables désastres aux gardes nationaux et aux mobiles. Ces derniers se rallièrent dans la soirée à Ailly-sur-Noye ; quant à l'ennemi, il partit de Breteuil le jour même, vers cinq heures, et reprit les routes de Beauvais et de Clermont.

Si nous quittons la vallée de la Noye pour revenir à celle de l'Epte, nous verrons que le prince Albert, à la suite de son expédition à Gournay, avait installé son quartier général à Gisors. Les différentes dispositions prises par lui dénotaient une intention évidente de se maintenir dans sa nouvelle possession; la municipalité de Gisors n'avait pas dû lui fournir moins d'une trentaine de guérites pour les sentinelles, qui gardaient soigneusement toutes les issues de la ville. Il avait envoyé sur sa gauche un détachement à Magny; en outre, des postes permanents furent établis à Dangu et au four à chaux de Thierceville. Dès le 12 octobre, un peloton de uhlans et un piquet d'infanterie s'avancèrent jusqu'à Étrépagny, où ils désarmèrent la garde nationale et levèrent de fortes réquisitions; le 13, les patrouilles prussiennes poursuivant le désarmement, s'avancent jusqu'à Morgny et au Thil, où elles rencontrent pour la première fois nos hussards.

Dans la matinée du 14 octobre, un détachement d'infanterie, précédé de deux escadrons du 1er uhlans de la garde, partait de Gisors dans la direction d'Étrépagny. Arrivée dans cette dernière ville, la colonne ennemie se divise : l'infanterie se porte sur Saussaye-la-Vache, pour y couper le chemin de fer départemental de Pont-de-l'Arche; la cavalerie, chargée de couvrir cette opération, s'avance sur Écouis et, vers midi, prend position à la bifurcation des routes de Magny et de Gisors. Sur notre gauche, les flanqueurs traversent rapidement Verclives; sur notre droite, un escadron de uhlans, passant par Hacqueville et Suzay, arrive à Saint-Jean de Frenelle; là, un peloton se détache et se porte par Corny sur les Andelys, après quoi l'escadron continue sa marche dans la direction de Villerets; son avant-garde essuie, en passant sur la lisière des bois de Mussegros, une décharge de la 1re compagnie des tirailleurs havrais (capitaine Jacquot), qui fait vider les arçons à deux uhlans et suspend un instant la marche des autres; mais les francs-tireurs n'ayant point continué le feu, l'ennemi poursuit son mouvement tournant par Fresne-l'Archevêque et Villerets.

Un escadron du 3e hussards (commandant Rey), qui était de grand'garde à Écouis, et dont les vedettes en se repliant avaient déjà tiré quelques coups de feu du côté de Verclives, se voyant débordé sur sa droite, songe à regagner Grainville. Dans ce mouvement de retraite, une douzaine de nos cavaliers, commandés par le sous-lieutenant Beuve, se trouvent tout à coup isolés. Ils cherchent à rejoindre leur escadron, lorsque, arrivés à mi-chemin d'Écouis à Brémule, au lieu dit la Folie, ils voient la route barrée par les uhlans venus de Villerets. Malgré l'effrayante disproportion du nombre, le chef de cette petite troupe, suivi de six des siens, tente résolûment de s'ouvrir un passage à travers les rangs ennemis; mais après avoir déchargé leurs mousquetons, nos hussards n'ont pas encore eu le temps de mettre le sabre à la main, qu'ils sont chargés en flanc par un peloton. Tous ces braves tombent criblés de coups : deux sont tués, le sous-lieutenant Beuve et les autres laissés pour morts. Sans attendre les secours qui pourraient arriver du camp de Grainville, les uhlans de la garde se retirent à Écouis, où ils ont fait porter quatre des leurs, tués ou blessés, puis ils reprennent peu de temps après le chemin de Gisors, ayant enfin trouvé, disaient-ils, dans nos soldats du 3ᵉ hussards, des adversaires dignes d'eux.

La nouvelle de la rencontre d'Écouis était rapidement parvenue à Rouen ; mais, chemin faisant, cette brillante escarmouche, tout à l'honneur de nos armes, avait pris les proportions d'une défaite. Dans l'après-midi et dans la soirée du 14, l'état-major des gardes nationales avait adressé au Havre les télégrammes les plus alarmants, tandis que le comité de défense de Rouen s'occupait déjà de faire élever des barricades. Cependant, peu à peu, l'émotion se calma, et l'on se contenta de porter en avant les troupes dont on pouvait encore disposer. En réalité, il n'y avait pas lieu de s'effrayer de la rencontre d'Écouis; car, en opérant ce mouvement en avant, l'ennemi n'avait d'autre but que de couvrir les travailleurs qui coupaient le chemin de fer à Saussaye, et cette destruction même dénotait, de la part du prince Albert, des intentions purement défensives. Le général Gudin se borna donc à expédier sur l'Andelle la dernière troupe qu'il eût sous la main ; c'était le 2ᵉ bataillon de la garde mobile de la Seine-Inférieure, qui formait la garnison de Rouen. Parti dans la nuit du 14 au 15, ce bataillon alla prendre position à Cressenville, en avant de Grainville. Les 2ᵉ et 3ᵉ bataillons de la garde nationale sédentaire de Rouen avaient été portés, le 12 octobre, sur la ligne de l'Andelle ; le commandant général Estancelin en fit partir deux autres, les 4ᵉ et 5ᵉ, qu'il dirigea sur Boos.

Comme on l'a vu plus haut, l'ennemi, en marchant sur Écouis le 14, avait poussé sur les Andelys un peloton de cavaliers, qui avait pour mission de reconnaître et d'observer le passage de la Seine. Lorsque ces uhlans arrivèrent, le pont venait de sauter derrière une escouade de gendarmes et une section de soldats de ligne qui s'étaient retirés sur la rive gauche. Les Prussiens quittèrent la ville sans y faire de réquisitions, mais ils revinrent le lendemain au nombre de 5 à 600. Ce détachement de toutes armes, sous les ordres du major baron de Korff, arriva dans la matinée du 15 en vue des Andelys, et prit position sur les hauteurs qui dominent la ville. L'ennemi avait appris que les mobilisés étaient convoqués ce jour-là au chef-lieu d'arrondissement pour la révision, et son intention était de s'emparer d'eux ; c'était en effet une belle occasion de faire des prisonniers sans coup férir ; mais le sous-préfet, mis sur ses gardes par l'excursion de la veille, avait eu le soin de donner contre-ordre. Voyant que le but de son expédition était manqué, le baron de Korff fouilla lui-même les bureaux de la mairie et de la sous-préfecture, dans l'espoir d'y trouver au moins les listes des mobilisés, mais il ne fut pas plus heureux dans ces perquisitions, et il dut reprendre la route de Gisors, en se contentant d'emmener le sous-préfet comme otage. Après avoir eu avec le prince Albert une entrevue dont il a lui-même raconté les détails[1], ce fonctionnaire fut reconduit dans la soirée aux avant-postes; il revint, médiocrement enchanté du baron de Korff, gendre de Meyerbeer, qui parut avoir complétement oublié que son beau-père devait à la France sa réputation et sa fortune.

Pendant que le major de Korff s'avançait aussi jusqu'aux Andelys, les uhlans du 3ᵉ régiment de la garde, appuyés par un bataillon d'infanterie, occupaient Magny, et, dans le but de se mettre en communication avec le général de Rheinbaben sur la rive gauche de la Seine, lançaient sur Mantes une première patrouille. Une dizaine de francs-tireurs en formation, ayant à leur tête un ancien militaire, M. Poulet-Langlet, s'embusquèrent dans les bois de Fontenay-Saint-Père, entre ce village et celui de Drocourt, et le 15 octobre, vers deux heures de l'après-midi, reçurent à coups de fusil les premiers éclaireurs et leur tuèrent deux chevaux, dont ils blessèrent les cavaliers. Le lendemain, M. Poulet-Langlet, qui avait pu réunir une vingtaine d'hommes, dresse une nouvelle embuscade; l'ennemi de son côté revient plus nombreux avec l'intention de venger ses pertes de la veille. Le détachement se compose d'un peloton de uhlans et d'un piquet d'infanterie; au moment où il traverse

---

[1] Voy. Dehais: *L'Invasion prussienne dans l'arr.ᵈᵗ des Andelys*. Évreux.

le bois de Fontenay-Saint-Père, il essuie de nouveau une fusillade qui couche deux uhlans par terre, en met plusieurs hors de combat et tue ou blesse un assez grand nombre de chevaux. Mais les nôtres n'étaient pas en force pour défendre le passage des bois, surtout avec des fusils de chasse; les Prussiens, furieux, se précipitent sur le village de Fontenay, tuent cinq pompiers qui montaient la garde à l'entrée des rues, et mettent le feu aux habitations. Le mal que les francs-tireurs isolés pouvaient faire à l'ennemi n'était pas, comme on le voit, comparable aux représailles que cette guerre d'embuscades ne manquait pas d'attirer sur des habitants et des villages inoffensifs.

Les forces du prince Albert et du comte de Lippe n'étaient pas assez considérables pour leur permettre de s'étendre jusqu'à Rouen et Amiens, mais elles étaient suffisantes pour qu'ils pussent se maintenir sur les points qu'ils occupaient; et, avec des troupes imparfaitement organisées et encore dépourvues d'artillerie, il eût été imprudent de notre part de chercher à les en déloger. Il n'existait d'ailleurs aucun rapport entre la division militaire de Rouen et celle d'Amiens, ni aucun lien entre les troupes qui couvraient la Seine-Inférieure et celles qui opéraient dans la Somme.

Déjà les mobiles de ce dernier département s'étaient vus repoussés de Breteuil le 12 octobre; un autre détachement, envoyé quelques jours après d'Amiens à Montdidier, ne tarda pas à attirer l'attention de l'ennemi, qui avait d'ailleurs des griefs sérieux contre cette dernière ville. L'état-major saxon avait décidé qu'elle serait soumise à une forte contribution, sous le prétexte qu'on y avait arrêté les pourvoyeurs de l'armée de la Meuse; peut-être aussi voulaient-ils la punir de l'accueil fait quelques jours auparavant au membre du gouvernement de la défense nationale, qui était devenu l'âme de la résistance en province, car les Allemands détestaient M. Gambetta, ce qui n'est pas son moindre titre de gloire.

Dès le 11 octobre, des dragons partis de Clermont étaient allés reconnaître le terrain, mais s'étant approchés de trop près, ils furent mis en fuite par les gardes nationaux, qui cherchèrent à leur couper la retraite. Quelques jours plus tard, la ville fut occupée par un détachement (capitaine Comte) du 2ᵉ bataillon de la garde mobile du Gard, ayant un effectif d'environ 350 hommes. A Montdidier, de même qu'à Gisors, l'autorité civile avait encouragé les habitants à se défendre, leur promettant des secours suffisants pour résister; mais, le moment venu, ils se trouvèrent à peu près abandonnés à eux-mêmes.

La colonne ennemie en marche sur Montdidier le 17 octobre était forte de trois escadrons, d'une compagnie et de quatre pièces, sous les ordres du major de Funcke; l'infanterie était montée sur des voitures que la cavalerie réquisitionnait le long de la route, de manière à ne pas divulguer le secret de l'expédition. L'ennemi donnait ainsi un nouveau démenti au dicton de la Noue : « Les armées ne vont pas en poste ». Déjà en 1806, et plus tard, dans son immortelle campagne de 1814, Napoléon avait fait voyager sur des chariots les bataillons de sa garde, leur faisant ainsi doubler ou tripler les étapes. Les élèves du grand Frédéric ne dédaignaient pas les leçons de Napoléon. Dans la plupart de leurs expéditions, ils firent de ce

moyen de locomotion un usage à peu près constant :
l'infanterie montée : *die fahrende infanterie*, suivait
la cavalerie, se conformait à son allure et appuyait
ces détachements volants qui accomplissaient dans
la même journée des marches de plus de vingt lieues
entremêlées de combats. Parti de Clermont à six
heures du matin, le major de Funcke passa par
Argenlieu, Tricot et Rubescourt, laissa sur ce dernier point un peloton pour observer les routes de
Saint-Just et de Crèvecœur, et arriva en vue de
Montdidier un peu avant midi, au moment même où
un débat tumultueux s'élevait sur la place publique
entre les diverses autorités, au sujet de la défense de
la ville. Le sous-préfet ayant destitué le maire et pris
seul la direction de la défense, les mobiles furent
placés dans deux rues, d'où il leur était impossible
de faire usage de leurs armes, tandis que quelques
volontaires se déployaient en tirailleurs aux abords
de la ville, des deux côtés de la route de Clermont.
Du côté de l'ennemi, l'artillerie, s'avançant sous la
protection des dragons, s'était mise en batterie sur
la route même, à la hauteur du moulin Maréchal,
d'où elle enfilait, à une distance très-courte, la rue
principale de Montdidier et la place du Marché. Vers
midi, elle commença à lancer sur la ville des obus
qui portaient à coup sûr. Pendant cette canonnade,
qui dura environ une demi-heure, le drapeau parlementaire avait été arboré à l'hôtel de ville et au
sommet du clocher de l'église, mais le major de
Funcke avait néanmoins continué le feu, dirigeant
son tir sur la route d'Amiens, afin d'inquiéter la retraite de nos mobiles. Après avoir brûlé une cinquantaine de gargousses, le major saxon fit son

entrée à Montdidier ; arrivé sur la place publique, il y trouva les membres du conseil municipal, prit six otages parmi eux, et imposa à la ville une contribution de guerre de 50,000 francs. Pendant que l'infanterie brisait le télégraphe, la cavalerie s'était mise à la poursuite des mobiles, qui, pris en tête et en queue, furent en grande partie faits prisonniers : 171 d'entre eux et quatre officiers restèrent aux mains de l'ennemi. Cette courte échauffourée coûta, en outre, la vie à trois habitants inoffensifs ; deux autres furent blessés, ainsi que trois mobiles du Gard. Avant quatre heures, la contribution de guerre ayant été intégralement payée, le major de Funcke évacua Montdidier, enlevant avec lui les armes de la garde nationale.

Ainsi, en suivant dans leurs principales opérations les Saxons du comte de Lippe, nous voyons que dans la Somme, aussi bien que dans la Seine-Inférieure, nos généraux avaient à lutter contre les mêmes difficultés, c'est-à-dire contre l'ingérence des comités de défense et des autorités civiles dans la direction des opérations militaires.

Après ces affaires de Breteuil et de Montdidier, les divers détachements de l'armée d'Amiens furent concentrés autour de la ville, et le général Farre, récemment adjoint au commissaire de la défense nationale dans le nord, va consacrer à leur organisation un temps qui ne sera pas perdu. Le ministre de la guerre paraissait en effet avoir compris la nécessité d'une meilleure organisation de nos forces ; car, le 17 octobre, il rendit un décret qui divisait la France en plusieurs régions, correspondant à de grands commandements. Celui de la région du nord, dévolu au général Bourbaki, comprenait la

3º division militaire, à laquelle on avait joint le département de la Seine-Inférieure et l'arrondissement des Andelys. Le reste de la 2º division, c'est-à-dire les départements situés sur la rive gauche de la Seine, étaient placés sous les ordres du général d'Aurelle de Paladines, qui fut appelé par le même décret au commandement de la région de l'ouest, et presque aussitôt remplacé par le général Fiéreck. Cette répartition des commandements ne faisait que consacrer, en ce qui concernait la Normandie, les divisions précédemment établies par le système de la défense locale : l'armée de Rouen ne sera rattachée au commandement du général Bourbaki que d'une façon purement nominale; la Seine sépare comme un obstacle infranchissable les divers corps qui opèrent sur ses deux rives; il n'y aura désormais, comme par le passé, aucun lien entre les troupes de la Seine-Inférieure et celles de l'Eure, et ce manque de concert aura dans la suite les conséquences les plus funestes.

Pour compléter la série des mesures prises par lui le 17 octobre, le ministre de la guerre fit le lendemain des mutations et nominations diverses. A Rouen, le général de division comte Gudin fut remplacé par le général de brigade Briand. Dans l'arrondissement du Havre, qui avait été mis en état de siége par décret du 7 septembre, le capitaine de vaisseau Mouchez succéda au colonel Massu, et reçut, pour la défense de la place du Havre, le commandement supérieur des forces de terre et de mer.

Le général Gudin visitait ses avant-postes de l'Andelle, lorsque, dans la nuit du 18 au 19, il reçut le télégramme qui lui annonçait son remplacement;

on lui demandait, par la même dépêche, s'il acceptait le commandement de la 10ᵉ division militaire à Montpellier. Bien que vivement affecté d'être enlevé d'un poste où il avait rendu et pouvait rendre encore les meilleurs services, le général répondit que, dans les circonstances critiques où se trouvait la France, un soldat ne pouvait lui marchander son concours, et le ministre de la guerre le remercia immédiatement de cette nouvelle preuve de patriotisme. La délégation de Tours savait en effet que, sur le champ de bataille, le général Gudin, ce volontaire de 1870 qui avait fait ses débuts à Waterloo, soutiendrait dignement l'éclat d'un nom illustre, gravé sur l'arc de triomphe de l'Étoile. Il n'y avait rien à critiquer aux dispositions prises par lui pour la défense de Rouen, dispositions auxquelles ceux qui lui ont succédé n'ont absolument rien changé. Ce vieux soldat, tout à fait étranger à la politique, ne songeait qu'au salut de son pays; il était entièrement occupé de créer l'artillerie qui lui manquait et d'organiser des troupes, quand il fut tout à coup sacrifié aux répugnances de quelques agitateurs qui passaient leur temps à faire des manifestations loin de l'ennemi.

C'était pour éviter des conflits que le gouvernement de la défense nationale avait réuni dans les mêmes mains les portefeuilles de l'intérieur et de la guerre. Le sol national se trouvant envahi, il était nécessaire, en effet, que l'autorité militaire primât l'autorité civile; mais c'était précisément l'inverse qui avait lieu; l'état de guerre et l'état de siége n'étaient plus que de vains mots; la passion l'emportait sur la raison, et les délégués du gouvernement se laissèrent dominer par la multitude, qui réclamait la soumission de l'élément militaire à l'élément civil, et la subordination des généraux aux préfets, aux maires, aux comités de défense. C'est sur ces exaltés qu'il faut faire retomber la responsabilité de nos désastres dans la dernière partie de la campagne. Ils prétendaient appliquer les traditions de la première République, et ils ne nous ont fait voir, hélas! que la misérable parodie de cette grande époque.

CHAPITRE V.

Nouvelles entreprises de la cavalerie ennemie sur l'Eure et sur l'Epte. — Situation militaire sur la rive gauche de la Seine au commencement d'octobre. — Rencontres de Garancières (6 octobre) et de Condé-sur-Vègre (7 octobre). — Première apparition des Prussiens à Dreux (8 octobre).—Combat de Chérisy (9 octobre). — Incendies de Chérisy et de Septeuil (10 octobre). — Évacuation et réoccupation de Dreux (11 octobre). — Situation militaire dans le département de l'Eure à l'arrivée du général de Kersalaun. — Combat de Villegats (22 octobre). — Situation militaire sur la rive droite de la Seine à l'arrivée du général Briand. — Bombardement de la Broche (20 octobre), de Vernon (22 octobre), de Longchamps (24 octobre). — Combat de Formerie (28 octobre).

On a vu dans un précédent chapitre, et nous allons rappeler sommairement, quelle était la situation militaire sur la rive gauche de la Seine au commencement d'octobre. Le général de Rheinbaben, qui commandait la 5ᵉ division de cavalerie, et dont le quartier général était toujours à Saint-Nom, avait la même mission que le comte de Lippe, le prince Albert (fils) et les autres chefs des divisions de cavalerie allemandes, c'était de coopérer au vaste système de réquisitions organisé autour de la capitale pour tenir constamment remplis les magasins de l'armée d'investissement. Pour faciliter ses entreprises, on lui avait adjoint, à la date du 29 septembre, les 1ᵉʳ et 3ᵉ bataillons du 2ᵉ régiment bavarois « Prince royal », et il avait aussitôt lancé un fort détachement sur la ligne du chemin de fer du Havre. Délogeant des Alluets les éclaireurs de la Seine et dispersant à Aigleville les mobiles qui avaient tenté de s'opposer à son passage, le général de Bredow s'était avancé jusqu'à Pacy et Vernon, avait réquisitionné dans les environs, et réuni sur la rivière de l'Eure de grandes provisions de fourrage et de bétail, après quoi il était retourné vers l'armée de siége, emmenant son butin.

Sur la gauche de la 5ᵉ division de cavalerie, la 6ᵉ (général-major duc Guillaume de Mecklembourg-Schwerin) faisait des entreprises analogues sur la ligne du chemin de fer de Chartres; et nous avons relaté l'expédition du colonel d'Alvensleben sur Rambouillet, le combat d'Épernon, la surprise et l'incendie d'Ablis.

Enfin, pour aller jusqu'à l'extrémité de cette seconde ligne d'investissement, le prince Albert (père), qui opérait sur la gauche du duc de Mecklembourg, à la tête de la 4ᵉ division de cavalerie, avait été dirigé sur la Loire dès le 17 septembre, et s'était avancé de Melun sur le chemin de fer de Paris à Artenay. Le 5 octobre, il rencontra nos troupes à Toury, et, à la suite de l'échec qu'elles lui firent éprouver, il fut forcé de battre en retraite sur Angerville, pour remonter le lendemain vers Étampes.

L'échec du prince Albert à Toury amena la formation du corps du général de Tann, que la 6ᵉ division de cavalerie eut mission d'appuyer. Le général de Rheinbaben, de son côté, reçut l'ordre de se mettre en communication, à Houdan, avec le duc de Mecklembourg, qui occupait Rambouillet; par suite de ce mouvement de concentration des divisions de cavalerie allemandes sur leur gauche, le département de l'Eure, un instant envahi, se trouva tout à coup dégagé.

De notre côté, après la rencontre d'Aigleville, le

colonel Cassagne avait évacué Évreux, et les patrouilles ennemies avaient pu s'avancer jusqu'aux abords de cette ville, entièrement dégarnie de troupes. Les quelques bataillons de mobiles qui, dans les premiers jour du mois, occupaient Pacy-sur-Eure et Vernon, s'étaient repliés sur Conches et sur Louviers. Les éclaireurs de la Seine, depuis la rencontre des Alluets, s'étaient établis aux environs de Pont-de-l'Arche, où ils se réorganisaient, de façon à pouvoir reprendre leurs opérations dans la seconde quinzaine d'octobre.

Dès qu'il avait eu connaissance de cet abandon d'une partie du département de l'Eure, le général Gudin avait fait passer sur la rive gauche de la Seine un escadron du 12e chasseurs (commandant Sautelet), appuyé par quatre compagnies du 94e de ligne. Arrivé à Gaillon le 6 octobre, le commandant Sautelet réoccupa Vernon le 8; aux troupes que nous venons de désigner, s'étaient joints le 1er bataillon de la garde mobile de l'Eure et les francs-tireurs de Louviers. D'autre part, des secours ayant été demandés par le département de l'Eure au commandant de la subdivision militaire du Calvados, le général Law de Lauriston, celui-ci s'était empressé d'y envoyer le régiment des mobiles du Calvados (lieutenant-colonel de Beaurepaire). Le colonel Cassagne put donc faire réoccuper Évreux le 7 octobre, et pousser le lendemain les mobiles du Calvados jusqu'à Pacy-sur-Eure. Il avait déjà reçu comme renfort, à la date du 3 octobre, le 1er bataillon de la garde mobile de l'Ardèche, qui allait être bientôt suivi des autres bataillons du même département, en sorte qu'à la date du 8 octobre, il avait des forces plus que suffisantes pour couvrir Évreux. De son côté, le général de Malherbe, commandant la subdivision de l'Orne, avait envoyé à Dreux, le 6 octobre, le 2ᵉ bataillon de la garde mobile de son département (commandant des Moutis).

Ainsi, pour résumer la situation militaire sur la rive gauche de la Seine au 8 octobre, il y avait, du côté de l'ennemi, la 5ᵉ division de cavalerie en observation sur la rivière de l'Eure, mais principalement concentrée sur sa gauche, vers Houdan; elle était forte de trente-six escadrons, avec deux bataillons bavarois, en tout environ six à sept mille hommes et douze canons. Nous avions à la même date, de Dreux à Pacy et Vernon, un escadron de chasseurs, quatre compagnies de marche de la ligne et neuf bataillons de mobiles; total : environ dix mille hommes, sans artillerie. C'était assurément un effectif respectable; malheureusement les bataillons qui le formaient, au lieu de relever d'un commandement unique, restaient sous les ordres directs des chefs de quatre subdivisions territoriales, qui dépendaient eux-mêmes, pour la plupart, des comités locaux, en sorte que ce petit corps d'observation ne devait pas tarder à se disloquer.

Le 6 octobre, les éclaireurs de la 11ᵉ brigade de cavalerie (général-major de Barby), partirent de Saint-Cyr, et s'avancèrent le long de la ligne du chemin de fer de Surdon jusqu'à Garancières; dans cette expédition, un uhlan du 18ᵉ régiment fut blessé par des francs-tireurs, près du hameau du Breuil, ce qui valut aux habitants le pillage et un surcroît de réquisitions. Le lendemain, un hussard du 3ᵉ régiment « Zieten », qui faisait partie d'une patrouille appartenant à la 6ᵉ division de cavalerie et venue de Rambouillet, reçut un coup de feu aux environs de Condé-sur-Vègre. Les Prussiens revinrent deux jours après pour incendier le village, et tuèrent d'une balle un habitant qui fuyait dans les bois.

Ce fut le 8 octobre que le général de Rheinbaben, pour appuyer le duc de Mecklembourg, vint s'établir à Houdan, avec le gros de ses forces. Le même jour, une vingtaine de hussards prussiens, appartenant au 10ᵉ régiment de Magdebourg et à la 13ᵉ brigade de cavalerie (général-major de Redern), se présentèrent à Chérisy, où ils firent des réquisitions, et poussèrent jusqu'à Dreux. Arrivé aux portes de cette ville, le chef de la patrouille fit remettre au maire un billet réclamant des logements pour une colonne imaginaire dans laquelle figuraient deux régiments d'infanterie. Le maire répondit aux hussards que la ville de Dreux ne se rendrait pas à une poignée de fourrageurs, et que s'ils ne se retiraient pas au plus vite, les habitants allaient leur donner la chasse. L'officier ennemi, tirant sa montre, persista plus que jamais à annoncer l'arrivée prochaine de la colonne qu'il disait précéder : il jugea prudent toutefois de faire demi-tour, et se retira à fond de train sur Chérisy. Là, les hussards faisaient une halte pour prendre leur repas et laisser souffler leurs chevaux, quand, vers deux heures de l'après-midi, ils furent surpris par des gardes nationaux de Dreux, qui, s'étant mis à leur poursuite, leur tuèrent un cheval et leur firent un prisonnier.

Comme on l'a vu plus haut, le 2ᵉ bataillon de la garde mobile de l'Orne [1] était arrivé à Dreux quel-

---

[1] Voy. des Moutis : *Le 49ᵉ régiment des mobiles de l'Orne*. Alençon.

ques jours auparavant; de là il s'était porté à Nogent-le-Roi, en observation sur Épernon, qui avait été occupé par les Allemands à la suite du combat du 4 octobre. Ayant appris l'apparition des hussards prussiens à Dreux, le commandant des Moutis se rendit dans cette dernière ville sans perdre de temps, et, dans la nuit du 8 au 9, il prit ses dispositions pour recevoir l'ennemi, s'il se présentait de nouveau.

Le 9 octobre, un détachement combiné, fort d'environ deux compagnies, deux escadrons et deux pièces, revint en effet à Chérisy pour prendre les réquisitions que les hussards avaient levées la veille. Vers onze heures, les Allemands sont en vue : fidèles à leur tactique, ils fouillent les bois de leurs obus, et en couvrent le terrain dans toutes les directions, afin de tenir les nôtres à distance. Des gardes nationaux de Dreux et des volontaires des environs s'étaient portés sur Chérisy dès le matin, afin de maintenir l'ennemi de front et de le menacer sur sa droite, tandis que les mobiles de l'Orne l'attaqueraient sur son flanc gauche. A une heure, ces derniers, venus de Villemeux, entrent en ligne : à la vue de ces compagnies qui débouchent des bois de Marsauceux, l'ennemi se retire précipitamment, sans prendre le temps d'enlever ses réquisitions, et laissant derrière lui quelques fantassins chargés de garder le pont de Chérisy. Attaqué vigoureusement, ce petit poste est bientôt enlevé par les nôtres, et le reste de l'infanterie bavaroise, forcé d'abandonner son butin et de passer sous le feu des éclaireurs de Dreux, embusqués dans les bois de Raville, est promptement mis en déroute. Dans cette affaire, un ou deux des nôtres seulement furent blessés; les fantassins bavarois du 2ᵉ régiment « Prince royal » essuyèrent des pertes sensibles : trois d'entre eux furent tués, et une dizaine blessés ou faits prisonniers.

En apprenant les résultats de la journée, le sous-préfet de Dreux appela les gardes nationaux les plus rapprochés de la ligne du chemin de fer, et demanda des renforts[1]. A sa sollicitation, le 3ᵉ bataillon de la mobile de l'Orne (commandant Boudonnet) reçut l'ordre de se porter sur Dreux, afin de coopérer avec le 2ᵉ bataillon à la défense de cette ville.

Le commandant des Moutis, prévoyant bien que, fidèle à ses habitudes de représailles, l'ennemi reviendrait en force pour venger son échec de la veille, fit barricader, dans la matinée du 10 octobre, les ponts de Chérisy et de Mézières ; le premier fut gardé par les mobiles, le second par les gardes nationaux du pays. A droite, des éclaireurs de Dreux (capitaine Troncy) occupèrent les bois qui s'étendent vers Marsauceux ; à gauche, d'autres volontaires (capitaine Laval) furent dirigés sur les bois de Raville. Une compagnie de mobiles avait été établie de grand'-garde en avant de Chérisy ; vers onze heures et demie, cette compagnie se repliait à la hâte sur la barricade, annonçant la présence d'une colonne ennemie qu'elle évaluait à deux mille hommes, infanterie, cavalerie et artillerie. Quelques instants après, le canon commençait à fouiller les bois ; puis les uhlans hanovriens du 13ᵉ régiment parcouraient rapidement une ligne allant de Germainville au village de Mézières ; arrivés aux abords de ce village, ils furent accueillis par la fusillade de nos tirailleurs, qui leur tuèrent

---

[1] Voy. de Coynart : *La guerre à Dreux*. Paris.

un homme, en mirent un autre hors de combat, et blessèrent cinq ou six chevaux. Derrière ces cavaliers, les tirailleurs bavarois s'étaient déployés à droite et à gauche des hauteurs de Chérisy, et, sous la protection de leur artillerie, ils forcèrent les nôtres à rallier leurs réserves. Sur ces entrefaites, des détachements de la garde nationale de Laigle, suivis du 3e bataillon de la garde mobile de l'Orne, arrivèrent comme renforts. Ce dernier bataillon fut formé en deux colonnes : l'une devait tourner l'ennemi sur la droite, par la vallée de l'Eure et le village de Mézières; l'autre, s'avancer par la gauche, en longeant le chemin de fer, jusqu'à la ferme de la Mésangère; mais la colonne de gauche se vit arrêtée au tunnel du Petit-Chérisy, et celle de droite, en arrivant dans le village de Mézières, essuya quelques coups de canon, qui causèrent dans ses rangs une hésitation bientôt changée en panique. Le mouvement était manqué; mais au centre, le commandant des Moutis, avec les mobiles de son bataillon, armés de fusils Chassepot, et avec les gardes nationaux de Dreux, se maintint dans ses positions et contint les efforts de l'ennemi, qui essaya plusieurs fois, mais inutilement, de s'emparer du pont de Chérisy.

Pendant ce temps les fantassins bavarois, la torche à la main, mettaient le feu à la ferme de la Mésangère et à une soixantaine de maisons de Chérisy. C'était un nouvel exemple de la guerre de terreur; le général de Bredow, car c'était lui, renouvelait les scènes de Mézières, par lesquelles il s'est acquis dans ces malheureuses contrées une renommée impérissable. Vers quatre heures, son œuvre de dévastation achevée et sa vengeance assouvie, il reprit le chemin de Houdan, laissant derrière lui Chérisy en flammes. Au même moment, les éclaireurs de la brigade de Redern, venus de Maule, faisaient éprouver le même sort au village de Septeuil. Là un hussard ivre, du 10e régiment de Magdebourg, tirant à tort et à travers dans les rues, avait tué un habitant inoffensif. Quelques gardes nationaux exaspérés s'embusquèrent et firent expier ce meurtre aux hussards ; mais ceux-ci, pour se venger à leur tour, mirent le feu à une douzaine d'habitations et se livrèrent au pillage, sous les yeux de leurs chefs, qui, lorsqu'ils le voulaient, savaient faire respecter la propriété et la vie humaine.

Après avoir occupé quelques instants les ruines de Chérisy, les nôtres s'étaient repliés sur Dreux dans la soirée, ayant perdu dans cette affaire deux tués et une douzaine de blessés. Le 3e bataillon de l'Orne s'étant en grande partie dispersé pendant l'action, le commandant des Moutis, sans artillerie, restait seul avec son 2e bataillon, fatigué par une lutte de deux jours et à court de munitions ; il n'était pas en force pour défendre Dreux d'une manière efficace, dans le cas où l'ennemi chercherait à lui faire subir le sort qu'il venait d'infliger à Chérisy. La ville de Dreux, située au fond d'une vallée et dominée de tous côtés par des hauteurs, n'était pas défendable avec d'aussi faibles ressources ; en conséquence, il se replia dans la nuit du 10 au 11 sur Vert en Drouais ; là, il trouva un ordre du général de Malherbe, lui enjoignant de diriger son 2e bataillon sur Verneuil et le 3e sur Laigle.

Tandis que ces événements se passaient à Chérisy et à Dreux, le colonel Cassagne s'était établi à Merey avec le 3ᵉ bataillon de la mobile de l'Eure et une partie du 2ᵉ; il avait dirigé sur sa gauche, à Pacy, le 1ᵉʳ bataillon de la garde mobile de l'Ardèche, et, sur sa droite, à Saint-Georges, Anet et Ivry-la-Bataille, le régiment de la garde mobile du Calvados. Par une marche de moins de deux lieues, qui les eût portés sur la lisière de la forêt de Dreux, les mobiles du Calvados cantonnés à Saint-Georges et à Anet auraient pu, en menaçant l'ennemi sur son flanc droit, empêcher le désastre de Chérisy, dont ils restèrent les spectateurs indignés mais immobiles. Par suite du manque d'entente et d'unité dans le commandement, ce fut seulement dans la matinée du 11 que la ville de Dreux, évacuée pendant la nuit par les mobiles de l'Orne, fut occupée par ceux du Calvados. Le même jour le colonel Cassagne, laissant à Pacy le bataillon de l'Ardèche, se porta au sud d'Évreux, sur Avrilly, pour aller, le 13, occuper Damville. A peine installé à Dreux avec les mobiles du Calvados, le colonel de Beaurepaire obtint du général commandant la région de l'Ouest l'autorisation de rester dans le département d'Eure-et-Loir; puis il demanda des renforts de tous côtés : son régiment de mobiles, deux bataillons du Lot-et-Garonne, un bataillon de la Manche, une batterie d'artillerie, un peloton de gendarmes et plusieurs compagnies franches formèrent sous ses ordres un petit corps s'élevant à plus de 6,000 hommes. Grâce à l'arrivée de ces renforts, on se serait trouvé en mesure de repousser les Allemands s'ils s'étaient présentés; mais, bien loin de renouveler ses attaques sur Chérisy, le général de Rheinbaben avait évacué Houdan. A la suite du combat d'Artenay, il avait reçu l'ordre de reprendre ses anciennes positions, et il dirigea sur Mantes la 13ᵉ brigade de cavalerie (général-major de Redern), qui prit possession de cette ville le 18 octobre.

A cette dernière date, le général de brigade de Kersalaun, du cadre de réserve, avait été mis à la tête de la subdivision de l'Eure, en remplacement du colonel du génie Rousseau, qui remplaçait lui-même le colonel Cassagne, appelé au commandement de la place de Douai. L'escadron du 12ᵉ chasseurs et les compagnies du 94ᵉ de ligne qui occupaient Vernon avaient été rappelés le 15 octobre sur la rive droite de la Seine; mais, d'autre part, les troupes de l'Eure s'étaient accrues de deux nouveaux bataillons de la garde mobile de l'Ardèche; en outre, les Éclaireurs de la Seine s'étaient reformés en un régiment ayant un effectif d'un peu plus de 700 hommes. Les forces totales dont le général de Kersalaun, arrivé le 20 à Évreux, disposait pour la défense de la ligne de l'Eure, étaient donc les suivantes : le 41ᵉ régiment de la garde mobile de l'Ardèche (lieutenant-colonel Thomas); le 39ᵉ régiment de l'Eure (lieutenant-colonel d'Arjuzon); le 6ᵉ bataillon de la Loire-Inférieure (commandant Manet); le 1ᵉʳ régiment des éclaireurs de la Seine (colonel Mocquard) et la 1ʳᵉ compagnie des éclaireurs de Normandie (capitaine Trémant); en tout, près de 8,000 hommes sans cavalerie ni artillerie. Ces forces, réunies sous le commandement du colonel Mocquard, formèrent, de Vernon à Ivry-la-Bataille, le corps d'observation de la vallée de l'Eure, appuyé sur sa droite à Dreux par celui du colonel de Beaurepaire.

Le colonel Mocquard, qui avait pour mission de couvrir Évreux et de s'opposer aux incursions et aux déprédations de l'ennemi, était allé s'établir le 19 octobre à Hécourt, sur la rive droite de l'Eure, avec quatre compagnies du 3ᵉ bataillon de l'Ardèche (commandant de Montgolfier), les Éclaireurs de la Seine et ceux de Normandie. Le 2ᵉ bataillon de l'Eure, sous les ordres du lieutenant-colonel d'Arjuzon, était campé dans la forêt de Pacy-sur-Eure; Ivry-la-Bataille, Pacy, Vernon et Gaillon étaient occupés par les autres bataillons de l'Ardèche, de l'Eure et de la Loire-Inférieure.

Dans la matinée du 20 octobre, une centaine de fourrageurs venus de Mantes se présentèrent à Villegats. Au moment où on leur livrait les réquisitions qu'ils avaient exigées, quelques Éclaireurs de la Seine pénétrèrent dans le village, et, après un échange de coups de feu dans lequel un des nôtres fut tué, les Prussiens, ignorant sans doute le petit nombre de leurs adversaires, prirent la fuite en abandonnant leur butin. Le lendemain, les mobiles de l'Ardèche et les Éclaireurs de la Seine, en poussant une reconnaissance sur Saint-Illiers-la-Ville, y rencontrèrent de nouveau les fourrageurs, leur tuèrent un homme, et en blessèrent un autre qui fut fait prisonnier.

Il était à supposer que l'ennemi chercherait à se venger : le colonel Mocquard reçut en effet à son camp d'Hécourt des renseignements qui lui faisaient prévoir qu'il serait attaqué le lendemain par une partie de la garnison de Mantes. Il donna des ordres en conséquence, fit explorer le terrain dans la matinée du 22 octobre par quelques éclaireurs montés sur des chevaux pris à l'ennemi et qui formaient toute sa cavalerie; à dix heures, il était prêt à opérer une forte reconnaissance. Il n'y avait alors à Hécourt que les troupes indiquées plus haut, formant ensemble un effectif d'environ 1,200 hommes. Elles furent réparties en deux colonnes qui, dans leur marche, devaient décrire chacune un demi-cercle et se rejoindre à Lommoye, point situé entre Mantes et le bois d'Hécourt. Mais tandis que le colonel Mocquard prenait ces dispositions, les hussards de Magdebourg entouraient Villegats et Cravent, et le général de Redern, avec le reste de sa cavalerie, le 3e bataillon du régiment bavarois « Prince royal » et une batterie d'artillerie, prenait position entre les deux villages. Aussi, au moment où, vers onze heures du matin, les nôtres allaient se mettre en marche, ils se virent subitement et vivement attaqués, surtout par l'artillerie, dont les obus, tombant sur notre tête de colonne qui débouchait des bois, y causèrent des pertes sensibles. Le colonel Mocquard fit aussitôt déployer toute sa troupe en tirailleurs ; lui-même, au centre, marchait sur Villegats; sa droite formée par les éclaireurs du capitaine Trémant, s'avançait à couvert sur Cravent, en suivant une vallée profonde qui passe par les hameaux des Vieilles-Maisons et des Carrières; à gauche, la garde mobile de l'Eure quittait son campement de la forêt de Pacy, occupait Chaufour et en repoussait les éclaireurs qui s'y présentaient. A Villegats, le centre soutint avec énergie les efforts de l'ennemi, donnant ainsi le temps à la droite, qui avait cheminé à couvert, d'entrer en ligne à son tour : lorsque les Allemands la virent déboucher, ils cédèrent précipitamment le terrain; la cavalerie et l'artillerie s'enfuirent au galop, et l'infanterie bavaroise se sauva au pas de course, abandonnant sabres et schakos. Les nôtres les poursuivirent avec un élan remarquable, jusqu'au moment où le colonel Mocquard, craignant d'exposer sa faible troupe en l'engageant trop loin, fit sonner la retraite; vers quatre heures il rentrait au camp d'Hécourt. C'était un vrai succès; c'eût été une victoire si la poursuite avait été continuée, car les artilleurs hanovriens, en déroute complète, embourbèrent leurs pièces dans les terres détrempées de la plaine de Lommoye, à peu de distance du champ de bataille. Dans cette journée, qui fait le plus grand honneur à nos troupes, leurs pertes s'élevèrent à six hommes tués ou atteints mortellement et une dizaine de blessés; parmi ces derniers se trouvait le commandant Guillaume, des Éclaireurs de la Seine, qui eut le bras fracturé et subit le lendemain l'amputation avec le même courage dont il avait fait preuve sur le champ de bataille. L'ennemi, de son côté, avait essuyé la perte de dix hommes tués, parmi lesquels un officier du 11ᵉ hussards, qui s'était toujours montré au premier rang pendant l'action et avait fait preuve d'une grande bravoure. C'était l'officier d'ordonnance du général de Redern, le second lieutenant de Kalckstein; son nom, mal déchiffré par les Éclaireurs de la Seine, leur fit supposer qu'ils avaient tué le fils du général de Falkenstein, auquel ils attribuèrent bien gratuitement le grade de lieutenant-colonel d'artillerie [1].

Le soir du combat de Villegats, le colonel Mocquard, trompé par de faux renseignements et craignant un retour offensif de l'ennemi, leva son camp et le transporta dans la forêt de Pacy; le lendemain, il alla s'établir derrière la rivière de l'Eure, sur les

---

[1] Voy. Raspail : *Les Éclaireurs de la Seine en province.* Paris.

hauteurs boisées de Bosc-Roger ; enfin le 30 octobre, les Allemands n'ayant manifesté aucune intention agressive depuis leur échec du 22, il reprit son campement du bois d'Hécourt. A partir de cette date jusqu'au 19 novembre, les positions des troupes de l'Eure ne subirent que de légères modifications et furent à peu près les suivantes :

Sur notre gauche, dans la forêt de Bizy, couvrant Vernon, le 1er bataillon de l'Ardèche (commandant de Guibert) et le 1er de l'Eure (commandant Guillaume) ; à Chaignes, le 2e bataillon de l'Eure (commandant Ferrus) ; à Aigleville et à Pacy, le 3e bataillon de l'Ardèche (commandant de Montgolfier) ; au camp d'Hécourt, les Éclaireurs de la Seine (colonel Mocquard), ceux de Normandie (capitaine Trémant) et le 6e bataillon de la Loire-Inférieure (commandant Manet) ; à Saint-Chéron et à Mercy, le 3e bataillon de l'Eure (commandant Power) ; à Garennes et à Ivry-la-Bataille, le 2e bataillon de l'Ardèche (commandant Bertrand.)

Sur la rive droite de la Seine, le général Briand, ancien colonel du 2e spahis, avait été récemment nommé au grade de général de brigade et au commandement de la 2e division militaire ; il ne changea rien aux dispositions prises par le général Gudin pour la défense de la Seine-Inférieure, et maintint sur la ligne de l'Andelle les troupes qui s'y trouvaient établies ; groupées autour des deux régiments de cavalerie qui occupaient Fleury et Forges, elles formaient deux petits corps chargés de couvrir Rouen, l'un sur la route de Gisors, et l'autre sur celle de Beauvais, le premier opposé au prince Albert et le second au comte de Lippe.

Le corps de Fleury-sur-Andelle, qu'on appelait quelquefois improprement le camp de Grainville, était sous les ordres du lieutenant-colonel Laigneau, qui commandait le 12e régiment de chasseurs en l'absence du colonel de Tucé, mis à la tête de la subdivision militaire de la Seine-Inférieure. Ce corps se composait des troupes suivantes, ainsi réparties : à Fleury, le 12e régiment de chasseurs (lieutenant-colonel Laigneau); à Pont-de-l'Arche et à Pont-Saint-Pierre, les 1er et 2e bataillons de la mobile des Landes (commandants Beaume et Esplendes); à Grainville, le 1er bataillon de la Loire-Inférieure (commandant Ginoux); à Charleval, le 2e bataillon des Hautes-Pyrénées (commandant Debloux); à Ménesqueville, le 2e bataillon de marche des 41e et 94e de ligne (commandant Rousset); en avant de cette ligne, à Cressenville, le 2e bataillon de la Seine-Inférieure (lieutenant-colonel Welter), détachant trois compagnies à Mesnil-Verclives (commandant Rolin).

Le corps qui occupait la vallée supérieure de l'Andelle et le pays de Bray, sous les ordres du colonel d'Espeuilles, comprenait les troupes suivantes, ainsi réparties : à Argueil et à Forges, le 3e régiment de hussards (colonel d'Espeuilles); à la Feuillie, les 1er et 8e bataillons de la mobile du Pas-de-Calais (commandants de Livois et Darceau); à Argueil, le 1er bataillon des Hautes-Pyrénées (commandant Laffaille) et le 4e de l'Oise (commandant Héricart de Thury); à Forges et à Gaillefontaine, le 1er bataillon de l'Oise (commandant Cadet), que viendra plus tard appuyer le 5e bataillon de marche des 19e et 62e de ligne (commandant Barreau).

Chacun de ces petits corps avait reçu le 20 octobre

une section de canons de 12 rayés de la 2ᵉ batterie du 10ᵉ régiment d'artillerie (capitaine Lenhardt).

En avant de cette ligne se mouvaient divers corps francs qu'un décret du 29 septembre avait mis à la disposition du ministre de la guerre, mais dont il n'est pas facile de fixer exactement les positions, par ce motif que la plupart d'entre eux continuaient d'agir à leur guise et n'étaient rattachés que nominalement aux divers détachements qu'ils étaient censés couvrir. Voici, par ordre alphabétique, la nomenclature de ces divers corps, qui étaient plus particulièrement groupés aux abords de la forêt de Lyons, à Cressenville, Gaillarbois, Touffreville, Verclives, Nojeon-le-Sec, Puchay, Morgny et Lyons-la-Forêt · Compagnie de marche de Dieppe (capitaine Angot); compagnie d'Éclaireurs de la garde nationale d'Elbeuf (capitaine Julien); compagnie d'Éclaireurs rouennais (capitaine Desseaux); compagnie de francs-tireurs des Andelys (capitaine Desestre); section de Bolbec (lieutenant Pimont); section de Cherbourg (lieutenant Bitouzé); compagnie de Louviers (capitaine Garnier); demi-bataillon du Nord (commandant Rondot); section de l'Orne (commandant de Beautot); compagnie des fusiliers-marins de Dieppe (capitaine Godard); guérilla rouennaise (capitaine Buhot); tirailleurs havrais de la 1ʳᵉ compagnie (capitaine Jacquot), de la 2ᵉ (lieutenant Bellanger) et de la 3ᵉ (capitaine Moquet), auxquels viendront se joindre plus tard la 4ᵉ compagnie (capitaine Roux) et celle des Vengeurs (capitaine Deschamps). A ces divers corps francs étaient attachés quelques cavaliers irréguliers, entre autres des guides à cheval de la Seine-Inférieure, commandés par le duc de Chartres, qui, caché sous le nom de

Robert Lefort, payait obscurément sa dette à sa patrie.

La réunion de ces diverses troupes, auxquelles on a donné le nom d'armée de l'Andelle, comprenait donc en somme, à la date du 22 octobre : deux régiments de cavalerie comptant chacun moins de 300 chevaux; douze bataillons de marche de la ligne et de mobiles ayant un effectif moyen d'environ mille combattants et une quinzaine de corps francs de la valeur moyenne d'une compagnie; au total, un peu plus de 14,000 hommes avec six canons.

Les détachements du prince Albert et du comte de Lippe, auxquels ces troupes étaient opposées, avaient à la même date une force totale de six bataillons, vingt-quatre escadrons et cinq batteries, soit 8 à 9,000 hommes et trente canons.

Sans doute avec nos 14,000 hommes de l'armée de l'Andelle, bien que la plupart mal armés, mal équipés et sans grande cohésion, on eût pu, malgré la faiblesse de notre artillerie, déloger les Prussiens et les Saxons de Gisors et de Beauvais; ce résultat eût été obtenu bien plus facilement encore, si l'armée d'Amiens avait bousculé le comte de Lippe tandis que celle de Rouen aurait culbuté le prince Albert. Mais, pour cela, il eût fallu chez nous une entente qui, malheureusement, n'existait nulle part, ainsi qu'on l'a vu au commencement de ce chapitre en suivant les événements de la rive gauche de la Seine. Sur la rive droite, l'armée d'Amiens, en train de se constituer sous le général Farre, reste forcément dans l'inaction. Le général Briand, arrivé depuis peu de temps et qui dans quelques jours quittera son commandement, ne voulut pas s'attaquer seul à des troupes aguerries et à même de recevoir des renforts : il se tint strictement sur la défensive dans les positions choisies par son prédécesseur.

Quelques corps francs, las de cette inaction, vont opérer isolément dans la zone qui sépare les deux armées; ils vont harceler et fatiguer les patrouilles ennemies en leur faisant la guerre de surprises, et ces opérations, sans grands effets meurtriers et sans aucun résultat au point de vue militaire, attireront sur nos campagnes les plus terribles représailles. Les lieux choisis de préférence par les francs-tireurs de la vallée de l'Andelle pour dresser leurs embuscades étaient les environs d'Étrépagny et les abords des bois de Doudeauville et de la Héronnière; c'est là qu'ils attendaient d'ordinaire les uhlans de la garde, ces hardis cavaliers qui, partant de Gisors, sillonnaient les environs pour faire leur service d'éclaireurs, achever de désarmer les communes, et surtout, pour réquisitionner des fourrages et du bétail.

Le 19 octobre, vers midi, un détachement de tirailleurs havrais se rendit à Étrépagny dans le but d'empêcher l'ennemi d'enlever des réquisitions qu'il y avait imposées la veille. Embusqués en avant de la ville, près du cimetière, derrière des meules de blé, les francs-tireurs saluèrent par une fusillade hors de portée les premiers uhlans qui se présentèrent. Comme il était tard et que les fourrageurs n'étaient pas nombreux, ils ne poussèrent pas plus loin ce jour-là; mais ils ne devaient pas tarder à revenir en force, car le prince Albert, croyant le bourg sérieusement occupé par nous, décida pour le lendemain une expédition à laquelle il fit concourir les garnisons de Gisors et de Magny.

La colonne principale, partant de Gisors, devait s'avancer par la route de Paris; la colonne auxiliaire venant de Magny devait suivre le chemin des Thilliers à Étrépagny, de manière à aborder de deux côtés à la fois cette dernière position. Étrépagny n'avait alors aucun moyen de défense; les tirailleurs havrais avaient regagné leur campement dans la soirée du 19. Une centaine de francs-tireurs de Louviers (capitaine Garnier) arrivés à la fin de cette escarmouche, s'installèrent dans le parc du château de M. de Corny, situé dans les bois de la Broche, position qui commande la route de Gisors. Le lendemain, vers huit heures du matin, les trois uhlans légendaires étaient signalés dans la direction de Bézu-Saint-Éloi. Un franc-tireur, ne pouvant résister au désir d'essayer la portée de sa carabine, leur envoya, à près d'un kilomètre, un coup de feu qui n'eut d'autre résultat que de faire connaître à l'ennemi le lieu précis occupé par les nôtres; quelques heures plus tard, le château et le parc de la Broche étaient complétement cernés par les uhlans, qui avaient prévenu la colonne de Gisors et avaient reçu comme renfort un piquet d'infanterie montée et une section d'artillerie. Pour essayer de se reconnaître, le chef des francs-tireurs examinait la position du haut d'un petit pavillon de garde, quand il se trouva brusquement séparé de sa troupe qui s'était jetée dans les bois. Resté avec deux domestiques, dans un grenier dont le canon défonçait la toiture, le capitaine Garnier eut à soutenir un véritable siége. Sommé de se rendre, il répondit par une décharge de son revolver et par les appels de sa trompe, au son de laquelle il essayait de rallier ses hommes et qui ne trouvait d'écho que dans les hurrahs prussiens : traqué comme une bête fauve, il n'échappa que par miracle aux balles, aux obus et à l'incendie ; il en fut quitte pour une blessure légère, et après avoir renversé un uhlan qui tentait de lui barrer le passage, il put gagner le taillis, rejoindre quelques-uns des siens et, plus tard, le gros de sa troupe qui avait été recueilli dans les bois de Frileuse par les francs-tireurs des Andelys (capitaine Desestre). Quant aux Prussiens, furieux de s'être laissé arrêter par trois hommes dont deux sans armes, ils dévalisèrent et brûlèrent le château de la Broche ; après quoi ils se rendirent à Étrépagny, pillèrent quelques boutiques, et imposèrent à la ville une contribution de quatre mille francs pour la punir d'avoir donné asile à des francs-tireurs.

Deux jours plus tard, le 22 octobre, au moment où, sur la rive gauche de la Seine, les Allemands étaient repoussés de Villegats par le colonel Mocquard, le prince Albert, pour se mettre en communication avec le général de Redern et l'appuyer au besoin par cette démonstration, avait dirigé sur Vernon un détachement de toutes armes formé par les uhlans du 1er régiment de la garde, un piquet d'infanterie montée et une section d'artillerie. Arrivé à Vernonnet, ce détachement se vit arrêté par la Seine, le génie français ayant fait sauter le pont dans la soirée du 14 octobre. De la rive droite l'ennemi héla les bateaux amarrés à l'autre bord et demanda le maire de Vernon : un coup de carabine tiré par un gendarme fut la seule réponse qu'il obtint. Ce fut aussi le signal d'un bombardement : deux pièces braquées sur la route des Andelys, en face de la caserne et du parc des équipages, lancèrent sur la ville une cinquantaine d'obus qui n'y causèrent heureusement que des dommages matériels. Vers deux heures, la colonne ennemie fit demi-tour, sans avoir pris le repas que les habitants de Vernonnet avaient été requis de lui préparer. C'est que, pendant le bombardement, on avait battu le rappel et sonné le tocsin dans les communes voisines. Les Prussiens craignaient que leur retraite ne fût inquiétée; et en effet ils ne purent l'effectuer sans encombre. Un braconnier émérite, des environs de Panilleuse, s'embusqua dans la forêt de Vernon, à un coude que fait la route entre la fontaine de Tilly et le castel de Saulseuse, et il attendit là le retour de l'ennemi. Après avoir laissé passer l'avant-garde, il ajusta le cavalier qu'il prit pour le chef de l'expédition, et d'un coup de fusil tiré avec adresse, il lui fit mordre la poussière; puis il prit la fuite, poursuivi par une vive fusillade. Les fantassins mirent pied à terre pour fouiller le bois, tandis que les uhlans le cernaient, et ils ne tardèrent pas à rencontrer trois ou quatre autres paysans armés, qui tous firent le coup de feu avec non moins de succès que leur compagnon; chacun d'eux tua ou blessa son homme, après quoi tous s'enfuirent, sauf un seul qui fut pris et paya pour les autres. Ces braconniers avaient admirablement choisi cet endroit pour attendre l'ennemi : tant il est vrai que la chasse est l'école primaire de la guerre! En dressant leur embuscade loin des cantonnements prussiens et dans une forêt où il était difficile d'exercer des représailles, ils avaient donné à certains chefs de corps francs une leçon qui ne fut malheureusement pas suivie, comme on va le voir.

Dans la matinée du 24 octobre, quelques francs-tireurs partis de Morgny allèrent s'embusquer aux abords du village de Longchamps, tirèrent sur une patrouille ennemie qui débouchait d'Heudicourt, et démontèrent un cavalier. Les uhlans eurent plus de peur que de mal, mais ils résolurent néanmoins de tirer vengeance de cette surprise, et le lendemain, ayant à leur tête le major baron de Korff, ils revinrent en force avec du canon. Les nôtres, de leur côté, prirent leurs dispositions, et le 24 au matin, deux compagnies des francs-tireurs du Nord (commandant Rondot), auxquelles se joignirent des tirailleurs havrais de la 3ᵉ compagnie (capitaine Moquet), occupèrent Longchamps et les environs, le hameau de Bifauvel, la ferme d'Entre-deux-Bocs et le bois Lesueur, se plaçant ainsi à cheval sur la route de Gisors à Lyons-la-Forêt. Vers onze heures et demie, la fusillade annonça la présence des Prussiens; ils mirent aussitôt deux pièces en batterie en avant d'Heudicourt, sur la route de Gisors, et commencèrent une canonnade, heureusement mal dirigée et hors de portée, dont personne n'eut à souffrir; puis leur infanterie entra en ligne à son tour; les francs-tireurs essayèrent quelque temps de la tenir en échec, mais ils durent abandonner les bois où ils s'étaient embusqués, pour se replier sur Morgny, après avoir eu un homme tué et deux blessés. Cette rencontre coûta en outre la vie à deux habitants inoffensifs, dont l'un gardait des vaches et l'autre gaulait des pommes; elle eut les honneurs d'un ordre du jour du général Bourbaki et d'un bulletin de Tours, bien qu'elle n'eût causé aucune perte aux Prussiens, qui, vers deux heures, reprirent le chemin de Gisors, emmenant à leur suite du bétail pris à Longchamps et de nombreuses voitures chargées de réquisitions.

Cependant la nomination du général Bourbaki au commandement supérieur de la région du nord avait été promptement connue du quartier général prussien, qui ordonna au comte de Lippe, chargé plus particulièrement d'observer Amiens, de redoubler de vigilance, de prescrire de fréquentes patrouilles d'officiers, et de renforcer ses détachements de réquisition.

Un de ces détachements, quittant Beauvais dans la matinée du 27 octobre, s'était dirigé sur Marseille-le-Petit, où il passa la nuit, après avoir levé aux environs de très-fortes réquisitions. Il fut rejoint le lendemain par d'autres troupes parties de Beauvais de grand matin, avec de nombreuses voitures, et conduites par le général Senfft, qui venait prendre le commandement de la colonne. Il disposait pour son expédition de trois compagnies du 2ᵉ régiment à pied de la garde prussienne, du 18ᵉ régiment de uhlans et d'un escadron du 3ᵉ dragons saxons avec une batterie d'artillerie; total: environ 1,500 hommes et six canons. L'objectif du général Senfft était Formerie, bourg important et station du chemin de fer de Rouen à Amiens. Cette station n'était gardée depuis la veille que par un poste du 3ᵉ hussards et par une compagnie (capitaine Dornat) du 5ᵉ bataillon de marche, envoyée du Havre et forte d'environ 130 hommes du 19ᵉ de ligne.

Dans la matinée du 28 octobre, le général Senfft se dirigeait sur Formerie avec toutes ses forces, et vers dix heures nos vedettes du 3ᵉ hussards se repliaient sur la gare en annonçant l'arrivée de l'ennemi. En effet, peu d'instants après, un peloton de uhlans, formant l'avant-garde, traversait rapidement le bourg de Formerie et se portait au trot sur la station. Accueillis par une vive fusillade qui en démonta plusieurs, les cavaliers saxons n'eurent que le temps de tourner bride et furent vivement poursuivis par nos soldats jusque sur la place du Marché aux bestiaux. Là, le capitaine Dornat se trouva tout à coup en présence de l'infanterie prussienne, qui occupait déjà le côté opposé de la place et qui, postée dans les maisons, le reçut à son tour par un feu des plus nourris. Cette poursuite heureuse avait empêché l'ennemi de déboucher sur la gare, où il nous eût infailliblement écrasés, mais la situation devenait critique. Le capitaine Dornat sut tirer parti de ses faibles ressources; l'entrée de chaque rue fut solidement défendue par de petits postes de quelques hommes, et, grâce à la plus énergique résistance, cette compagnie tint seule en échec, pendant près de deux heures, les forces du général Senfft, et donna ainsi aux renforts le temps d'arriver.

Le 1er bataillon de la garde mobile de l'Oise (commandant Cadet) était cantonné depuis plusieurs jours entre Forges et Gaillefontaine; dans la matinée du 28 octobre, le colonel d'Espeuilles, prévenu de la marche des Prussiens, donna l'ordre aux divers détachements de ce bataillon de se porter isolément sur Formerie. Le premier renfort arrivé sur le lieu du combat, vers midi, venait de Gaillefontaine. Le capitaine Alavoine, qui le commandait, laissa une compagnie à la gare, et se porta aussitôt avec la sienne, la 2e, au point le plus menacé. Il y trouva le capitaine Dornat, qui, à la tête d'une poignée d'hommes, luttait avec la dernière énergie. La rue dont il défendait l'entrée débouche obliquement sur la place de Formerie, dont les Prussiens occupaient le côté opposé, et forme ainsi deux angles inégaux : à droite, l'angle défilé était occupé par les soldats de la ligne ; les mobiles de l'Oise durent prendre une position symétrique et occuper à gauche l'angle découvert. En se démasquant pour traverser la rue à la tête de sa compagnie, le capitaine Alavoine fut blessé et mis hors de combat ; mais un certain nombre de ses mobiles, sous les ordres du lieutenant Meneust, puis une section de la 1re compagnie (sous-lieutenant de Thanneberg), purent gagner les maisons, s'établir dans les chambres et prendre part à l'action ; on continua ainsi de se fusiller par les fenêtres, des deux côtés de la place, et les nôtres, bien qu'inférieurs en nombre, soutinrent avec avantage le feu de l'ennemi.

Cependant le général Senfft avait fait mettre son artillerie en batterie sur une petite éminence, à la lisière d'un bouquet de bois, sur la commune de Boutavent ; depuis le début de l'engagement, il lançait ses projectiles un peu partout, mais principalement sur le pâté de maisons occupé par nos soldats et faisant face à la route de Crillon, par laquelle il était arrivé. Les obus dirigés sur Formerie n'y causèrent que des dégâts matériels ; les autres, tombant dans des terres détrempées, n'éclataient pas, et les nôtres n'eurent pas à en souffrir. Le principal effet de cette canonnade fut de hâter l'arrivée de nos renforts, qui, vers deux heures, commencèrent à affluer de toutes parts. Ce furent d'abord les autres compagnies du bataillon de marche et celui de la mobile de l'Oise, puis un convoi qui conduisait de Rouen à Amiens de l'infanterie de marine, et plus tard enfin, le colonel d'Espeuilles, parti d'Argueil avec deux escadrons de hussards, le 4ᵉ bataillon de la mobile de l'Oise et une section d'artillerie. Ces divers détachements, arrivés l'un après l'autre, ne dépassèrent pas la gare de Formerie, supposant sans doute qu'elle était le principal objectif de l'ennemi, et les compagnies Dornat et Alavoine restèrent seules engagées dans l'intérieur du bourg. Sur ces entrefaites, un renfort inattendu, arrivant sur un autre point, allait prendre à l'action une part décisive.

Le général Paulze d'Ivoy, qui commandait à Amiens, avait été informé dans la journée du 27 qu'un détachement s'était présenté à Marseille-le-Petit, avec l'intention probable de détruire la voie ferrée d'Amiens à Rouen. Il dirigea aussitôt sur ce point le 1ᵉʳ bataillon de la garde mobile du Nord (commandant de Lalène-Laprade), soutenu par une section d'artillerie (lieutenant Joachim), avec la mission de repousser l'ennemi, dont la force était évaluée à 7 ou 800 hommes. Parti d'Amiens avec un train de chemin de fer, le commandant de Lalène-Laprade devait coucher à Poix, en partir de très-bon matin pour Formerie, et s'établir, avant le jour, dans les bois qui avoisinent cette localité dans la direction de Marseille-le-Petit; il avait l'ordre de se concerter préalablement avec le colonel d'Espeuilles pour prendre l'ennemi entre deux feux et lui couper la retraite. Arrivé à Poix dans la soirée du 27, il s'apprêtait à en partir dans le courant de la nuit, quand, au moment de s'embarquer, il apprit que le train qui l'avait amené était retourné à Amiens. Averti en même temps que des fourrageurs marchaient sur Grandvilliers, il partit de Poix entre quatre et cinq heures du matin pour se porter à leur rencontre et réparer ainsi le malentendu ou la faute du chef de train. Ralliant à Équennes deux compagnies de la mobile du Gard, ce qui portait à environ 1,500 hommes la force de son détachement, il arriva vers neuf heures à Grandvilliers, qu'il trouva inoccupé. Là, il accorda quelque repos à sa troupe, et vers dix heures et demie, au bruit du canon qui tonnait vers Formerie, il se remit en marche dans cette direction, passant par Feuquières et Monceaux-l'Abbaye. Arrivé vers une heure à ce dernier point, il détacha environ 500 hommes (capitaine de Lalène-Laprade), avec la section d'artillerie, vers Mureaumont, dans le but de prendre l'ennemi en queue et d'entraver sa retraite, tandis que lui-même l'attaquerait en tête. Il continua en conséquence sa marche sur Formerie avec le gros de sa colonne. A l'entrée du village de Bouvresse, les premiers tirailleurs entendirent siffler au-dessus de leurs têtes des balles tirées par un ennemi invisible, puis des obus qui enfilaient la route. Bien qu'inaccoutumés à ce bruit, les mobiles du Nord accentuèrent leur mouvement et s'engagèrent résolûment à travers les vergers, les haies et les clôtures. En débouchant de Bouvresse, ils essuyèrent une fusillade serrée partie d'une briqueterie ; ils ripostèrent vivement, et l'infanterie prussienne ne tarda pas à tourner le dos, protégée par un pli de terrain et par le feu de son artillerie. Les nôtres se jetèrent alors dans un petit bois qui s'étend entre la briqueterie de Bouvresse et Formerie. Déconcerté par l'arrivée de ce nouveau renfort qui le menaçait sur son flanc droit, le général Senfft avait donné le signal de la retraite ;

aussi, lorsque les mobiles du Nord débouchèrent sur la lisière du petit bois qui longe la route de Formerie à Crillon, l'ennemi était déjà hors de la portée des fusils à tabatière. Il était près de trois heures; le bruit du combat allait en s'éloignant et s'affaiblissait rapidement. Le silence s'était fait aux abords de Formerie, mais le canon retentissait encore au delà de Mureaumont, et voici ce qui se passait dans cette direction. La colonne secondaire de la mobile du Nord, qui avait été dirigée sur ce point, y arriva vers deux heures et demie sans incident remarquable, et se porta sur Formerie en suivant la route départementale. Mais en débouchant du village, à un coude que forme la route, les mobiles se trouvèrent face à face avec deux escadrons de cavalerie, rangés en bataille à une très-petite distance; les ennemis semblaient se préparer à fondre sur eux, mais ils démasquèrent tout à coup une section d'artillerie mise en batterie au milieu de la chaussée, et les artilleurs chargèrent précipitamment, sans doute pour exécuter un tir à mitraille qui, à une si faible portée, eût été des plus meurtriers. Les nôtres durent se replier et se reformer à l'autre extrémité du village. Ils étaient là depuis quelque temps, lorsque la cavalerie ennemie parut à douze ou quinze cents mètres; elle semblait suivre le chemin de Boutavent à Colagnies. Aussitôt notre artillerie tira sur elle. A un moment où un gros de uhlans était de pied ferme, un obus bien dirigé vint éclater au milieu des rangs et y jeta le désordre; ce fut le signal d'une retraite qui s'effectua précipitamment par Campeaux et Songeons. Bon nombre de fantassins de la garde, forcés de changer de direction et de se jeter à la traverse, passèrent dans des terrains détrempés par la pluie, et y laissèrent leurs bottes, que les habitants ébahis trouvèrent le lendemain dans leurs champs.

Ce combat, dans lequel les soldats du bataillon de marche et les mobiles du Nord et de l'Oise montrèrent beaucoup de solidité et d'entrain, leur coûta six hommes tués ou atteints mortellement, et une vingtaine de blessés, dont deux officiers, les capitaines Alavoine et Dornat. L'ennemi, de son côté, accusa dix tués, dont un sous-officier de l'infanterie de la garde, et une douzaine de blessés qui entrèrent le lendemain à l'hospice de Beauvais.

Ainsi, grâce à la résistance énergique du capitaine Dornat, qui, avec sa seule compagnie, tint longtemps l'ennemi en respect, luttant dans la proportion d'un contre dix; grâce au concours d'une fraction du 1er bataillon de l'Oise; grâce surtout à l'heureuse intervention des mobiles du Nord, l'ennemi avait subi à Formerie un échec complet. Arrivé en déroute à Beauvais dans la nuit du 28 au 29, le général Senfft annonçait à Clermont qu'ayant rencontré l'ennemi à Formerie, il avait été forcé de se replier avec perte : *zum Rückzug unter Verlust gezwungen*[1]. Il s'attendait à être attaqué par nous; il s'apprêtait même à évacuer Beauvais, et le détachement de Clermont avait reçu l'ordre de s'apprêter à le recueillir, en se portant par Mouy sur Noailles, pour occuper le défilé de Silly.

Mais la mobile du Nord s'étant retirée sur Grandvilliers, et le colonel d'Espeuilles se maintenant sur la défensive, le général saxon se remit peu à peu de son émotion, qui fut bientôt complétement dissipée

---

[1] Voy. *Das k. s. Garde-Reiter Regiment im Feldzuge* 1870-1871. Pirna.

par une nouvelle aussi rassurante pour lui qu'accablante pour nous. Dans la journée du 27 il fit afficher à Beauvais et communiquer aux journaux l'avis suivant, qui est par lui-même assez significatif : « La » reconnaissance d'hier à Formerie a montré que » le bourg était occupé par deux bataillons. Après » une courte canonnade, le détachement revint sur » Songeons et Beauvais, et empêcha l'ennemi d'attein- » dre son but, qui était de lui couper la retraite dans » la direction de Marseille. Nos pertes ont été de » quatre morts et douze blessés. » Comme les Allemands, en général, n'avaient pas l'habitude de nous faire connaître les rapports de leurs opérations, l'avis du général Senfft aurait pu paraître singulier s'il ne se fût terminé par la phrase suivante, qui était pour lui une consolation à son échec de Formerie, et pour nous l'annonce d'un nouveau désastre, dont les conséquences seront désormais irréparables : « Le 27 de » ce mois, à cinq heures du soir, Metz a capitulé. »

CHAPITRE VI.

Événements sur la rive droite de la Seine dans la première quinzaine de novembre. — Capitulation de Metz (27 octobre). — Négociations de M. Thiers à Versailles. — Rencontres de Mainneville (30 octobre) et de Formerie (3 novembre). — Embuscades de Suzay et de Richeville (2 et 3 novembre). — Embuscades du Montchel (31 octobre) et de Maignelay (2 novembre). — Embuscade d'Étrépagny (5 novembre). — Rencontre du Thil (6 novembre). — Embuscades de Gommecourt (1ᵉʳ, 4 et 6 novembre). — Sac de Guitry et de Forêt-la-Folie (7 novembre). — Embuscade de Bazincourt (8 novembre). — Incendie d'Hébécourt (10 novembre). — Expédition des Saxons à Ravenel (16 novembre).

Les petits succès de Villegats et de Formerie avaient relevé le moral des défenseurs de la Normandie, en leur montrant que leurs adversaires, Bavarois ou Hanovriens, Saxons ou Prussiens, n'étaient pas invincibles. Mais cette confiance fit presque aussitôt place à un découragement profond quand, à la fin d'octobre, on eut la confirmation de la fatale nouvelle annoncée par le général Senfft aux habitants de Beauvais, et que l'on connut la capitulation de Metz. Cette catastrophe, qui livrait à l'ennemi notre dernière armée régulière, anéantissait du même coup notre dernière espérance. On sentait que la lutte devenait impossible ; on commençait à parler de la paix ; et dans ce moment même, M. Thiers, après avoir tenté de réveiller en notre faveur les vieilles sympathies européennes, faisait à Versailles, pour obtenir un armistice, de patriotiques efforts que secondaient la Russie et l'Angleterre. Cette démarche politique, de la plus haute gravité, influait nécessairement sur la situation de nos armées de province, et c'est pour ce motif que, dans les premiers jours de novembre, il n'y a nulle part à signaler autre chose que des rencontres ou des opérations de peu d'importance au point de vue militaire ; si nous exceptons toutefois le mouvement de la II° armée allemande, que ces négociations favorisaient et qui allait faire échouer les efforts de l'armée de la Loire.

Au lendemain même du combat de Formerie, le général Briand, qui avait à peine eu le temps de connaître ses troupes, fut mis, sur sa demande, en disponibilité pour cause de santé. Il est probable qu'il avait rencontré les mêmes difficultés que son prédécesseur, et que la raison alléguée n'était pas la raison véritable, car il fut placé peu de jours après à la tête de la 1re brigade du 18° corps d'armée, en formation à Nevers. Le colonel de Tucé, du 12° chasseurs, promu au grade de général de brigade, remplaça le général Briand dans la 2° division militaire, qui, par suite de l'organisation des régions de l'ouest et du nord, se trouvait réduite à la subdivision de la Seine-Inférieure. Néanmoins ce dernier commandement ne cessa pas d'exister, et il fut dévolu au colonel d'Espeuilles, qui conserva en même temps la direction militaire dans le pays de Bray.

A la suite du combat de Formerie, ce bourg resta gardé par le 1er bataillon de la mobile de l'Oise ; en outre, le colonel d'Espeuilles fit faire de fréquentes patrouilles par ses hussards, qui, le 30 octobre, poursuivirent à Mainneville les uhlans du 1er régiment de la garde prussienne, et aux environs de Formerie, le 3 novembre, ceux du 18° régiment saxon ; ils firent un prisonnier dans chacune de ces rencontres. Le 1er novembre, Gournay fut réoccupé par le 5ᵉ bataillon de marche (commandant Barreau) et le 8ᵉ bataillon des mobiles du Pas-de-Calais (commandant Darceau).

Dès le 28 octobre, les 2ᵉ et 3ᵉ bataillons de la mobile de l'Oise (commandants Labitte et Leclère), qui, avec le premier, formaient le 53ᵉ régiment de mobiles (lieutenant-colonel de Canecaude), avaient été dirigés du Havre sur les Andelys, puis sur Cuverville et sur Fresne-l'Archevêque, où ils inaugurèrent leur entrée en campagne par deux rencontres heureuses avec la cavalerie ennemie. Le 2 novembre, une compagnie postée de grand'garde dans les bois de Suzay fit feu sur une patrouille de uhlans du 3ᵉ régiment de la garde et la mit en fuite après lui avoir tué un sous-officier. Le lendemain, les uhlans étant revenus en petit nombre pour chercher le cadavre de leur camarade, essuyèrent de nouveau la fusillade des mobiles aux abords de Richeville ; dans cette seconde affaire un uhlan fut tué, un autre blessé, et un sous-officier fait prisonnier. Comme ces escarmouches avaient lieu près de nos cantonnements, les Prussiens n'essayèrent point d'en tirer vengeance.

Dans l'Oise, au même moment, les patrouilles saxonnes n'étaient pas mieux accueillies. Le 31 octobre, les dragons de la garde s'étant avancés jusqu'aux portes de Montdidier, essuyèrent une fusillade aux environs du moulin de Montchel, et perdirent un des leurs. Étant retournés dans la même direction le 2 novembre, ils tombèrent entre Maignelay et Plainval dans une embuscade dressée par les éclaireurs du 3ᵉ bataillon de la mobile du Gard (capitaine Bayle). Après avoir eu deux ou trois hommes et autant de chevaux tués ou blessés, les dragons s'enfuirent, laissant entre les mains des mobiles un prisonnier; le nombre en eût été plus considérable, si certains habitants de la contrée, sans doute pour s'attirer les bonnes grâces de ces fourrageurs, n'en avaient caché quelques-uns, qu'ils renvoyèrent ensuite à Clermont; l'ennemi lui-même ne laissa pas de trouver cette conduite extraordinaire dans un pays aussi fanatisé que le nôtre : *Gewiss ein seltenes Vorkommniss in diesem so fanatisirtem Lande* [1].

Le 5 novembre, de grand matin, sept uhlans du 1er régiment de la garde prussienne, partis de Gisors en reconnaissance, traversaient Étrépagny. En débouchant de cette ville vers le Thil, ils essuyèrent le feu d'une douzaine de tirailleurs havrais de la 1re compagnie, embusqués en cet endroit, et tournèrent bride aussitôt, poursuivis par les balles; l'une d'elles coupa la bride d'un cheval dont le cavalier roula désarçonné. Le chef de la patrouille mit pied à terre, aida son compagnon à se remettre en selle, après quoi ils reprirent ensemble leur course vers Gisors; mais, arrivés à la sortie d'Étrépagny, ils se trouvèrent de nouveau face à face avec d'autres francs-tireurs qui leur barraient le passage. Le chef de la patrouille rebroussa chemin; jugeant la position critique, il avait d'abord fait signe qu'il voulait se rendre; mais, apercevant tout à coup sur sa droite un sentier qui conduisait dans la plaine, il s'y engagea résolûment et parvint à s'échapper sain et sauf dans la direction de la Broche, en franchissant les haies et les clôtures. Quant au cavalier dont le cheval avait été blessé, après avoir fait des prodiges pour essayer de s'échap-

[1] Voy. *Das k. s. Garde-Reiter Regiment im Feldzuge* 1870-1871. Pirna.

per, il tomba vivant entre les mains des francs-tireurs; et ceux-ci, sans doute pour honorer le courage de leur prisonnier, lui décernèrent une ovation.

Chassés le matin, les uhlans revinrent l'après-midi rôder dans les environs d'Étrépagny, et la municipalité fut prévenue dans la soirée que cette ville gênait les mouvements des Prussiens, qu'ils l'avaient marquée au crayon rouge sur leurs cartes et devaient en faire un exemple le lendemain. La commission municipale résolut de se défendre, et plusieurs délégués partirent dans la nuit pour aller demander des secours aux autorités civiles et militaires. Sur les instances du sous-préfet des Andelys, le lieutenant-colonel de la mobile de l'Oise consentit à envoyer en reconnaissance, dans la direction d'Étrépagny, le 2° bataillon de son régiment (commandant Labitte), alors cantonné à Fresne-l'Archevêque. De son côté, le lieutenant-colonel Laigneau, prévenu pendant la nuit par l'adjoint d'Étrépagny, donna des ordres pour qu'on réunît à Écouis diverses troupes dont il devait prendre lui-même le commandement.

Mais le jour allait poindre avant que ces ordres fussent transmis, et, à cette heure, les Prussiens étaient déjà partis de Gisors. A la grande surprise des rares habitants d'Étrépagny qui n'avaient pas émigré, l'ennemi traversa cette ville sans s'arrêter, y laissant seulement une centaine de fantassins pour en garder les issues; après quoi le reste du détachement, fort en apparence de 5 à 600 hommes, infanterie et cavalerie, avec deux canons, poursuivit sa marche sur le Thil. Les mobiles de l'Oise, de leur côté, partis en reconnaissance, traversaient ce dernier village vers sept heures du matin; marchant d'assurance, ils ne se doutaient nullement du voisinage aussi rapproché de l'ennemi, quand, en sortant du Thil, ils se trouvèrent tout à coup face à face avec les uhlans, qu'ils saluèrent d'une décharge. Les Prussiens, qui ne négligeaient jamais d'éclairer leur marche, avaient reçu l'avis de la présence des mobiles, avis malheureusement venu de chez nous; ils étaient sur leurs gardes. Leur cavalerie s'était mise en bataille au lieu dit le Plant-Pinchon, et l'artillerie avait pris position près de la Garenne, tandis que l'infanterie s'avançait par le chemin de Doudeauville. Après avoir couvert le Thil d'une centaine d'obus qui n'y occasionnèrent que l'incendie d'une ferme, les Prussiens, n'éprouvant aucune résistance, se ruèrent sur le village. Les mobiles de l'Oise surpris, s'étaient enfuis aux premiers coups de canon; d'autres, en assez grand nombre, s'étaient réfugiés dans les maisons, où soixante-sept d'entre eux furent faits prisonniers. Un réfugié d'Étrépagny, sur le simple soupçon qu'il pouvait bien être un franc-tireur déguisé, fut impitoyablement fusillé; deux habitants du Thil furent blessés; après quoi les Prussiens s'occupèrent de lever des réquisitions.

Cependant le colonel Laigneau, à la tête de ses chasseurs, était arrivé dans la matinée à Écouis, où il avait rallié plusieurs détachements de mobiles et deux sections d'artillerie. Vers onze heures, il arriva en vue du Thil, sur les hauteurs du Haut-Cruel, où il avait été précédé par quelques compagnies franches. A la vue de notre colonne, forte de plusieurs milliers d'hommes, qui se déployait à droite et à gauche de la route, l'ennemi s'empressa de faire partir ses prisonniers et ses réquisitions sous l'escorte de son infanterie, tandis que, pour couvrir ce mouvement, il braquait ses deux canons en avant du château du Thil, et ouvrait le feu avec autant de précipitation que de maladresse. Mais bientôt nos pièces de 12 rayé, dirigées par le lieutenant-colonel de Canecaude, se mirent en batterie sur la route, à la hauteur de Saussaye, en avant du passage à niveau du chemin de fer, et quelques coups bien pointés firent taire l'artillerie prussienne. Après cette courte canonnade, qui, à midi, avait cessé de part et d'autre, l'ennemi, déconcerté, reprit le chemin de Gisors, s'attendant sans doute à être poursuivi. Il eût été certainement facile d'anéantir cette poignée de pillards qu'on avait sous la main, de délivrer nos prisonniers et de reprendre les réquisitions ; on avait une occasion unique d'aguerrir nos troupes par un succès facile ; nos jeunes soldats, qui entendaient pour la première fois le canon français et, pour la première fois, se voyaient en bataille et pouvaient se compter, étaient animés de ce sentiment que donne aux plus timides la conscience du nombre; ils attendaient le signal de la poursuite et ils le sollicitèrent; mais ce signal ne vint pas, et les chasseurs, qui eussent suffi à la tâche, ne furent même pas lancés. Le lieutenant-colonel Laigneau était un ancien et brave militaire, couvert d'honorables blessures, mais, après avoir vu s'engloutir nos armées régulières, il n'avait qu'une médiocre confiance dans les armées improvisées ; d'ailleurs, il avait reçu l'ordre de ne pas s'engager à fond, et il l'exécuta au pied de la lettre, au grand désappointement des soldats. Vers trois heures, après s'être assuré, au moyen d'une reconnaissance, de la retraite de l'ennemi, il fit reprendre à ses troupes les cantonnements qu'elles occupaient le matin.

L'affaire du Thil eut le lendemain les honneurs d'un bulletin officiel, qui dénotait, chez celui qui l'avait rédigé, de singulières connaissances géographiques : elle occasionna quelques jours plus tard une polémique beaucoup plus vive que l'engagement lui-même, et qui ne contribua pas à augmenter la confiance des soldats dans leurs officiers. Tout en désapprouvant l'excessive circonspection de celui qui commandait au Thil, il est nécessaire de se rendre compte de ce qui se passait alors : M. Thiers avait traversé les lignes prussiennes et entamé à Versailles des négociations afin d'obtenir un armistice. La délégation de Tours approuvait-elle ces tentatives ou en prévoyait-elle l'insuccès, toujours est-il que cette démarche réagissait moralement sur les opérations ; l'hésitation et le temps d'arrêt qui se produisirent dans la marche du général d'Aurelle sur Coulmiers n'eurent point d'autre cause. En Normandie, la signature de l'armistice avait été annoncée par plusieurs journaux, et ce fut pour ces motifs que, dans la rencontre du 5 novembre, qui, avec un peu de résolution, eût été un succès certain, le colonel Laigneau s'était borné à une vaine et stérile démonstration.

Tandis que les fourrageurs de Gisors s'avançaient ainsi jusqu'au Thil, la garnison de Magny ne restait pas inactive et lançait de fréquents détachements de réquisition dans la direction de Mantes, de Vernon et des Andelys. Le 1er novembre, une patrouille du 3e régiment des uhlans de la garde, suivant la rive gauche de l'Epte, se dirigeait sur Limetz. Les cavaliers d'avant-garde, le pistolet au poing, venaient de traverser Gommecourt, lorsque, dans les bois qui séparent ces deux communes, ils essuyèrent, vers dix heures du matin, des coups de feu qui blessèrent grièvement un des leurs et mirent les autres en fuite. C'étaient des gardes nationaux de Limetz, Gommecourt, Giverny et autres communes avoisinantes qui, exaspérés par les réquisitions, s'étaient armés et organisés pour faire la chasse aux fourrageurs.

Dans la matinée du 4 novembre, les uhlans, revenus plus nombreux à Gommecourt, furent reçus de la même façon ; ayant eu de nouveau un cavalier blessé dans cet engagement, ils prirent leurs dispositions pour fouiller les taillis d'où étaient partis les coups de feu ; mais ils ne trouvèrent qu'un paysan inoffensif qui arrachait des pommes de terre sur la lisière du bois ; ils blessèrent ce malheureux et l'achevèrent à coups de lancé avec un acharnement que rien n'explique, si ce n'est peut-être la montre qu'il portait et dont il fut dépouillé. Le même jour, vers midi, les Prussiens poussent jusqu'à Limetz, qu'ils fouillent de fond en comble, mettent le feu à plusieurs habitations et se replient vers Magny.

Dans l'après-midi du 6 novembre, les uhlans du même régiment se dirigent de nouveau sur Gommecourt. Une soixantaine de gardes nationaux les attendent, postés dans les bois qui longent la route d'Aménucourt ; ils blessent un sous-officier et un uhlan, font, en outre trois prisonniers et capturent quatre chevaux.

Le 9, les Prussiens revinrent en force, au nombre d'environ 300, infanterie, cavalerie et artillerie, fouillèrent les bois sans succès, lancèrent des obus sur la Roche-Guyon et tuèrent un idiot qui s'avançait bravement à leur rencontre avec un fusil hors de service. Gommecourt en fut quitte heureusement pour des menaces d'incendie et un surcroît de réquisitions ; en outre, les habitants furent contraints de reconduire en voiture le détachement d'infanterie.

Le 3 et le 4 novembre, l'ennemi s'était également montré aux environs de Forêt-la-Folie et de Guitry ; à cette dernière date, une patrouille de quelques uhlans avait été reçue à coups de fusil par des francs-tireurs et des habitants de Forêt, qui, embusqués derrière des silos de betteraves, démontèrent un cavalier. Le lendemain de l'affaire du Thil, les Prussiens, comptant désormais sur l'impunité, envoyèrent de Gisors et de Magny, dans les directions de Mouflaines et de Fontenay, des reconnaissances de toutes armes, dont les forces réunies pouvaient s'élever à environ 1,000 à 1,200 hommes avec quatre pièces d'artillerie. Le 7 novembre, dès le matin, le détachement de Gisors arrivait à Mouflaines, celui de Magny à Fontenay, puis à Tourny, et, dans ces trois communes, les Prussiens se livraient à des actes de désordre et de pillage. Une patrouille de uhlans, envoyée de Fontenay sur Guitry et Forêt, essuya près de ce dernier village quelques coups de feu qui lui blessèrent un cheval et la firent rétrograder précipitamment. Sans punir cette agression, les Prussiens s'apprêtaient à regagner leurs cantonnements, lorsque, vers dix heures, une vive fusillade se fit entendre sur la lisière des bois de la Couarde qui sont situés sur le territoire de Guitry, entre cette commune et celles de Mouflaines et de Forêt. Voici ce qui s'était passé. Un peloton de cavalerie, allant de Mouflaines à Guitry, suivait la route d'Étrépagny à Vernon; il longeait des bois à l'extrémité desquels s'était embusqué une section de francs-tireurs de la guérilla rouennaise (capitaine Buhot) et quelques habitants de Forêt-la-Folie. Arrivés à environ trois cents pas de l'embuscade, les uhlans essuyèrent une décharge qui blessa un des leurs et força les autres à tourner bride. Le détachement de Mouflaines demanda du renfort à ceux de Fontenay et de Tourny; et, peu de temps après, l'infanterie prussienne arrivait et fouillait les bois. Après avoir tenu quelque temps les tirailleurs ennemis en respect, les francs-tireurs et les gardes nationaux sont forcés de céder le terrain; ils battent en retraite, sautant les haies, escaladant les murs et se sauvent en traversant Forêt-la-Folie. Les fantassins prussiens se mettent à leur poursuite; ils les ont vus franchir les murs de l'habitation de l'adjoint au maire, et ce malheureux est massacré sans pitié sous les yeux de sa fille, au moment où il ouvre sa porte aux assaillants. Un garde-chasse, pris les armes à la main, est criblé de balles et lardé de coups de baïonnette; mais lui, du moins, a fait le coup de feu et meurt en soldat après avoir vendu bravement sa vie [1].

Pendant que ces scènes cruelles se passent à Forêt-la-Folie, le village de Guitry, d'où n'est partie aucune provocation, est ensanglanté par une boucherie horrible. Le maire, M. Besnard, menacé plusieurs fois d'être fusillé, n'échappe à la mort que par son sang-froid, et en est quitte pour voir son habitation incendiée sous ses yeux; mais, moins heureux que lui, huit habitants qui reviennent des champs sont arrêtés et

---

[1] V. Debais : *L'Invasion prussienne dans l'arrond. des Andelys.* Évreux.

égorgés un à un. L'écrivain qui, dans un émouvant récit, a le premier retracé ces scènes sanglantes, en a justement flétri les auteurs[1]. Il n'y a qu'un mot dans la langue française pour qualifier de tels actes, ce sont des assassinats.

On a recherché les causes de la folie furieuse des Prussiens; il n'y en a qu'une seule, c'est l'ivresse causée par le pillage des caves du château de Beauregard. Quelques-uns ont prétendu que l'ennemi avait subi des pertes considérables, et que c'était là le motif de son exaspération et de ses représailles. La vérité est que, dans toute cette journée, il n'eut qu'un homme blessé; c'était un sous-officier du 3ᵉ régiment des uhlans de la garde, qui reçut une décharge de plomb de chasse, et on a vu plus haut que le garde particulier Lainé, auquel on peut attribuer ce coup de fusil, l'avait payé de sa vie.

Les Prussiens connaissaient probablement, dès le 6 novembre, l'insuccès des démarches relatives à l'armistice, et cette nouvelle n'a peut-être pas été étrangère à la rage qu'a montrée l'envahisseur en continuant les hostilités. En province, la rupture des négociations ne fut connue que dans la soirée du 7; ces tentatives avaient été une nouvelle cause de démoralisation; car, faire des ouvertures pour arriver à la paix, c'était avouer que notre état était plus que désespéré. Néanmoins les doutes avaient disparu, la situation était nette, et tant que Paris tiendrait, la France devait songer à se défendre. On savait que, par suite de la chute de Metz, les Allemands disposaient de forces considérables qu'ils allaient lancer

---

[1] V. Ernouf: *Souvenirs de l'invasion prussienne en Normandie*. Rouen.

contre nos armées de province; mais, avant l'irruption de ce nouveau torrent, on aurait pu sérieusement inquiéter les détachements ennemis qui couvraient l'armée assiégeante.

La ligne d'occupation des Allemands, qui allait au sud jusqu'à la Loire, s'étendait alors jusqu'à l'Eure sur la rive gauche de la Seine, jusqu'à l'Epte sur la rive droite, et se prolongeait au nord jusqu'aux villes de Breteuil et de Montdidier, où les Saxons envoyaient de fréquentes patrouilles. Ces troupes n'avaient alors aucun renfort à attendre de l'armée d'investissement, et on aurait dû comprendre que ce système odieux qui consiste à terrifier les populations, était un indice même de la faiblesse des détachements qui le mettaient en pratique. Par exemple, le comte de Lippe, qui formait à Beauvais et à Clermont l'aile droite de ces corps d'occupation et qui faisait face en même temps à Gournay et à Breteuil, c'est-à-dire à l'armée de Rouen et à celle d'Amiens, était dans une position critique et réduit aux expédients. C'est ainsi que, le 4 novembre, il fit concentrer à Beauvais, avec le déploiement d'une forte escorte de cavalerie, l'infanterie de la garde prussienne, qui était rappelée à l'armée de siége et qui fut relevée par des compagnies saxonnes; puis, dans la crainte que ce stratagème ne fût pas suffisant pour nous donner le change, le 5 novembre, il fit aux journaux de Beauvais la communication suivante : « 80,000 hommes » de l'armée allemande qui se trouvait devant Metz » se dirigent, à marche forcée, sur Amiens et Rouen, » sous le commandement du général de Manteuffel. » Ils arriveront sous peu de jours à destination. »

Cet avis signifiait clairement, pour qui voulait

comprendre, que les Saxons attendaient avec la plus grande impatience l'arrivée des renforts qu'ils nous annonçaient; on aurait dû profiter de cette situation, et si, à ce moment, nos troupes d'Amiens avaient attaqué le comte de Lippe, et celles de Rouen le prince Albert, elles les eussent assurément reconduits tous deux jusqu'à l'Oise; l'armée de l'Eure pouvait également refouler le général de Rheinbaben sur la rive gauche de la Seine; nous allions avoir en ce moment même une lueur d'espoir et comme un sourire de la fortune avec la reprise d'Orléans et la victoire de Coulmiers; et qui sait si Paris assiégé, au bruit du canon des armées de secours, n'eût pas tenté à son tour une sortie efficace?

Mais, au lieu d'agir de concert, nos troupes de l'Ouest demeurent isolées et inactives. Pendant que celles du Nord se constituent et s'organisent, celles de Normandie restent dans leurs positions sans même songer à se former. Depuis l'apparition de l'ennemi, c'est-à-dire depuis un mois, le commandement a déjà changé trois ou quatre fois de main sur la rive droite comme sur la rive gauche de la Seine; à peine les généraux ont-ils fait connaissance avec leurs troupes, qu'ils sont remplacés ou relevés de leurs fonctions. Ces changements déplorables vont se reproduire d'une manière incessante pendant toute la durée de la guerre, et il ne faut pas s'étonner, dès lors, s'il n'y a eu aucune suite dans les opérations de nos chefs militaires et si les soldats n'ont pas été animés envers eux de cette confiance qui est le premier gage du succès. A Lille, le général Bourbaki lutte déjà contre mille difficultés et sera bientôt sacrifié aux exigences des comités de défense; à Rouen, le général commande provisoirement; les commandements secondaires sont aussi provisoires, en sorte que, dans une semblable situation, on ne peut que répéter le mot de Napoléon Ier : « Mon Dieu! qu'est-ce qu'une armée sans chefs ! »

La petite guerre, nous voulons dire la guerre d'embuscades, va donc continuer seule, rarement heureuse et attirant presque toujours des représailles sur les communes qui en sont le théâtre.

Depuis l'occupation de Gisors, les uhlans avaient établi un poste au nord-ouest de Thierceville, sur la lisière du bois du Chaufour. Ces cavaliers jouissaient là, depuis un mois, de la sécurité la plus parfaite, quand, dans la soirée du 8 novembre, le poste retournant à Gisors essuya la décharge de quelques Vengeurs de la mort, qui, à la faveur du brouillard, s'étaient glissés dans les bois jusqu'à peu de distance de Bazincourt. Un uhlan eut le nez coupé et son cheval resta sur la place. Connaissant, pour l'avoir éprouvée, la cruauté de l'ennemi, les habitants de Bazincourt commençaient à s'enfuir avec ce qu'ils avaient de plus précieux, quand le maire, M. le comte de Briey, intervint auprès du prince Albert, et put détourner les représailles dont sa commune était menacée.

Les villages situés dans la vallée de la Levrière, l'un des affluents de l'Epte, étaient souvent visités par les patrouilles ennemies de la garnison de Gisors. Dans la matinée du 10 novembre, des Vengeurs de la mort, venus de Morgny, s'embusquèrent dans les broussailles qui entourent l'église d'Hébécourt, et firent feu sur sept à huit uhlans. L'un d'eux tomba, blessé d'une balle à la cuisse; les francs-tireurs l'achevèrent, le dépouillèrent et s'enfuirent en laissant sur la route son cadavre nu et mutilé. Dès que l'autorité militaire française connut cette atrocité, elle en traduisit les auteurs devant une cour martiale; mais les Prussiens n'attendirent pas la sentence pour exercer leurs représailles. Le soir même, Hébécourt est cerné par un escadron de uhlans; deux canons, braqués sur la route de Mainneville à Gisors, entre les hameaux des Landes et de la Perelle, brûlent et détruisent sous leurs projectiles la ferme des Monts, pendant que les fantassins du 27° régiment envahissent la partie basse du village et portent leurs torches incendiaires jusque sous le lit d'une femme en couches. Le vénérable curé d'Hébécourt est enlevé comme otage, et, à la vue de sa paroisse en flammes, cet infortuné vieillard, qu'on a maltraité et forcé de gravir au pas de course une côte escarpée, tombe pour ne plus se relever. Quant aux Prussiens, ils ne quittent le village que lorsqu'ils se sont bien assurés que sa ruine est complète.

Ainsi, pour un Prussien tué, comme à Hébécourt; pour un uhlan blessé, comme à Forêt-la-Folie, fait prisonnier comme à Étrépagny, ou simplement démonté, comme à Longchamps, les malheureux habitants sont soumis à d'horribles vengeances. Certes, ces représailles étaient iniques; mais, les habitudes de l'ennemi étant connues, il était insensé d'aller les provoquer sans motif sérieux.

Dans l'Oise, les embuscades ne produisaient guère de meilleurs résultats. Le 14 novembre, quelques francs-tireurs, en reconnaissance aux environs de Ravenel, firent feu, hors de portée, sur une patrouille de dragons saxons. Ceux-ci en furent quittes pour la peur, néanmoins ils rebroussèrent aussitôt sur Saint-Just. Là, ils apprirent qu'il y avait au château de Ravenel, et dans les ambulances de la localité, une douzaine de nos blessés de l'armée du Rhin, et ils s'imaginèrent que ces débris de nos premiers désastres, dont pas un n'était en état de tenir une arme, pouvaient bien être les auteurs de la fusillade qu'ils avaient essuyée. De retour à Clermont, ils racontèrent cette fable, en exagérant le danger qu'ils avaient couru, et l'état-major saxon ne voulut point perdre cette occasion de rendre une commune responsable des coups de feu tirés sur ses éclaireurs.

Le 16 novembre, ils revinrent en nombre; le détachement, sous les ordres du major de Funcke, se composait de deux compagnies, deux escadrons et deux canons; il arriva jusque dans Ravenel sans rencontrer la moindre résistance; là, le major saxon fit braquer ses deux pièces sur le village, et menaça les habitants d'un bombardement, s'ils ne livraient pas les agresseurs de l'avant-veille. Comme il était impossible de satisfaire à une pareille exigence, la commune fut frappée d'une contribution de guerre de 2,000 francs, le maire et l'adjoint furent emmenés comme otages, et nos malheureux blessés, après un simulacre de visite, déclarés prisonniers de guerre.

Au retour de cette brillante expédition, le major de Funcke remarqua entre Ravenel et Saint-Just, sur la commune du Plessier, un moulin à vent dont la vue l'intrigua fort. Ce moulin, qui tournait lors de son passage, s'était arrêté à son retour, et il supposa que dans cette intermittence, il pouvait bien y avoir un signal. Comme le héros de Cervantes, il résolut d'en avoir raison, mais par des procédés moins chevaleresques. Sur son ordre, et pour faire un exemple : *um ein Exempel zupel zu statuiren*[1], l'infortuné moulin fut livré aux flammes. Faisant allusion à Sans-Souci et à la Silésie, un poëte écrivait jadis :

> On respecte un moulin, on vole une province.

On voit que, de nos' jours, les Allemands ont oublié, à l'égard des moulins, l'exemple du grand Frédéric.

---

[1] V. *Das k. s. Garde-Reiter-Regiment im Feldzuge* 1870-1871. Pirna.

CHAPITRE VII.

Opérations des Allemands sur la rivière de l'Eure jusqu'à l'évacuation d'Évreux. — Rencontres de Condé-sur-Vègre (17 octobre) et d'Orgerus (18 octobre). — Combat d'Artenay (10 octobre). — Marche du général de Wittich et du prince Albert (père) sur Chartres et Dreux. — Héroïque défense de Châteaudun (18 octobre). — Occupation de Chartres (20 octobre). — Combat d'avant-postes à Chérisy. — Rencontre de Marville et catastrophe des Cinq-Chênes (24 octobre). — Occupation de Dreux (25 octobre). — Reconnaissance des Prussiens sur Anet (26 octobre). — Rencontre d'Ivry-la-Bataille. — Rencontre et incendie de Bréval. — Embuscade à Bonnières (31 octobre). — Rencontres de Boissy-Mauvoisin et de Ménerville (3 novembre). — Embuscades à Dreux (31 octobre, 5 et 7 novembre). — Rencontre de Boncourt (7 novembre). — Rencontres de Bu, de la Belle-Côte, de Boissy-Mauvoisin et de Gilles (14 novembre). — Marche du grand-duc de Mecklembourg sur Chartres et Dreux. — Combats d'Imbermais, de Dreux et de Berchères-sur-Vègre. — Rencontres de Gilles et de Châteauneuf (17 novembre). — Combats de Torçay, d'Ardelles et de Digny. — Retraite des corps d'Eure-et-Avre et de Senonches. — Rencontres de Saint-Remi-sur-Avre, de Marcilly-sur-Eure et de Gilles (18 novembre). — Rencontres de Saint-Ouen-de-Marchefroy, de Marcilly-sur-Eure et de Verneuil. — Reconnaissance des Prussiens sur Évreux et évacuation de cette ville (19 novembre). — Marche du grand-duc de Mecklembourg sur Nogent-le-Rotrou.

Sur la rive gauche de la Seine, nous avons laissé les petits corps de Dreux et du camp d'Hécourt en observation devant le général de Rheinbaben, qui se tenait en communication vers Houdan avec la 6ᵉ division de cavalerie. Les patrouilles de ces deux divisions ne cessaient de sillonner le pays. Le 17 octobre, les hussards du 3ᵉ régiment, partis de Rambouillet, allaient en reconnaissance dans la direction de Condé-sur-Vègre, lorsqu'ils essuyèrent dans les bois des coups de feu dont un de leurs officiers fut atteint. Le lendemain, les éclaireurs de la brigade de Barby, partis de Neauphle-le-Château, s'avançaient jusqu'à Houdan. Au retour de cette reconnaissance, ils tombèrent, aux abords d'Orgerus, dans une embuscade où fut blessé un uhlan hanovrien. Dès que la présence de ces cavaliers avait été signalée à Dreux, la nouvelle y avait causé un certain émoi; dans cette alerte le lieutenant-colonel de Beaurepaire périt malheureusement; en voulant observer les mouvements de l'ennemi, il tomba du haut de la chapelle funéraire des princes d'Orléans, et se tua dans sa chute [1].

Il nous faut maintenant remonter la rivière de l'Eure, afin de suivre les événements qui s'accomplirent à cette époque sur les confins du département d'Eure-et-Loir, et d'embrasser ainsi l'ensemble de la situation militaire. A la suite de l'entreprise de la 4ᵉ division de cavalerie du prince Albert (père) sur la ligne d'Orléans et de la rencontre de Toury, le grand quartier de Versailles résolut d'écraser le noyau de notre armée de la Loire : il dirigea contre Orléans le général baron de Tann-Rathsamhausen avec le Iᵉʳ corps bavarois, la 22ᵉ division d'infanterie (général-lieutenant de Wittich) et la 2ᵉ division de cavalerie (général-lieutenant comte de Stolberg-Wernigerode). Parti le 8 octobre des environs d'Étampes, le général de Tann s'avança à travers la Beauce sans rencontrer d'autre obstacle que la présence de quelques corps francs, parmi lesquels il faut citer les Partisans du Gers (capitaine d'Asies du Faur), qui lui opposèrent à Angerville la plus énergique résistance. L'issue malheureuse du combat d'Artenay (10 octobre) entraîna le lendemain la perte

---

[1] V. *Récits historiques de la garde mobile du Calvados*. Caen.

d'Orléans. Après l'occupation de cette ville, le grand quartier général prussien avait d'abord pensé à diriger le général de Tann soit sur Tours, siége du gouvernement de la défense nationale, soit sur Bourges, où s'étaient retirées nos troupes et où se trouvait notre grand établissement d'artillerie; mais le général de Tann, ayant jugé ces entreprises au-dessus de ses forces, reçut l'autorisation de se maintenir à Orléans avec le Ier corps bavarois et la division de Stolberg, en observation contre Bourges. Quant aux divisions de Wittich et prince Albert, elles reçurent l'ordre de rejoindre l'armée d'investissement, après avoir fait une forte reconnaissance dans l'Ouest, en passant par Chartres et Dreux. Leur mouvement commença le 17. Le 19, elles s'emparent des ruines de la ville de Châteaudun, après avoir rencontré là une héroïque résistance, dont le récit est encore à écrire, bien qu'on en ait publié plusieurs. Le 20, elles continuent leur marche sur Chartres, et elles y entrent le lendemain sans coup férir, par suite d'une convention conclue avec les autorités civiles [1]. Le 23 octobre, le général de Wittich reçut l'ordre de suspendre sa marche sur Paris, de rester en observation à Chartres et d'envoyer de fortes colonnes mobiles dans la direction de Dreux.

En présence des forces considérables qui la menaçaient, cette dernière ville avait été évacuée dans la nuit du 21 au 22 octobre; mais elle fut réoccupée le 23 par les 1re et 2e compagnies de fusiliers-marins de Cherbourg, le 15e régiment de mobiles du Calvados, les 1er et 2e bataillons du Lot-et-Garonne, le

---

[1] V. Wittich. *Aus meinem Tagebuche* 1870-1871. Cassel.

3e bataillon de la Manche, une demi-batterie du 7e d'artillerie, un peloton de gendarmes et une compagnie de francs-tireurs, en tout environ 7,000 hommes. Ces troupes furent placées sous les ordres du capitaine de frégate du Temple, qui prit le commandement supérieur avec le rang de général de brigade. A peine installé à Dreux, le général du Temple fit occuper Chérisy par trois compagnies du 1er bataillon du Calvados, et, le lendemain, le reste de ce bataillon, sous les ordres du commandant Reynaud, alla s'établir à la ferme de l'Épinay, en avant de la bifurcation des routes de Chartres et de Châteauneuf. Dans cette position, nos troupes étaient menacées de deux côtés à la fois : sur la droite, c'est-à-dire sur la route de Chartres, par le général de Wittich, et sur la gauche, c'est-à-dire sur la route de Paris, par le général de Rheinbaben, qui tous deux avaient l'ordre de se mettre en communication à Dreux.

Le général de Rheinbaben lança à cet effet, dans cette direction, la brigade de Barby, qui, partie le 23 octobre des environs de Neauphle-le-Château et de Pontchartrain, arriva le même jour à Houdan et poussa ses patrouilles jusque dans les villages de Havelu, Goussainville et Broué, où elles essuyèrent des coups de feu. Dans la matinée du 24, le général de Barby, dans le but de reconnaître Dreux, s'avança jusqu'à Chérisy, qu'il trouva occupé par une grand'-garde du 1er bataillon du Calvados. Arrivés à peu de distance du poste avancé des mobiles, les dragons oldenbourgeois du 19e régiment mettent pied à terre et commencent la fusillade, tandis que les uhlans du 13e régiment hanovrien se préparent à charger. Les mobiles parviennent néanmoins à rallier leur réserve.

Un seul, le garde Binet, fut tué après avoir vendu chèrement sa vie : surpris dans une maison de Chérisy par trois cavaliers, il refuse de se rendre; il couche en joue l'un de ses agresseurs et le met en fuite, mais son fusil rate et il ne lui reste que la baïonnette dont il perce un autre adversaire; saisissant un troisième à la gorge, il est sur le point de l'étrangler, quand surviennent d'autres ennemis qui le transpercent de leurs lances et fendent d'un coup de sabre la tête de ce héros obscur [1]. Traversant Chérisy, les uhlans se déploient jusqu'à la rivière de l'Eure sous le feu des mobiles postés sur la rive opposée; le capitaine baron de Durant, qui commande l'escadron ennemi, s'étant trop avancé, est démonté ainsi que son trompette. Après avoir passé la journée à explorer inutilement nos avant-postes, sans pouvoir reconnaître Dreux, le général de Barby se retire dans la soirée sur Houdan.

Le même jour, le général de Wittich avait envoyé sur la route de Chartres un premier détachement, composé d'un bataillon, de deux escadrons et d'une section de pionniers, sous les ordres du major de Conring, qui avait occupé Marville, poussant ses avant-postes jusqu'à la ferme des Yeux-Bleds. De ce côté, une section du 1er bataillon des mobiles du Calvados (capitaine Le Hardy) occupait la ferme de l'Épinay; à la tombée de la nuit, elle eut avec l'ennemi une rencontre dans laquelle un fantassin du 95e régiment prussien fut tué et un autre blessé grièvement. Environ une heure après, une fusillade autrement terrible éclatait, non loin de là, au lieu dit les Cinq-Chênes,

---

[1] V. *Erlebnisse des* 1. *hannov. Ulanen-Regiments* nº 13. Hannover.

et mettait en émoi la ville de Dreux. Voici ce qui s'était passé dans cette direction : le général du Temple, averti de la présence du faible détachement qui occupait Marville, avait conçu le projet de le surprendre par une attaque de nuit; mais dans cette tentative il se produisit une déplorable méprise; arrivés à la hauteur des Cinq-Chênes, les mobiles du 2ᵉ bataillon du Calvados se fusillèrent et s'entretuèrent misérablement [1]. Une douzaine d'hommes périrent, parmi lesquels le capitaine-adjudant-major de Chivré, du 3ᵉ bataillon des mobiles de la Manche; une soixantaine furent plus ou moins grièvement blessés. A la suite de cette catastrophe, le général du Temple se vit dans la nécessité de se replier derrière la rivière de l'Avre dans la nuit du 24 au 25 octobre.

Le 25, les uhlans se montrèrent vers onze heures du matin sur la route de Chartres, et, quelques heures après, la ville de Dreux fut occupée par une fraction de la cavalerie de la 6ᵉ division, sous les ordres du général-major de Schmidt, avec le 95ᵉ régiment d'infanterie, un détachement de pionniers et deux batteries d'artillerie. Le 26, malgré un temps pluvieux, le général de Schmidt laissa Dreux sous la garde d'une partie de ses forces, et partit lui-même à la tête d'un détachement de toutes armes dans la direction d'Anet, où il devait se mettre en communication avec la cavalerie de la brigade de Redern qui occupait Mantes. Mais cette brigade ayant devant elle, à Vernon et à Pacy, des forces respectables, ne pouvait pas découvrir son flanc droit, et elle se contenta

---

[1] V. *Récits historiques de la garde mobile du Calvados*. Caen.

d'envoyer ses patrouilles jusqu'à Gilles. Quant au général de Schmidt, il fouilla la forêt de Dreux et s'avança jusqu'à Anet, essuyant quelques coups de feu à Marcilly-sur-Eure ; puis, après avoir fait reconnaître Ivry-la-Bataille, et envoyé dans la direction de Houdan des patrouilles qui furent reçues à coups de fusil par les francs-tireurs et les gardes nationaux du pays, il revint à Dreux dans la soirée. Tandis qu'il s'était avancé sur Anet, ses pionniers avaient coupé la voie ferrée à Saint-Remi-sur-Avre, ce qui dénotait de sa part des intentions purement défensives. Il ne tarda pas, en effet, à se replier sur Chartres, et, en s'éveillant le 28 octobre, les habitants de Dreux furent étonnés de se voir débarrassés de sa présence. Le motif de cette retraite fut bientôt connu : le général du Temple, qui, à la suite de l'affaire du 24 octobre, s'était retiré sur Saint-André avec son corps de mobiles et de marins, était venu camper le 27 à Louye, au Mesnil et à Saint-Germain, sur la rive gauche de l'Avre. En outre, une concentration de troupes françaises s'opérait également vers Senonches, et le général de Schmidt avait jugé prudent de se rapprocher de Chartres et de prendre position à Theuvy et aux environs. Il resta là, en observation sur Châteauneuf et Courville, jusqu'à ce qu'il fût rappelé à Chartres, la division de Wittich ayant reçu l'ordre d'appuyer le général de Tann, auquel nos préparatifs sur la Loire avaient donné l'éveil.

Le général du Temple, de son côté, ayant dû se concentrer sur Verneuil et la forêt de Senonches dans les derniers jours d'octobre, la ville de Dreux, après le départ des Prussiens et l'éloignement des troupes françaises, se vit abandonnée aux visites alternatives ou simultanées des patrouilles ennemies et des corps francs. Depuis la fin d'octobre jusqu'à la mi-novembre, il n'y a donc aucun fait important à signaler sur la rive gauche de la Seine; chaque jour, cependant, nos reconnaissances rencontrent celles de l'ennemi, et il en résulte de légers engagements où nos fantassins ont l'avantage : les francs-tireurs dressent, sur toute la ligne de l'Eure et dans les environs de Dreux, des embuscades dans lesquelles les éclaireurs du général de Rheinbaben ou du général de Schmidt viennent donner de confiance et que nous allons énumérer sommairement.

Le 31 octobre, une patrouille des uhlans hanovriens de la brigade de Barby, partie de Houdan sous la conduite du lieutenant de Treskow, s'aventura jusqu'aux environs d'Anet et d'Ivry-la-Bataille ; elle fut poursuivie par les francs-tireurs du Puy-de-Dôme (capitaine Bezelgues), auxquels s'étaient joints des gardes nationaux du pays, et elle parvint à grand'peine à s'échapper en laissant entre leurs mains un prisonnier : dans cette rencontre, les uhlans eurent en outre un homme et plusieurs chevaux tués ou blessés.

Le même jour, une douzaine de hussards du 11ᵉ régiment, appartenant à la brigade de Redern, qui occupait Mantes et les environs, furent envoyés du Breuil en réquisition à Bréval. Assis la bride au bras dans les rues du village, ces cavaliers attendaient sans défiance la livraison des fournitures qu'ils avaient réclamées, lorsqu'ils essuyèrent une vive fusillade partie de la grille d'une habitation voisine. C'était une compagnie du 3ᵉ bataillon de la mobile de l'Eure (lieutenant Villette), qui, en reconnaissance dans ces parages, avait été avertie de la présence des fourrageurs, s'était glissée à travers le bois et avait réussi à les surprendre : dans cette affaire, deux hussards furent tués et deux autres, dont un sous-officier, mis hors de combat et faits prisonniers; il y eut, en outre, plusieurs chevaux tués, blessés ou capturés. Après ce coup de main, les mobiles regagnèrent leurs cantonnements, et les habitants de Bréval se virent abandonnés sans défense aux représailles de l'ennemi. Elles ne se firent pas attendre : le soir même, les Prussiens revinrent en force ; sous prétexte que l'officier qui commandait les mobiles était vêtu en bourgeois, ce qui n'était vrai que pour leur guide, et que les fusils avaient été chargés avec du plomb de chasse, ce qui était complétement faux, ils mirent le feu à plusieurs maisons, et ils recommencèrent le lendemain leur œuvre incendiaire, après avoir chassé les habitants de leurs demeures et les avoir fait cerner par un cordon de troupes en dehors du village.

A la même date, le détachement qui couvrait la forêt de Bizy repoussait également les éclaireurs de la brigade de Redern, venus de Mantes. La 3e compagnie du 1er bataillon de l'Eure (lieutenant Bourrey), embusquée dans les bois qui dominent Bonnières, surprenait une reconnaissance du 10e hussards, lui tuait un cavalier et regagnait son campement du Petit-Val, emmenant trois prisonniers et leurs chevaux.

Quelques jours plus tard, le colonel Mocquard, ayant repris le campement du bois d'Hécourt, résolut de déloger les Prussiens de Mantes au moyen d'un coup de main; il forma ses troupes en trois colonnes de 1,200 à 1,500 hommes chacune, et il se mit en marche, le 3 novembre, avec l'intention de tenter une surprise la nuit suivante; mais, après avoir eu à Boissy-Mauvoisin et à Ménerville de courts engagements, dans lesquels deux hussards prussiens furent tués et un troisième blessé, le général de Redern évacua Mantes à notre approche; il se retira dans la direction de Vert, laissant un détachement avec son artillerie sur les hauteurs de Magnanville et menaçant de bombarder Mantes si les nôtres continuaient leur mouvement. Dès lors, le colonel Mocquard qui ne possédait pas un canon, se vit forcé de renoncer à son expédition et de regagner ses cantonnements.

A Dreux, les patrouilles du général de Schmidt faisaient de fréquentes apparitions, et les francs-tireurs ne leur ménageaient pas non plus les embuscades, qu'ils dressaient aux portes mêmes de la ville. Le 31 octobre, sur la route de Nogent, une patrouille des uhlans de Zieten perdit trois hommes dont un prisonnier, et, le 5 novembre, au même endroit, une nouvelle patrouille du même régiment eut un uhlan tué et un autre mortellement blessé.

Le 7 novembre, un petit nombre de uhlans hanovriens, conduits par le premier lieutenant prince Alfred d'Isenbourg, se présentèrent aux portes d'Anet. Leur exploration terminée, ces cavaliers reprenaient le chemin de Houdan, quand, sur le territoire de Boncourt, ils essuyèrent la fusillade de la 4ᵉ compagnie du 2ᵉ bataillon de l'Ardèche (capitaine de Miraval). Deux uhlans blessés, dont un mortellement, restèrent avec leurs chevaux entre les mains des mobiles.

Le 11 novembre, la garnison de Mantes envoie un fort détachement de réquisition à Bonnières. Vers 10 heures du matin, 300 Allemands entrent dans la ville et canonnent sans résultat les mobiles qu'ils aperçoivent sur les hauteurs. Un feu de peloton des francs-tireurs de l'Eure (capitaine Lortie) blesse un fantassin bavarois et met en fuite le reste du détachement.

Le même jour, à Dreux, des francs-tireurs de Laigle et de Mortagne, embusqués dans la gare, y surprennent une douzaine de cuirassiers du 6ᵉ régiment prussien, dont trois sont tués, un quatrième blessé et un cinquième fait prisonnier. La ville de Dreux s'attendait à des représailles pour ce dernier coup de main; mais elle en fut préservée par la présence de forces françaises assez considérables, qui avaient été concentrées aux environs de Verneuil et de Senonches. La municipalité demanda du secours au général du Temple, qui fut autorisé à occuper la ville. Parti de Verneuil, il fit sa rentrée à Dreux le 13 novembre à la tête des forces suivantes : le 3ᵉ bataillon des fusiliers-marins de Cherbourg, placé sous les ordres du lieutenant de vaisseau Picot; le régiment de la garde mobile du Calvados (commandant de Labarthe); les 2ᵉ et 3ᵉ bataillons de la Manche, un demi-escadron de chasseurs, un peloton de gendarmes, quelques francs-tireurs, en tout, 6 à 7,000 hommes avec une batterie de pièces de 4.

La brigade de Barby, qui, depuis le 23 octobre, n'avait cessé d'occuper Houdan, avait des grand'-gardes à Goussainville, Saint-Lubin et Gressey, observant ainsi la vallée de l'Eure et envoyant fréquemment des patrouilles dans la direction de Dreux.

Dans la matinée du 14 novembre, quatre uhlans hanovriens, s'étant présentés aux environs de Bu, reçurent une décharge des francs-tireurs de la Gironde (commandant Dutrénit) et des gardes nationaux du pays; deux de ces cavaliers furent tués et un troisième blessé; un seul put s'échapper vers Goussainville d'où la patrouille était partie. Vers onze heures, les uhlans revinrent en force avec deux pièces d'artillerie, lancèrent quelques obus sur le village et incendièrent une maison. Mais le général du Temple avait été prévenu à temps : deux compagnies de marins et trois bataillons de mobiles, appuyés par une section d'artillerie, marchèrent sur Bu et débouchèrent vers trois heures de la forêt de Dreux. Les marins, la baïonnette baissée, s'élancèrent aussitôt dans le village où étaient restés quelques uhlans; mais ces derniers ne les attendirent pas; ils s'enfuirent à toute bride pour rejoindre leur escadron qui était resté en observation, et qui disparut bientôt à son tour, après avoir essuyé une vingtaine de coups de canon.

La vue de nos marins et le bruit de notre artillerie qu'il entendait pour la première fois firent croire au général de Rheinbaben qu'il allait être attaqué sur-le-champ; il s'empressa d'évacuer Houdan pour se retirer vers Gressey, et il télégraphia le soir même au grand quartier de Versailles qu'il avait rencontré, en position entre Dreux et Bu, des masses de troupes de toutes armes qui paraissaient avancer sur Houdan. Dans cette même journée, des coups de feu avaient été échangés à Rosny, à la Belle-Côte, à Boissy-Mauvoisin et à Gilles entre les éclaireurs de la brigade de Redern, venus de Mantes, et les francs-tireurs ou les mobiles;

dans ces diverses escarmouches, les hussards des 10e et 11e régiments avaient eu trois ou quatre hommes tués, blessés ou prisonniers.

Les Prussiens s'imaginèrent qu'ils avaient enfin trouvé l'armée de la Loire qu'ils cherchaient depuis Coulmiers; ils supposèrent, en outre, que les troupes du général Fiéreck et celles du général Briand avaient bien pu se réunir à cette armée pour former son aile gauche ou son avant-garde et frapper avec elle un grand coup dans la direction de Versailles. Les deux hypothèses étaient admissibles, dit un officier supérieur du grand état-major prussien, qui prêtait à nos stratégistes d'alors des conceptions dont ils étaient malheureusement incapables.

Et cependant c'était bien là le point faible et le défaut de la cuirasse allemande. Les positions occupées par nos corps de la vallée de l'Eure se trouvaient à une distance moyenne de soixante kilomètres de Versailles. Salbris et Blois, choisis comme points de concentration pour l'armée destinée à débloquer la capitale, en étaient éloignés de sept à huit étapes, et, après la reprise d'Orléans, on en était encore à cinq journées de marche. En laissant notre 15e corps sur la Loire avec la mission d'occuper le grand-duc de Mecklembourg, on pouvait concentrer sur la ligne de l'Eure le 16e corps et les noyaux qui ont servi plus tard à former les autres, les meilleurs éléments de la région de l'Ouest, et l'armée du Nord, qui allait bientôt s'affirmer d'une façon sérieuse; puis, au moyen des chemins de fer d'Amiens, du Havre, de Cherbourg et de Granville, on pouvait jeter sans peine, sur la ligne de Vernon à Pacy-sur-Eure et à Dreux, une armée de combat de plus de cent mille hommes, facilement ravitaillable, ayant son aile gauche appuyée à la Seine, et n'étant plus menacée en flanc par la marche du prince Frédéric-Charles. C'était le moyen le plus simple, le plus expéditif et peut-être le meilleur pour réunir nos forces en un seul faisceau.

En choisissant cette base d'opération, on menaçait directement le grand quartier général et le parc de siége allemands; en deux étapes, ce qui est à considérer avec des troupes jeunes et peu propres aux entreprises de longue haleine, on engageait l'action décisive sous les murs de Versailles, du côté même où l'armée de Paris, protégée par la boucle de la Seine et les feux du Mont-Valérien, avait le plus de facilités pour opérer une grande sortie, et où elle l'opéra plus tard dans de tout autres conditions, lorsqu'elle tenta son dernier et suprême effort. Une marche avec un objectif si rapproché, une bataille livrée dans de telles conditions, à la suite du succès de Coulmiers, dont la nouvelle arrivait alors à Paris et réchauffait tous les courages, auraient donné à l'armée de secours et à l'armée assiégée un élan irrésistible, et auraient forcé les Allemands à lâcher prise devant la capitale. En admettant, d'ailleurs, que cette tentative eût échoué, rien ne pouvait nous arriver de pire que ce qui nous attendait plus tard.

C'était peut-être, la fortune aidant, l'unique chance qui nous restait. Les Allemands craignaient cette combinaison, et l'officier supérieur du grand état-major prussien que nous avons cité plus haut, avoue qu'à cette époque une attaque par l'ouest avait les plus grandes chances de réussite : *So hatte die feindliche Offensive die grösste Aussicht auf Erfolg, wenn sie von*

CHAPITRE SEPTIÈME.

Westen her gegen die Cernirungs-Armee geführt wurde[1].

A la suite de la rencontre de Bu, le général du Temple avait annoncé au ministre de la guerre qu'il avait le dessein de se jeter à corps perdu dans la forêt de Rambouillet et de tenter de pénétrer jusqu'à Versailles; sa dépêche partit de Dreux le 15 à quatre heures du soir; mais, pour toute réponse, il reçut à minuit l'ordre d'expédier à Vendôme la seule batterie d'artillerie qu'il possédait. Quoi qu'il en soit, la présence de nos troupes aux environs de Houdan avait vivement éveillé l'attention de l'ennemi qui, depuis quelque temps, se creusait la tête pour deviner les projets que nous aurions pu avoir; aussi, dans la nuit du 14 au 15, l'armée de la Meuse reçut l'ordre d'envoyer sur la rive gauche de la Seine des bataillons de la landwehr de la garde rendus libres depuis la chute de Strasbourg, de manière à renforcer d'au moins une brigade l'infanterie attachée à la division de Rheinbaben.

En ce moment, le général d'infanterie grand-duc de Mecklembourg-Schwerin, qui, après Coulmiers, avait remplacé le général de Tann, faisait une forte reconnaissance dans l'Ouest, en attendant le prince Frédéric-Charles qui arrivait à marches forcées. Battant l'estrade et tâtonnant de tous côtés, cherchant l'armée de la Loire là où elle n'était pas, il avait fouillé le pays jusqu'à Chartres, prêt à remonter vers Dreux ou à se rabattre sur Orléans; tout à coup le 15 novembre il reçut de Versailles l'ordre de diriger la 17e division sur Rambouillet, pendant que le 1er corps bavarois se porterait sur Auneau. Une dé-

---

[1] Voy. Blume. *Die Operationen der deutschen Heere.* Berlin.

pêche du même jour plaçait sous ses ordres le général de Rheinbaben. Ce mouvement sur Rambouillet et sur Auneau prouve que les Allemands avaient pris pour l'avant-garde d'une armée de secours le petit corps qui occupait Dreux, et que, malgré leurs espions et leur nombreuse cavalerie, ils n'étaient pas toujours très-bien renseignés.

En réalité, notre ministre de la guerre, au lieu de songer à enlever le quartier général de Versailles, était bien plus préoccupé de couvrir le siége de la délégation de province; c'est pour ce motif qu'il avait formé lui-même ce long cordon de troupes qui garnissaient le Perche et la Beauce, et que ces divers corps échelonnés jusqu'à Dreux, sur leur gauche, recevaient de Tours des ordres directs, n'étaient aucunement reliés entre eux et ignoraient même leur existence réciproque. Lorsque les Allemands virent que nos forces concentrées aux environs de Dreux ne continuaient pas leur mouvement en avant, ils résolurent d'aller les attaquer; car ils n'avaient pas oublié une des maximes de guerre du grand Frédéric, maxime à laquelle les débuts de la campagne n'avaient que trop donné raison. Ils savaient que c'est à l'offensive qu'appartient la victoire : *dass in der Offensive der entscheidende Sieg liegt*[1] ; c'est le grand enseignement qu'ils ont tiré une fois de plus de la dernière guerre.

Le 16 novembre, la 17ᵉ division se porte de Rambouillet à Maintenon, pour marcher de là sur Dreux, de concert avec la 5ᵉ division de cavalerie qui a été renforcée par une brigade de la landwehr de la garde;

V. Perizonius : *Tactik Neu redigirte Auflage v. general Paris*. Berlin.

tandis que la 22ᵉ division, le 1ᵉʳ corps bavarois et la 6ᵉ division de cavalerie reçoivent l'ordre de s'avancer le lendemain dans la direction de Châteauneuf. Dans la journée du 16 novembre, les troupes du grand-duc Mecklembourg se trouvent donc échelonnées entre Chartres et Maintenon; le grand-duc a son quartier général à Épernon, et il l'établira le lendemain à Nogent-le-Roi.

C'est à la même date que le lieutenant général de Treskow I, aide de camp du roi de Prusse et chef de son cabinet militaire, vint prendre à Maintenon le commandement de la 17ᵉ division qui occupait cette ville, avec son avant-garde et sa cavalerie à Nogent-le-Roi. Dans l'après-midi du 16, une patrouille de nos chasseurs d'Afrique (sous-lieutenant Marochetti), partie de Dreux, rencontra les premiers éclaireurs du grand-duc aux environs de Villemeux, sur la route de Nogent-le-Roi; c'étaient des cavaliers du 11ᵉ régiment de uhlans, qui furent poursuivis jusqu'au delà de Chaudon; mais on était encore loin de s'attendre à une attaque prochaine. En l'absence de toute cavalerie, ou d'une cavalerie suffisante pour s'éclairer, nos chefs militaires en étaient réduits aux rapports des populations ou des autorités civiles, lesquelles n'étaient que trop portées à exagérer les forces ennemies et à annoncer la présence d'un corps d'armée là où il n'y avait qu'un bataillon; en sorte que, pour ne pas tenir les troupes dans des alertes perpétuelles, on en était arrivé à ne plus croire que ses yeux.

Les forces dont le général du Temple disposait pour la défense de Dreux, consistaient, comme on l'a vu plus haut, en un bataillon de marins et cinq bataillons de mobiles, un petit nombre de chasseurs à cheval, gendarmes et francs-tireurs, en tout moins de 7,000 hommes sans artillerie. Dans la journée du 17 novembre, ces troupes furent réparties, de la gauche à la droite, dans les positions suivantes : à Abondant, le 2° bataillon de la mobile de la Manche; de Chérisy à la route de Nogent-le-Roi, en arrière du Luat-Clairet, le 1er bataillon du Calvados, ayant en avant de lui, à Sainte-Gemme, une compagnie de fusiliers-marins; aux hameaux du Luat et de Nuisement, le 3° bataillon de la Manche, appuyé à sa droite vers la route de Chartres par deux compagnies de fusiliers-marins; de la route de Chartres à la petite rivière de la Blaise, en avant de Vernouillet, le 3° bataillon du Calvados; en seconde ligne, à Dreux, le 2° bataillon du même département. A la droite du général du Temple se trouvaient : à Garnay, sur la rive gauche de la Blaise, le 4° bataillon de la mobile d'Eure-et-Loir et le 2° à Tréon, sur la rive droite de la même rivière. On doit noter toutefois que ces deux derniers bataillons n'appartenaient pas au corps de Dreux; ils faisaient partie de celui qui était établi à plusieurs lieues plus loin, vers Châteauneuf et Senonches, sous les ordres du lieutenant-colonel Marty.

Pour ne nous occuper que du corps du général du Temple, on voit qu'il était déployé d'Abondant à Vernouillet, s'appuyant par sa gauche à la forêt de Dreux et par sa droite à la rivière de la Blaise, couvrant à la fois les routes de Paris et de Chartres. On sait qu'il devait être attaqué simultanément par ces deux routes, puisque les généraux de Treskow et de Rheinbaben avaient reçu l'ordre d'agir de concert contre Dreux. Pour la durée de ce mouvement, le premier disposait de treize bataillons, de neuf escadrons et de six batteries, en tout treize à quatorze mille hommes et trente-six canons; le second avait sous ses ordres neuf bataillons, trente-six escadrons et quatre batteries, total une douzaine de mille hommes et vingt-quatre pièces d'artillerie.

Le 17 novembre, à neuf heures du matin, le général de Treskow arrive de Maintenon à Nogent-le-Roi avec le gros de sa division. Il lance aussitôt son avant-garde sur Dreux, en longeant la rive gauche de l'Eure, et envoie en même temps une patrouille sur la rive droite de cette rivière, pour se mettre en communication avec la 5ᵉ division de cavalerie et la landwehr de la garde. Depuis son départ de Maintenon, un escadron de hussards flanque sa marche sur sa gauche, passant par Néron, Ormoy, le Boullay-Mivoye, et se portant, par Marville, dans la direction du hameau d'Imbermais. Le général ennemi paraît d'abord avoir l'intention de passer la rivière de l'Eure entre Villemeux et Ecluzelles, pour donner la main au général de Rheinbaben; mais en présence de la difficulté et du danger qu'il y aurait à franchir cette étroite vallée si près de nos cantonnements, il renonce à ce projet. C'est pourquoi il fait appuyer sur sa gauche le gros de sa division, pour gagner la route de Dreux à Chartres, en se dirigeant de Chaudon sur Marville. Vers une heure et demie, il occupe les positions suivantes : son avant-garde est à Charpont, et le gros de sa division un peu au nord de Marville; un de ses bataillons occupe Blainville et sa brigade de cavalerie se tient au sud de ce village.

Tandis que le général prussien prenait ces dispositions, on ignorait à Dreux sa présence aussi rapprochée, bien qu'à ce moment quelques coups de feu eussent déjà été tirés par nos avant-postes sur une patrouille de uhlans aux environs de l'église de Luray. Sur des avis annonçant l'arrivée de l'ennemi à Nogent-le-Roi, le général du Temple s'était contenté de doubler les grand'gardes et de faire occuper le Luat et les petits bois de Vernouillet par des compagnies de fusiliers-marins. Le reste de ses troupes s'occupait de distributions ou s'apprêtait pour des manœuvres, lorsque, vers deux heures, la fusillade se fit entendre sur les hauteurs de Rieuville. Bientôt la canonnade éclata dans la même direction, et, comme les nôtres n'avaient pas d'artillerie, il devenait évident que nos avant-postes étaient attaqués. Aux premiers coups de feu, le général du Temple s'était porté à environ un kilomètre de Dreux, à l'embranchement des routes de Chartres et de Châteauneuf, où se trouvaient deux compagnies de marins (lieutenants de vaisseau Servan et Lemercier-Moussaux); il vit tout de suite qu'il avait affaire à des forces considérables, et ses troupes furent aussitôt réparties dans les positions que nous avons précédemment indiquées.

Voici ce qui s'était passé sur la route de Chartres, où se trouvait le gros de la 17ᵉ division, sous les ordres du général-major de Kottwitz. Les premiers éclaireurs ennemis venus pour fouiller le pays, ayant essuyé des coups de feu sur la lisière du bois de Chambléan, s'étaient aussitôt repliés sur Blainville; peu après, une batterie à cheval, appuyée par deux escadrons du 11ᵉ uhlans, sous les ordres du colonel comte de Solms-Wildenfels, prenait position dans la plaine et couvrait d'obus le hameau et les bois de

Chambléan ; en même temps deux compagnies du 89⁰ régiment de grenadiers mecklembourgeois, parties de Marville, pénétraient dans Imbermais, après avoir contourné ce hameau à l'est et au sud. C'étaient les deux bataillons isolés, placés à la droite du général du Temple, qui allaient essuyer le premier choc.

Le commandant Bréqueville, du 2⁰ bataillon d'Eure-et-Loir, cantonné à Tréon et au hameau de Fort-Ile, avait rassemblé à la hâte ses compagnies et était parti à leur tête, avec l'intention de cerner à Imbermais le faible détachement dont la présence lui avait été signalée ; mais, dans le même moment, le lieutenant-colonel de Boehn, à la tête du bataillon de fusiliers du 76⁰ régiment hanséatique [1], s'y dirigeait de son côté ; et lorsque les mobiles débouchèrent des bois sur un front peu étendu et par un mauvais chemin de traverse, leur tête de colonne fut accueillie par une fusillade meurtrière partie des murs crénelés d'une ferme d'où les Mecklembourgeois tiraient à l'abri. Les nôtres se rejetèrent aussitôt sur la lisière des bois et, bien que surpris par cette attaque, ils ripostèrent énergiquement ; mais, au bout d'un quart d'heure, les renforts du lieutenant-colonel de Boehn entrèrent en ligne, et les mobiles, ayant perdu leur chef de bataillon, furent forcés d'abandonner le terrain. Dans ce court engagement, la compagnie d'Eure-et-Loir, qui formait l'avant-garde et qui seule avait pu se déployer, eut douze hommes tués et sept blessés [2]. Les autres compagnies furent ralliées, ramenées à Tréon, et prirent position sur la rive gau-

---

[1] Voy. *Das 2ᵗᵉ hanseatische infanterie-Regiment* n° 76. Hamburg.
[2] Voy. Hanquet, *Rapport sur le combat de Tréon*. Châteaudun.

che de la Blaise sans être inquiétées par l'ennemi, qui, ayant atteint son but, se rabattit sur sa droite pour continuer à fouiller le terrain.

Le bois de Chambléan était occupé par une compagnie du 4ᵉ bataillon d'Eure-et-Loir (commandant de Castillon de Saint-Victor); pour l'en déloger, l'ennemi fit avancer une batterie, et les obus forcèrent bientôt les nôtres à repasser la Blaise, dans la direction de Garnay, vivement poursuivis par le lieutenant-colonel de Boehn, qui occupa le défilé.

Une autre compagnie du même bataillon, établie de grand'garde dans le bois des Cinq-Chênes, essaya de s'y maintenir malgré la disproportion du nombre; mais le major de Koppelow, avec un demi-bataillon du 89ᵉ, s'avança sous la protection d'une batterie par la ferme des Yeux-Bleds sur l'Épinay, et, retranchés derrière les murs crénelés de ce hameau, les grenadiers mecklembourgeois refoulèrent les mobiles sur la route de Châteauneuf et le bois de Marmousse. De cette nouvelle position, les nôtres dirigèrent encore sur l'ennemi, qui débouchait de l'Épinay, une fusillade soutenue; mais, assaillis de nouveau par les obus, ils se virent bientôt contraints d'abandonner ces bois à l'ennemi. Dans ces divers engagements, les 2ᵉ et 4ᵉ bataillons d'Eure-et-Loir avaient eu dix-huit hommes tués, dont deux officiers, le commandant Bréqueville et le capitaine Roche, dix-sept blessés et huit prisonniers ou disparus.

Tandis que sur notre droite les mobiles d'Eure-et-Loir étaient ainsi rejetés au delà de la Blaise, le colonel de Manteuffel, à la tête de l'avant-garde, s'était avancé sur notre gauche de Charpont jusqu'au village de Luray, qu'il trouva dégarni; vers trois heures de l'après-midi, il faisait attaquer le Luat-Clairet par le major de Gaza, commandant le 14ᵉ bataillon de chasseurs mecklembourgeois. Le Luat n'était que faiblement gardé par une compagnie du 3ᵉ bataillon de la Manche, renforcée au début de l'action par une autre compagnie du même bataillon. Après une courte mais vive résistance, les mobiles de la Manche durent abandonner le Luat pour occuper en arrière les bois de la Garenne, qui offraient une position plus avantageuse, et où se trouvait une partie du 1ᵉʳ bataillon du Calvados. Presque aussitôt deux batteries, placées sur les hauteurs qui s'élèvent au sud du Luat, couvrent ces bois de leurs projectiles, et les mobiles sont encore une fois dans la nécessité de céder cette nouvelle position à l'ennemi. Le 1ᵉʳ bataillon du 90ᵉ régiment mecklembourgeois pousse alors une pointe sur le hameau de Sainte-Gemme, mais bientôt il se replie devant l'énergique résistance des marins qui défendent ce point, et qui ne l'évacuent que sous le feu d'une nouvelle batterie vomissant ses obus des hauteurs du village de Saint-Denis-de-Moronval.

Pendant cette attaque du colonel de Manteuffel et de l'avant-garde sur notre gauche, le gros de la division ennemie portait son principal effort contre notre centre, à Nuisement et à Rieuville. Le hameau de Nuisement, ainsi qu'on l'a dit plus haut, était occupé par le reste du 3ᵉ bataillon de la Manche, qui s'étendait par sa droite jusqu'à la route de Chartres, où il était appuyé par les deux compagnies de marins postées là dès le début de l'action. C'est sur ce point que se concentre la résistance. Sur l'ordre du général de Treskow, un bataillon du 89ᵉ régiment de grenadiers mecklembourgeois, couvert par une longue ligne de tirailleurs, s'avance pour attaquer Nuisement; à cette vue, les braves marins de l'équipage de « la Gauloise » veulent s'élancer à la baïonnette; mais chaque fois qu'ils essayent de déboucher de leurs positions, une grêle d'obus les force à y rentrer. Croyant avoir aperçu nos cavaliers dans la direction du Luat, le général prussien y lance aussitôt sa brigade de cavalerie; protégé par le feu de son artillerie, le major de Zeuner, à la tête du bataillon mecklembourgeois du 89e, continue sa marche sur les plantations qui s'étendent au sud-est de Nuisement; déjà ses tirailleurs, derrière lesquels s'avancent des compagnies serrées en masse, vont atteindre le hameau; nos marins, qui ne tirent plus, les laissent s'approcher jusqu'à la lisière des jardins et les reçoivent tout à coup par une décharge meurtrière qui éclaircit les rangs ennemis; mais d'autres tirailleurs se détachent des réserves et ne tardent pas à remplacer ceux qui sont mis hors de combat. Les mobiles du 3e bataillon de la Manche, bien qu'armés de mauvais fusils à piston, n'en soutiennent pas moins énergiquement la lutte; et le capitaine de Mons, qui leur donne l'exemple, tombe à leur tête mortellement frappé. Menacés d'être enfermés dans ce cercle de feu qui va se rétrécissant, nos soldats, après avoir tenu quelque temps l'ennemi en échec, évacuent Nuisement et se replient au nord dans la direction de Rieuville, poursuivis par les volées de l'artillerie et menacés sur leur gauche par les chasseurs qui débouchent du Luat. Notre centre étant ainsi refoulé, le général de Treskow s'avance avec le gros de ses forces par la route de Chartres, ayant à sa gauche son infanterie serrée en masse, à sa droite et à la même hauteur son artillerie. Cependant le général du Temple avait appelé à lui deux autres compagnies de fusiliers, conduites par le lieutenant de vaisseau Picot; nos marins s'embusquent dans un petit bois qui borde la route de Chartres, un peu en arrière de Nuisement; sur l'ordre de leurs chefs, ils laissent approcher, sans tirer, les premiers cavaliers ennemis; le commandant du 2ᵉ bataillon du 89ᵉ régiment mecklembourgeois, qui forme la tête de colonne, croit ces bois inoccupés et marche d'assurance; mais, arrivé à environ deux cents pas, il s'aperçoit de sa méprise, et, se retournant vers sa troupe, il fait commencer le feu; nos marins y répondent par une décharge meurtrière; tous les Mecklembourgeois tourbillonnent et tombent; les uns sont mortellement atteints et mordent la poussière; la chute des autres n'est qu'une ruse : ils attendent, pour se relever, que leur artillerie les ait dégagés. L'aplomb de ces trois ou quatre cents hommes qui attendent de pied ferme le gros d'une division frappe l'ennemi d'étonnement; le général de Treskow voit bien qu'il a affaire à des troupes solides et bien commandées : *Dass man es hier mit einer tüchtigen und gut geführten Truppe zu thun habe*[1]. Pour vaincre leur résistance, il fait avancer deux batteries et couvre le bois de projectiles; pendant vingt minutes, nos marins combattent sous une véritable pluie de fer et de plomb. Heureusement ce tir, mal dirigé, passe au-dessus de leurs têtes, et le général du Temple, qui est à cheval au premier rang, essuie, sans être atteint, plusieurs

---

[1] V. Fischer. *Die* 17. *Infanterie-Division im Feldzuge* 1870-71. Berlin.

coups de mitraille. Sur notre gauche, une autre batterie établie près de Nuisement canonne à outrance nos troupes en retraite sur Rieuville. C'est en vain que de ce côté le commandant de Labarthe, de la garde mobile du Calvados, essaye, par un retour offensif, de regagner le terrain perdu; c'est en vain que nos énergiques marins, auxquels leurs chefs donnent l'exemple, veulent prolonger la lutte malgré les pertes sérieuses qu'ils ont subies; le général de Malherbe, accouru de Nonancourt au bruit du canon, juge la résistance désormais impossible, et donne le signal de la retraite. Il est quatre heures et demie; c'est assez d'avoir tenu en échec pendant plus de deux heures des forces doubles des nôtres et une nombreuse artillerie, à laquelle nous n'avons à opposer que de mauvais fusils. Nos troupes se rallient sur le talus du chemin de fer et se replient sur Nonancourt, pendant que l'ennemi se masse sur les hauteurs de Rieuville. Le général du Temple forme l'arrière-garde avec son bataillon de fusiliers-marins, qu'il est forcé d'arracher au combat : la contenance de cette belle troupe en impose tellement à l'ennemi, qu'il n'ose la poursuivre ni même la suivre, et se borne à saluer son départ par des hurrahs de triomphe. Le général de Treskow paraît si impressionné, qu'il ne veut pas faire son entrée à Dreux avant de s'être assuré de sa complète évacuation par nos soldats. Il fait mander le maire à l'entrée de la ville, et quand, sous la menace d'un bombardement, il a obtenu de lui l'assurance que le dernier des défenseurs en est parti, il la fait occuper par son avant-garde, attendant la nuit pour y entrer lui-même.

Dans cette journée, les pertes de l'ennemi, constatées par nos propres ambulances, furent de sept tués et de quarante-huit blessés, appartenant, pour la plupart, au 89° régiment mecklembourgeois qui avait essuyé le feu de nos marins. Nos troupes, en y comprenant les mobiles d'Eure-et-Loir, comptèrent trente-quatre tués, dont trois officiers, et une soixantaine de blessures sérieuses. L'ennemi ne nous fit que quelques rares prisonniers, et, pour en grossir le nombre, il enleva dans nos hôpitaux une vingtaine de convalescents précédemment blessés à Épernon, à Chérisy et dans la catastrophe des Cinq-Chênes.

Si le général du Temple put soutenir pendant plus de deux heures une lutte aussi disproportionnée, et si le général de Malherbe put opérer sans encombre sa retraite sur Nonancourt, ils le durent principalement à une circonstance tout à fait fortuite qui se produisit sur leur gauche au moment même du combat de Dreux, et qui empêcha le général de Rheinbaben d'y prendre part.

Notre corps d'observation de la vallée de l'Eure se composait, à la date du 17 novembre, des régiments de la mobile de l'Ardèche et de l'Eure, du 6° bataillon de la Loire-Inférieure, des éclaireurs de Normandie et des francs-tireurs de l'Eure, du Puy-de-Dôme et de Seine-et-Oise, en tout sept à huit mille hommes récemment armés de fusils Snider ou Chassepot; il était placé depuis quelques jours sous les ordres du lieutenant-colonel Thomas, de la mobile de l'Ardèche, lequel avait remplacé le colonel Mocquard, retourné avec son régiment sur la rive droite de la Seine.

Le colonel Thomas, qui avait placé le centre de son commandement à Aigleville, avait pour mission d'occuper la ligne de Vernon à Pacy-sur-Eure et Ivry-la-Bataille, et de maintenir l'ennemi au delà de la rivière de l'Eure, sans chercher, de son côté, à la franchir. Chaque jour les reconnaissances et les patrouilles échangeaient des coups de fusil dans cette contrée, notamment à la Belle-Côte, à Boissy-Mauvoisin, à Bréval et à Gilles, où les mobiles et les francs-tireurs malmenaient les patrouilles des 10e et 11e hussards qui éclairaient la brigade de Redern. Les gardes nationaux de Rouvres, de Saint-Ouen et de Berchères s'étaient mis de la partie, et, grâce à leur connaissance du terrain, ils inquiétaient sérieusement les fourrageurs. Le 16 novembre, à la suite d'une chasse qu'ils leur avaient donnée, ces gardes nationaux demandèrent aux mobiles, cantonnés à Ivry-la-Bataille, et chargés d'empêcher les réquisitions dans la vallée basse de la Vègre, un appui qui leur fut promis pour le lendemain.

Le 17 novembre, la 1re compagnie du 2e bataillon de l'Ardèche, partie d'Ivry-la-Bataille en reconnaissance, poussait jusqu'au hameau de Marchefroy, où elle s'arrêtait vers dix heures du matin. Là, elle envoyait à la découverte une patrouille d'une douzaine d'hommes, qui, contournant les vallons et passant par Berchères et la Ville-l'Évêque, arrivait par le bois de la Butte et le hameau de la Fosse-Louvière, en face des avant-postes de la brigade de Barby. En même temps, les gardes nationaux de Rouvres et des environs s'avançaient par le bois d'Illiers, traversaient la Vègre au moulin de Billy, puis se portaient vers le hameau du Cornet, en traversant celui de Biennouvienne. A mesure que les mobiles et les gardes nationaux s'approchaient, les vedettes ennemies se repliaient, tirant de temps à autre un coup de pistolet comme signal. Ces cavaliers étaient les mêmes uhlans hanovriens qui avaient perdu quelques-uns des leurs aux environs de Bu, les 14 et 15 novembre; c'étaient eux qui avaient alors donné l'alarme au général de Rheinbaben, et, depuis cette époque, ils n'avaient pas débridé. Ils étaient cantonnés au hameau de Brunel, au sud de Gressey, couverts par une grand'garde établie au hameau des Friches et par des vedettes échelonnées de Saint-Lubin-de-la-Haye au Cornet.

Le général de Rheinbaben prenait ses dispositions pour appuyer à Dreux le général de Treskow, lorsque la présence de nos mobiles et de nos gardes nationaux lui fut signalée. Averti le premier à Richebourg, le général de Barby se mit aussitôt sur ses gardes, comme s'il allait avoir sur les bras toutes nos forces réunies de la rive gauche de la Seine. Cependant le seul renfort arrivé aux nôtres dans cet intervalle était la section des francs-tireurs de l'Iton (capitaine Houdellierre), forte de vingt-huit hommes. Ces francs-tireurs, campés sur la côte Robin, à l'est de Rouvres, avaient aperçu ce qui se passait, et, traversant la vallée, ils étaient venus s'établir, vers midi, dans le bois de la Butte.

En ce moment, on n'entendait plus que quelques rares coups de fusil. Les uhlans du 13ᵉ régiment s'étaient retirés en arrière de Brunel; les gardes nationaux occupaient le hameau des Friches, et les mobiles la ferme de Biennouvienne. Vers une heure de l'après-midi, le général de Barby, arrivé avec des renforts et ayant eu tout le temps de reconnaître la faiblesse numérique de ses adversaires, prend tout à coup une vigoureuse offensive. Il dirige sa cavalerie, 13ᵉ uhlans et 9ᵉ dragons, sur le Méziard, la landwehr de la garde sur Biennouvienne, tandis qu'il fait ouvrir le feu par son artillerie, mise en batterie sur les hauteurs du Cornet. Aux premiers coups de canon, les nôtres, qui croyaient n'avoir affaire qu'à quelques uhlans, s'aperçoivent que la lutte est impossible; ils battent en retraite, en continuant toutefois à tirailler; les gardes nationaux de Rouvres se replient par Billy et Berchères; ceux de la Ville-l'Évêque et les mobiles se retirent en plaine dans la direction de la Fosse-Louvière, en se couvrant de tous les obstacles qu'ils rencontrent. Les landwehriens fouillent les fermes de Biennouvienne et du Cornet et y font une razzia de tous les hommes valides qui sont gardés à vue au hameau de la Mare. Les douze mobiles de l'Ardèche, qu'accompagnait encore une dizaine de gardes nationaux de Berchères et de la Ville-l'Évêque, ont gagné la lisière du bois de la Butte où se trouvent les francs-tireurs de l'Iton. Le feu a cessé, et l'on pourrait croire l'escarmouche terminée; mais ce n'est qu'un moment de répit pendant lequel le général de Barby prend ses dispositions pour déloger les nôtres de la retraite qu'ils ont choisie. Vers trois heures, les mobiles aperçoivent, de la ferme de la Ville-l'Évêque, une patrouille de quelques cavaliers, qui vient éclairer les hauteurs de Berchères; ils préviennent le corps franc de l'Iton, et aussitôt mobiles et francs-tireurs s'élancent à la poursuite des uhlans jusqu'aux abords du village; mais quelques minutes se sont à peine écoulées qu'un escadron les prend en flanc et les charge avec furie; il s'engage alors entre cette poignée d'hommes et la cavalerie ennemie une mêlée terrible et un combat corps à corps sans trêve ni merci. Un instant dégagés, nos soldats croient à l'arrivée d'un renfort; ils ont aperçu sur leur gauche une troupe d'infanterie; mais, hélas! ce sont les landwehriens du général de Loën, dont ils essuient les décharges, puis un second escadron qui les attaque plus vivement encore que le premier. Chacun des nôtres soutient, à lui seul, un combat. Dans un bouquet de bois, près de Berchères, le lieutenant des francs-tireurs, entouré de quelques hommes, résiste avec énergie aux assauts successifs des cavaliers; un officier des uhlans hanovriens, le second lieutenant de Wedel II, l'aperçoit et s'apprête à le charger; mais le terrain est détrempé, les abords sont difficiles, les uhlans hésitent : « Que les braves me suivent », s'écrie leur chef, et, le sabre levé, il se précipite à la tête de ses cavaliers, lorsque, arrivé à dix pas du lieutenant Vivier, qui le tient en joue, il tombe pour ne plus se relever, la poitrine traversée par une balle. Au même moment, un coup de feu étend sur le carreau l'officier des francs-tireurs, et sa victime, touchée de tant de bravoure, défend aux uhlans de l'achever. A l'exemple du lieutenant Vivier, chacun de nos soldats accomplit des prodiges de valeur; mais il n'en reste plus debout que trois ou quatre, qui luttent d'un suprême effort près d'un bouquet de bois, aux abords du cimetière de Berchères, à l'endroit même où s'éleva plus tard le monument consacré à leur mémoire; ils s'y font tous tuer en combattant jusqu'au dernier soupir : *bis zum letztem Athemzuge* [1]. Pendant

---

[1] Voy. *Erlebnisse des 1. hannover. Ulanen-Regiménts* n° 13. Hannover.

ce temps, le capitaine Houdellierre, séparé de sa troupe, avait échappé comme par miracle à plusieurs feux de peloton, après avoir été longtemps poursuivi et traqué dans les bois comme une bête fauve.

Dans cette mêlée, il n'y eut en réalité d'engagés que vingt-sept francs-tireurs, douze mobiles et quelques gardes nationaux, en tout moins de cinquante hommes, et la preuve de l'énergie qu'ils déployèrent se trouve dans les pertes mêmes qu'ils subirent : treize d'entre eux furent tués ou mortellement atteints; vingt-trois autres criblés de blessures; les francs-tireurs survivants en comptent ensemble plus de cent, et un mobile de l'Ardèche reçut à lui seul dix-sept coups de lance. L'acharnement des uhlans hanovriens s'explique jusqu'à un certain point par la mort d'un de leurs officiers et la perte de quelques-uns de leurs camarades; mais rien ne saurait justifier la cruauté de l'infanterie prussienne, qui n'eut que trois ou quatre blessés, et qui déshonora encore cette journée par de nombreux assassinats. Le combat terminé, les landwehriens du 2ᵉ régiment de grenadiers de la garde entrent à la ferme de la Ville-l'Évêque, où les mobiles s'étaient arrêtés le matin, traînent le malheureux fermier et trois ouvriers inoffensifs dans un champ voisin et les y massacrent sans pitié; puis, avant de rentrer dans leurs cantonnements, ils égorgent froidement, à la ferme de la Mare, neuf habitants sans armes qui n'ont pris aucune part à la lutte. Triste et hideuse boucherie, qu'un auteur allemand n'a pas craint de présenter comme une charge à la baïonnette : *die Garde-Landwehr greift mit dem Bajonet die linke Flanke an*[1].

---

[1] Voy. Hiltl : *Der französische Krieg*. Bielefeld et Leipzig.

Le combat de Berchères, dans lequel une poignée de braves gens occupa toute une journée la 5ᵉ division de cavalerie allemande, est un fait d'armes aussi beau par lui-même que par ses résultats. D'après les ordres qu'il avait reçus la veille du grand-duc de Mecklembourg, le général de Rheinbaben devait, tout en surveillant la Seine, réunir à Houdan ses forces disponibles et refouler jusqu'à Dreux les détachements français qu'il rencontrerait. Il ne fit de ce côté aucun mouvement sérieux dans la journée du 17; il se contenta d'envoyer sur la route de Dreux une reconnaissance composée d'un bataillon du 1ᵉʳ régiment de la landwehr de la garde, de deux escadrons du 16ᵉ uhlans et d'une section d'artillerie. Le gros de cette reconnaissance s'arrêta à Marolles, et les uhlans seuls poussèrent jusqu'à nos avant-postes de Chérisy, où ils perdirent un des leurs. Le même jour, une patrouille du 11ᵉ hussards se présenta de nouveau à Gilles et fut reçue par les francs-tireurs du Puy-de-Dôme, qui abattirent un cheval et blessèrent le cavalier. Les rencontres qui avaient eu lieu à Bu les 14 et 15 novembre, avaient fait supposer au général de Rheinbaben que la forêt de Dreux était fortement occupée; le combat de Berchères lui fit croire à une attaque sérieuse de notre corps de l'Eure, attaque à laquelle il craignit de prêter le flanc. Sans doute, l'issue de la journée du 17 dut lever tous ses doutes à cet égard; mais, pendant ce temps, la retraite de nos troupes sur Nonancourt avait pu s'effectuer sans encombre. Ce fut seulement dans la matinée du 18 novembre que le général de Rheinbaben fit son entrée à Dreux, avec les brigades de Bredow, de Barby et celle de la landwehr de la garde. Il fut chargé de poursuivre le corps du général du Temple, qui, depuis la veille au soir, se trouvait sous les ordres directs du général de Malherbe.

Quant au grand-duc de Mecklembourg, qui avait son quartier général à Nogent-le-Roi et qui occupait la ligne de Châteauneuf à Dreux, il fit exécuter à ses troupes une conversion à gauche, la 22ᵉ division formant le pivot et la 17ᵉ l'aile marchante, avec le Iᵉʳ corps bavarois en réserve. L'intention du grand-duc était de poursuivre sa reconnaissance dans la direction de Tours, afin de s'éclairer sur l'état de nos forces. Il allait ainsi envelopper et refouler successivement les diverses troupes que des ordres directs du ministre de la guerre avaient disséminées en avant des forêts du Perche.

Le premier corps qu'il rencontra était commandé par le lieutenant-colonel Marty, ancien major de place; il avait à peu près la même force et la même composition que celui du général du Temple, et il était établi, depuis quelque temps, à la Ville-aux-Nonains et aux environs, en avant de la forêt de Senonches, dans des positions que l'on avait rendues formidables au moyen de coupures et d'abatis. La marche de l'ennemi sur Dreux avait fait malencontreusement sortir le colonel Marty de ses défilés inextricables, et, à la date du 17 novembre, il occupait, entre les forêts de Châteauneuf et de Senonches, une ligne qui s'appuyait par sa droite à la rivière de l'Eure et par sa gauche à la Blaise; il s'était établi à Saint-Maixme, avec trois compagnies du 3ᵉ bataillon du 36ᵉ de marche; le 1ᵉʳ bataillon du même régiment (commandant Senaux) était détaché sur la droite, vers la Loupe; trois compagnies du 3ᵉ bataillon (commandant Perrot) étaient cantonnées à Digny, et le 2ᵉ bataillon (commandant Laflaquière), envoyé d'abord comme renfort sur ce dernier point, fut ensuite dirigé sur Saint-Ange-Torçay, où il arriva dans la nuit du 17 au 18, après une marche longue et pénible. Le commandant Laflaquière avait reçu l'ordre de se poster, avant le jour, sur la lisière de la forêt de Châteauneuf, d'observer la route de Dreux, et de résister le plus énergiquement qu'il pourrait aux attaques probables de l'ennemi.

Ces bataillons du 36ᵉ de marche, qui formaient le noyau du corps de Senonches, devaient être plus ou moins reliés entre eux par des mobiles et des francs-tireurs; éparpillés sur une étendue hors de proportion avec leur effectif, ils n'auraient pu, dans les circonstances ordinaires, résister une heure aux forces qu'ils avaient devant eux; mais un brouillard intense, qui régna pendant toute la journée du 18, déroba au grand-duc la faiblesse numérique de ses adversaires, et permit à nos corps isolés et incohérents d'arrêter jusqu'au soir la marche de son armée.

Déjà, dans la journée du 17, au moment du combat de Dreux, quelques coups de feu avaient été échangés, sur la lisière de la forêt de Châteauneuf, entre nos avant-postes et les éclaireurs ennemis; dans une de ces rencontres, des cuirassiers du régiment de Brandebourg n° 6 furent blessés ou démontés près de la ville de Châteauneuf, que l'artillerie du général de Schmidt nous força d'abandonner. Plus au sud, sur la route de Chartres à Nogent-le-Rotrou, les cavaliers du 16ᵉ régiment de hussards allèrent se heurter, à Landelles, contre un poste des mobiles de l'Orne, qui leur tint tête énergiquement et leur fit tourner bride après leur avoir tué ou blessé une dizaine d'hommes.

Dans la journée du 18, le grand-duc de Mecklembourg eut encore à livrer quelques combats isolés, à Torçay, à Ardelles et à Digny ; mais c'est à Torçay qu'il rencontra la plus sérieuse résistance.

Arrivé dans ce hameau vers trois heures du matin, le commandant Laflaquière avait pris immédiatement ses dispositions de défense, envoyé des guides à la découverte et reconnu l'extrémité nord de la forêt de Châteauneuf. Cette partie de bois, nommée la Queue-de-Fontaine, s'étend de Châteauneuf à Fontaine-les-Ribouts, en suivant une gorge assez profonde qui n'offre, dans toute sa longueur, que deux passages praticables à l'artillerie et à la cavalerie, ceux de Saint-Jean-de-Rebervillers à Épineux, et de Morvillette à Torçay. C'est ce dernier défilé que le commandant Laflaquière était particulièrement appelé à défendre. Il fit fouiller la forêt, et, avant l'aube, il porta sur la lisière, en face des hameaux de Criloup et de Morvillette, les 3° et 6° compagnies de son bataillon ; il posta les 2° et 4° dans deux bouquets de bois qui commandent le pont et le ravin de Saint-Vincent, avec l'ordre de défendre solidement cet important passage et de recueillir, le cas échéant, les compagnies placées en première ligne ; enfin, les deux dernières furent tenues en réserve dans le hameau même de Torçay, d'où elles détachèrent de petits postes pour surveiller l'ennemi. L'effectif total de ces six compagnies était d'environ neuf cent cinquante hommes.

Le général de Wittich, qui, pendant le combat de Dreux, se tenait en communication à Tréon avec le général de Treskow, avait établi son quartier général et le gros de sa division à Marville; il occupait, en outre, Boullay-les-Deux-Églises, Saint-Sauveur, Morolieu et la Touche. Son avant-garde s'étendait sur une ligne allant de Levasville à Mondétour; elle se composait du 94e régiment d'infanterie de Thuringe « grand-duc de Saxe », de trois escadrons du 13e hussards et deux batteries; elle était commandée par le lieutenant-colonel d'Heuduck, du 13e hussards.

Dans la nuit du 17 au 18, au moment même où le 2e bataillon du 36e de marche arrivait à Torçay, le général de Wittich recevait l'ordre de s'avancer sur la Loupe, suivi par le Ier corps bavarois. Mais, entre sept et huit heures du matin, ses éclaireurs essuyèrent, sur la lisière de la forêt, des coups de feu qui lui donnèrent l'éveil. Cette attaque ne lui permettait guère de se mettre en marche en laissant la Queue-de-Fontaine occupée sur ses derrières; c'est pourquoi il donna l'ordre au lieutenant-colonel d'Heuduck de se porter sur Morvillette et Criloup, de nous attaquer, de chercher à nous faire des prisonniers et de nous poursuivre jusqu'à la Blaise. Il le fit appuyer par le 83e régiment et une batterie, qui se portèrent de Boullay-les-Deux-Églises sur Levasville; il fit observer Saint-Jean-de-Rebervilliers par un bataillon et un peloton de hussards qui occupaient Saint-Sauveur, se tenant prêt lui-même à marcher sur Levasville avec le reste de sa division.

Vers neuf heures, l'action s'engagea entre les 1er et 2e bataillons du 94e régiment de Thuringe et les 3e et 6e compagnies du 36e de marche, postées sur la lisière de la forêt. Après avoir contenu quelque temps des forces cinq ou six fois supérieures, ces deux compagnies furent forcées d'abandonner les positions qu'elles occupaient. Elles se replièrent sur les 2⁰ et 4⁰ compagnies (capitaines de Castelnau et Malard), qui défendaient le pont et le ravin de Saint-Vincent, et la résistance que l'ennemi rencontra sur ce point le força de cesser le feu après une heure et demie de combat.

Profitant de ce répit, le commandant Laflaquière forme sa ligne de bataille et envoie reconnaître Saint-Jean-de-Rebervilliers par la 6ᵉ compagnie, qui trouve ce défilé occupé et se replie sur le bataillon après avoir essuyé une vive fusillade. Menacé d'être tourné sur sa droite par ce dernier village, et sur sa gauche par celui de Fontaine-les-Ribouts, n'ayant reçu aucune communication ni aucun renfort du colonel Marty, et ne pouvant compter que sur ses propres ressources, le commandant Laflaquière poste une section derrière des murs en pisé qui flanquent les abords de Torçay, renforce la gauche de ses tirailleurs et déploie en seconde ligne sa 6ᵉ compagnie.

A onze heures, l'ennemi dirige sur toute l'étendue de notre front une attaque générale. La 22ᵉ division tout entière est mise en mouvement : le lieutenant-colonel d'Heuduck, avec la 43ᵉ brigade, continue ses efforts contre la partie nord de la Queue-de-Fontaine, tandis que le général de Wittich, avec le reste de ses troupes, se dirige par Saint-Sauveur sur Châteauneuf, où sa tête de colonne arrive vers midi.

La situation des défenseurs de Torçay devient de plus en plus critique ; menacés sur leur droite par le mouvement du général de Wittich qui va leur couper toute retraite, ils ont à contenir de front la brigade d'Heuduck ; celle-ci porte tous ses efforts sur le ravin de Saint-Vincent, sur les deux bouquets de bois qui commandent le défilé, et aussi sur le nord du village de Torçay, qui lui paraît plus accessible, Fontaine-les-Ribouts étant en son pouvoir. Un instant, notre ligne de tirailleurs cède le terrain de ce côté, et déjà les fusiliers ennemis couronnent la crête du ravin; mais, aussitôt, notre seconde ligne de tirailleurs va renforcer la première, et ce retour énergique rejette les Allemands dans les bois. Néanmoins, malgré leur bravoure, nos soldats auraient été tous cernés et pris sans plusieurs circonstances fortuites auxquelles ils durent leur salut.

Le général de Wittich voulait attendre et rallier à Châteauneuf la brigade d'Heuduck; il se rendit même à Thimert, où se trouvait en ce moment le grand-duc de Mecklembourg, pour lui faire part de son intention; mais il reçut de lui l'ordre de continuer sa marche sur Digny avec le reste de sa division et la cavalerie de Schmidt, sans attendre l'issue du combat de Torçay. Ce danger conjuré sur leur droite, les nôtres échappèrent également au danger, non moins grand, qui les menaçait sur leur gauche. Le général de Treskow, qui marchait de Dreux sur Brezolles, était arrivé à peu près à mi-chemin, lorsque, vers midi, à la hauteur des Ormes, il entendit la fusillade qui éclatait entre les routes suivies par sa division et celle du général de Wittich; il se berça de l'espoir de nous avoir complétement cernés : *Zu der Hoffnung berechtigt war den Feind vollkommen eingeschlossen zu haben* [1]. Aussitôt il lance son avant-garde, composée de trois bataillons et d'une batterie, ainsi que sa bri-

---

[1] V. Fischer: *Die 17. Infanterie-Division im Feldzuge* 1870-71. Berlin.

gade de cavalerie, jusqu'au sud de Boutry. De là, une reconnaissance du 18ᵉ de dragons se dirige sur Fontaine-les-Ribouts pour tâcher de se mettre en communication avec la division de Wittich; mais elle est reçue à coups de fusil par les fantassins du 94ᵉ régiment, qui s'imaginent avoir affaire à nos propres cavaliers. Les dragons, de leur côté, ayant eu un homme tué et cinq blessés dans cette rencontre, croient que le village est occupé par nous et s'abstiennent de renouveler leur tentative.

Cependant, vers deux heures, le commandant Laflaquière, complétement isolé, sans autre secours que celui du brouillard qui cachait la faiblesse de son effectif, et voyant ses munitions presque épuisées, dut se résoudre à opérer sa retraite. Il replia ses tirailleurs sur les ailes, afin de démasquer les petites réserves du village dont le feu nourri tint l'ennemi en respect, et, vers trois heures, il évacua Torçay et gagna Blévy avec ce qui lui restait de son bataillon, sans être autrement inquiété que par quelques rares coups de fusil. Cette retraite fut d'ailleurs couverte, jusqu'au dernier moment, par une section (sous-lieutenant Puginié) dont les hommes furent en grande partie tués, blessés ou pris.

De Blévy, le commandant Laflaquière dut se porter plus en arrière, à Maillebois, où il apprit l'occupation de Saint-Maixme et de Jaudrais par l'ennemi; il se retira ensuite sur Brezolles, passant ainsi impunément devant tout le front de la division de Treskow, puis sur Verneuil, d'où il rejoignit plus tard le colonel Marty.

Dans le combat de Torçay, le 2ᵉ bataillon du 36ᵉ de marche avait perdu trente-sept hommes tués, quatre-vingt-douze blessés et une centaine de prisonniers ou disparus. Parmi les tués, se trouvaient le capitaine Malard et le sous-lieutenant Thynus; ils avaient héroïquement disputé le terrain à l'ennemi et étaient tombés dans le passage même qu'ils avaient mission de défendre, à l'endroit où la piété des habitants de Saint-Ange-Torçay a élevé depuis un monument à leur mémoire. Le 94ᵉ régiment allemand, qui prit à cette affaire la part la plus sérieuse, accuse treize hommes tués, parmi lesquels l'enseigne porte-épée de Bülow, et vingt-cinq blessés.

Si, dans ce combat, nos pertes furent réellement supérieures à celle de l'ennemi, il n'y a là rien d'extraordinaire dans les conditions où nous nous trouvions, puisque six compagnies françaises avaient tenu bon pendant cinq heures contre une brigade allemande; toutefois, le capitaine prussien qui commandait les fusiliers du 94ᵉ à l'attaque de Torçay, et qui a écrit plus tard l'historique de son régiment, en a tiré les conséquences tout à fait inverses. D'après cet officier, le commandant Laflaquière, attaqué de front par la brigade d'Heuduck, menacé sur sa droite par le reste de la division de Wittich, et sur sa gauche par l'avant-garde et la cavalerie du général de Treskow, aurait eu l'avantage de la position et du nombre : *in günstiger Stellung und an Zahl überlegen war* [1]. Cette assertion est au moins aussi ridicule que l'exagération qu'il nous reproche à propos de l'évaluation des pertes allemandes. La même remarque peut s'appliquer à l'ordre du jour daté du 19 novembre, par lequel le grand-duc félicite les troupes qui ont pris part au

---

[1] V. Francke. *Das 5. thüringische Infanterie-Regiment* Nᵣ 94. Weimar,

« brillant combat de la veille, et qui, sans le se-
» cours de l'artillerie, ont enlevé Torçay à coups de
» crosse et de baïonnette. » Les Prussiens se sont,
en effet, servi dans Torçay de la crosse et de la
baïonnette, mais contre un traînard qui s'était réfugié
dans une grange et qui y fut massacré après l'action.
Quant à la prise du village par les Allemands, sans
que leur artillerie l'eût préalablement réduit en cen-
dres, c'est une circonstance assez extraordinaire,
il est vrai, pour qu'elle mérite d'être citée; mais la
cause en est dans le brouillard et non dans leur courage, et cela, dans tous les cas, n'enlève rien au mérite de la défense, l'un des beaux et consolants faits
d'armes qui se soient accomplis au milieu de nos
désastres.

Au sud de la forêt de Châteauneuf, à Ardelles, à la
Ferme-Neuve et à Château-Traîneau, le général de
Wittich rencontra la même résistance. Les têtes de
colonnes du Ier corps bavarois, qui se trouvait en
réserve, furent forcées d'entrer en ligne et de se frayer
un passage les armes à la main au Gland, à Ardelles
et à Digny [1]. Ce dernier point était occupé par la
moitié du 3e bataillon du 36e de marche (commandant Perrot), appuyé par un bataillon de mobiles de
la Mayenne. Le commandant Perrot s'y maintint énergiquement depuis trois heures jusqu'à six heures du
soir; mais, menacé d'être cerné le lendemain, il se
retira dans la nuit sur Senonches, ayant eu dans cette
affaire deux soldats tués et six blessés, dont un officier. Quant aux Allemands, ils avaient perdu, dans
ces divers engagements, quatre hommes tués et une

---

[1] Voy. Helwig : *Das I. bayer. Armee-Corps von der Tann.* München.

vingtaine de blessés, parmi lesquels un officier. Malgré la retraite des nôtres sur Senonches, ils n'osèrent occuper Digny, et se replièrent sur Ardelles, où ils se retranchèrent pour passer la nuit. Là, comme à Torçay, un brouillard épais ne leur avait pas permis de compter le petit nombre de leurs adversaires; ce fut seulement le lendemain qu'ils s'aperçurent de leur erreur, et ils la firent expier chèrement aux habitants par les réquisitions et le pillage.

En résumé, dans cette journée du 18 novembre, des bataillons incohérents et abandonnés à eux-mêmes, ayant un effectif total de sept à huit mille hommes, avaient tenu en échec les cinquante mille hommes du grand-duc de Mecklembourg. La cavalerie de la 17e division allemande, tous les régiments de la 22e, le 4e bataillon de chasseurs et le 13e régiment du corps bavarois avaient été engagés. Le général de Treskow, qui devait coucher à Brezolles, était forcé de s'arrêter à Laons; le général de Wittich, qui avait l'ordre de s'avancer jusqu'à Belhomert, était tenu en échec à Digny; les Bavarois seuls, se piquant d'honneur depuis Coulmiers, avaient occupé les cantonnements qui leur avaient été désignés à Jaudrais, Ardelles et Favières. La réserve se trouvait ainsi enchevêtrée dans la 22e division et en partie en première ligne. Aussi le grand-duc dut-il employer la journée du 19, moins à se reposer de « son brillant combat » qu'à rétablir l'ordre dans sa marche.

Tandis que le grand-duc de Mecklembourg se rabattait ainsi de Nogent-le-Roi sur Châteauneuf-en-Thymerais pour marcher, les jours suivants, sur Digny, la Loupe et Nogent-le-Rotrou, le général de Rheinbaben se mettait à la poursuite de notre corps d'Eure-et-Avre. Surpris, pour ainsi dire, dans la matinée du 18 novembre à Nonancourt, au milieu du brouillard, les nôtres continuèrent précipitamment, et presque sans s'arrêter, leur retraite sur Tillières, Verneuil et Laigle, où ils arrivèrent dans la soirée du 19 sans avoir essuyé d'autre perte que celle de quelques traînards tombés aux mains de l'ennemi. Entrés à Nonancourt le 18, après avoir essuyé à Saint-Remi-sur-Avre et à Saint-Lubin-des-Joncherets quelques coups de feu tirés par l'arrière-garde du général de Malherbe, les Prussiens tuèrent ou blessèrent plusieurs employés du chemin de fer, saccagèrent la gare, la brûlèrent en partie, et mirent au pillage les maisons voisines. C'étaient les cavaliers de la brigade de Bredow qui exerçaient de nouvelles représailles pour la perte d'un sous-officier du 13° dragons tué dans la matinée. Dans la même journée, le général de Rheinbaben fit fouiller la forêt de Dreux et envoya des dragons jusqu'à Marcilly-sur-Eure, mais ces cavaliers furent repoussés par les gardes nationaux, qui leur tuèrent un cheval et firent un prisonnier. De son côté, le général de Redern, qui faisait face à notre corps de l'Eure, lança des patrouilles dans la direction de Boissy-Mauvoisin et de Gilles, pour maintenir ses communications avec le général de Rheinbaben; à Gilles, les hussards du 11° régiment essuyèrent la fusillade de francs-tireurs embusqués sur la lisière d'un bois, et se retirèrent sur Mondreville, emmenant un officier et un sous-officier blessés dans cette rencontre.

Dans la journée du 19, le général de Rheinbaben continua la poursuite sur la vallée de l'Avre, et poussa de nombreuses reconnaissances sur la ligne de l'Eure.

La brigade de Redern, de son côté, ne cessait d'observer nos avant-postes dans cette direction, et les mobiles de l'Ardèche et de l'Eure, les francs-tireurs et les gardes nationaux tiraillèrent presque toute la journée à Boissy-Mauvoisin, à Gilles, à Garennes et à Saint-Ouen-de-Marchefroy, où les hussards du 17e régiment de Brunswick perdirent deux hommes, dont un sous-officier.

A Marcilly, l'engagement de la veille recommença entre les gardes nationaux du pays et des environs, appuyés par les francs-tireurs de la Gironde et du Puy-de-Dôme, et la brigade de Barby qui descendait le val de l'Eure. Mieux renseignés cette fois, les Prussiens, débouchant par Louye, Saint-Georges et les Alains, attaquèrent sur plusieurs points. Un instant cernés, les nôtres réussirent à s'échapper sans trop de pertes. Marcilly fut alors occupé et pillé par les Prussiens, qui se dirigèrent ensuite sur Croth. Mais ils rencontrèrent à mi-chemin deux compagnies de mobiles de l'Ardèche, qui, accourues au bruit du combat, les arrêtèrent court dans la plaine de Roseux et les forcèrent à regagner Dreux vers quatre heures du soir. Cette rencontre nous coûta trois hommes tués et quelques blessés ou disparus. Du côté de l'ennemi, un dragon du 19e régiment oldenbourgeois et plusieurs landwehriens du 1er régiment de la garde furent plus ou moins grièvement blessés.

Sur la route de Verneuil, quelques coups de feu furent encore échangés entre notre arrière-garde et les patrouilles du général de Bredow; là un sous-officier et quelques dragons du 13e régiment de Schleswig-Holstein furent tués ou blessés en cherchant à ramasser nos traînards.

La marche des Allemands de Chartres sur Dreux avait causé en Normandie, et surtout sur la rive gauche de la Seine, une alerte des plus vives; on se figurait que le grand-duc de Mecklembourg, agissant de concert avec le général de Manteuffel, dont nous suivrons la marche dans le prochain chapitre, avait Rouen pour objectif; aussi, lorsque la présence de l'ennemi fut signalée à Nonancourt et à Marcilly, l'émotion redoubla dans le département de l'Eure. Évreux, dont la route se trouvait ainsi complétement libre, n'avait, pour toute garnison, qu'un peloton de chasseurs à cheval, servant d'escorte au général, quelques gendarmes et un dépôt de mobiles convalescents, lorsque le 19 novembre, vers quatre heures de l'après-midi, les premiers éclaireurs ennemis arrivèrent à l'entrée de la ville. C'était une forte reconnaissance de la brigade de Bredow, formée de détachements du 7e cuirassiers, du 13e dragons et du 1er régiment de la landwehr de la garde avec une section d'artillerie. Après avoir pris position sur les hauteurs de la Madeleine, les Prussiens détachèrent des patrouilles qui avaient pour mission de détruire la voie ferrée; mais elles furent reçues à coups de fusil et dispersées par les employés de la gare, aidés de quelques gardes nationaux. A Évreux, comme sur la plupart de nos lignes, le personnel du chemin de fer comptait beaucoup d'anciens militaires qui redevenaient soldats en présence de l'ennemi. L'attitude énergique de ces employés est d'autant plus méritoire, que les Prussiens, surtout ceux de la brigade de Bredow, comme on l'a vu tout à l'heure à Nonancourt, ne manquaient pas d'exercer sur eux, même sans provocation, les plus cruels traitements. Ne s'attendant sans doute pas à cette résistance, et ayant, d'ailleurs, atteint le but de sa reconnaissance, l'ennemi reprit aussitôt la route de Dreux et couvrit sa retraite en lançant sur Évreux une vingtaine d'obus. Cette affaire coûta aux dragons et aux cuirassiers, ainsi qu'aux artilleurs et aux landwehriens, sept ou huit hommes tués ou blessés, dont trois sous-officiers.

Le général de Kersalaun, qui commandait la subdivision de l'Eure, se voyait réduit à ses propres forces, et découvert sur sa droite par la retraite du général de Malherbe jusque sur l'Iton; convaincu, d'ailleurs, qu'Évreux allait être attaqué le lendemain par les forces considérables dont la présence lui avait été signalée à Dreux, et craignant que notre petit corps de la vallée de l'Eure ne fût pris à revers, il donna l'ordre au colonel Thomas de se replier sans retard sur Gaillon. Le 20 novembre, nos troupes d'observation de la vallée de l'Eure arrivèrent dans cette dernière ville. Le général de Kersalaun, qui les y avait précédées après avoir fait évacuer Évreux, dirigea immédiatement la garde mobile de l'Eure et quelques corps francs sur Conches, et ses autres bataillons sur Louviers par le chemin de fer. De Louviers, il les porta sur Beaumont-le-Roger et Bernay, dans le but d'occuper la ligne de la Rille et de couvrir à Serquigny, où avaient été exécutés quelques travaux de défense, la seule voie ferrée qui reliât encore le Sud de la France avec le Nord. Ce mouvement de retraite, qui découvrait d'un seul coup la presque totalité du département de l'Eure, souleva de vives critiques, et le général de Kersalaun fut presque aussitôt relevé de son commandement. Il est juste, toutefois, de reconnaître qu'il n'avait fait que se conformer aux instructions ministérielles données au général Delarue; qu'il manquait de cavalerie pour s'éclairer; qu'il avait à surveiller une ligne fort étendue; qu'il n'aurait pu empêcher le détachement de Bredow d'entrer à Évreux le 19, si l'ennemi avait voulu occuper cette ville. Enfin la confusion était telle à cette époque dans le département de l'Eure, comme dans le reste de la Normandie, et les mutations si fréquentes, que le général de Kersalaun ne savait même pas, malgré des dépêches réitérées, quel était son supérieur immédiat. Après son départ, le commandement de la subdivision de l'Eure fut réuni, mais seulement à titre provisoire, à celui du général Briand, qui venait d'être replacé à Rouen à la tête de la 2ᵉ division militaire.

En réalité, la démonstration faite sur Évreux par l'ennemi avait un caractère purement défensif : le général de Rheinbaben avait principalement pour but de détruire le chemin de fer, de le rendre impraticable pour le transport de nos troupes, et de couvrir ainsi le grand-duc de Mecklembourg pendant qu'il se rabattait vers le Sud.

CHAPITRE VIII.

Événements en Normandie jusqu'au combat d'Étrépagny. — Marche du général de Manteuffel sur l'Oise et sur la Somme. — Départ du général Bourbaki pour l'armée de la Loire (19 novembre). — Situation militaire sur la rive gauche de la Seine. — Apparition de l'ennemi à Conches (21 novembre). — Combat de Vernon (22 novembre). — Rencontres de Blaru (23 novembre) et de la Villeneuve-en-Chevrie (25 novembre). — Combat de Blaru (26 novembre). — Embuscades de Grossœuvre et de Nogent-le-Sec (23 novembre). — Entrée en campagne de la garde nationale mobilisée. — Situation militaire sur la rive droite de la Seine à la fin de novembre. — Rencontres de Gournay et de Songeons, de Richeville et de Saint-Jean-de-Frenelle (28 et 29 novembre). — Combat d'Étrépagny. — Rencontres des Thilliers et d'Éragny. — Incendie d'Étrépagny (30 novembre).

Tandis que le département de l'Eure était ainsi envahi dans sa partie sud-est, et sillonné jusqu'à Évreux par les patrouilles et les reconnaissances ennemies, celui de la Seine-Inférieure était plus sérieusement menacé par l'approche d'une partie des forces allemandes que la capitulation de Metz avait rendues libres.

La Ire armée prussienne, placée depuis le 27 octobre sous le commandement du général de cavalerie baron de Manteuffel, avait pour mission de protéger au nord le cercle d'investissement de Paris; elle se composait du Ier corps d'armée (général-lieutenant de Bentheim), du VIIIe corps (général d'infanterie de Goeben) et de la 3e division de cavalerie (général-lieutenant de Groeben). Dès le 5 novembre, cette armée avait reçu l'ordre d'envoyer une garnison à Soissons, et, le 15, la 4e brigade d'infanterie (général-major de Zglinitzki) arrivait devant la place de la

Fère qu'elle investissait le lendemain. A la date du 21 novembre, le VIII⁰ corps d'armée était concentré à Compiègne et aux environs, et le Ier corps autour de Noyon, tandis que la 3ᵉ division de cavalerie battait déjà le pays dans les directions de Ham, Roye et Montdidier.

Ce fut précisément pendant que ces forces considérables s'avançaient ainsi contre Amiens, que le commandant en chef de la région du Nord fut sacrifié par le ministre de la guerre aux exigences de quelques exaltés, qui, à Lille comme ailleurs, passaient leur temps à s'agiter loin des champs de bataille. L'armée d'Amiens se trouva ainsi privée de son chef au moment même où elle allait avoir le plus besoin de lui. Quant au général Bourbaki, si l'on jugeait sa présence nuisible dans le Nord, on la trouvait utile dans le Midi, puisqu'en l'enlevant le 19 novembre à son commandement, on lui confiait le jour même celui du 18ᵉ corps en formation à Nevers. Dans un moment où la question militaire était tout, la délégation de province ne sut pas résister aux caprices de la multitude, qui, tantôt vociférait contre les généraux, tantôt imposait des plans ou ordonnait des mouvements ; elle se laissa dominer par des gens qui s'occupaient beaucoup plus de la politique que de la défense en elle-même, et c'est en grande partie leur intrusion dans la conduite des affaires militaires qui a empêché le gouvernement de la Défense nationale de réparer les désastres de l'Empire. Par suite du départ du général Bourbaki, les forces réparties dans la Seine-Inférieure et dans la Somme, réunies jusque-là sous le même commandement nominal, devinrent complétement séparées.

Elles avaient eu l'occasion de se donner la main à Formerie, mais il n'y aura plus désormais aucun lien ni aucun rapport entre leurs opérations respectives.

Comme on l'a vu à la fin du chapitre précédent, le général Briand avait été replacé, le 15 novembre, à la tête de la 2e division militaire à Rouen. Le général de Tucé, qui exerçait le commandement de la subdivision de la Seine-Inférieure, reçut celui d'une brigade à l'armée de la Loire; il eut pour successeur le capitaine de vaisseau Mouchez, chef supérieur des forces de terre et de mer au Havre. Par suite de ces changements continuels, aucune tentative sérieuse n'avait été faite pour la formation et l'organisation des troupes de Normandie. Celles qui composaient le corps de l'Andelle, et qui étaient disséminées le long de cette rivière, avaient à peu près le même effectif que précédemment. On doit noter, toutefois, que la 31e batterie de la marine (capitaine Croisier) s'était organisée à Rouen en batterie montée, ce qui, avec la 2e du 10e régiment (capitaine Lenhardt) et celle des mobilisés de Rouen (capitaine Waddington), portait l'artillerie au chiffre de trois batteries. Au moment du retour du général Briand, il y avait donc, en fait de troupes de campagne, dans la Seine-Inférieure, deux régiments de cavalerie et deux bataillons de marche de la ligne, une douzaine de bataillons de mobiles, une quinzaine de corps francs et trois batteries, total, environ seize mille hommes et dix-huit canons de tout calibre.

Le 21 novembre, à la suite de l'évacuation d'Évreux et de la retraite du général de Kersalaun, le général Briand, que ce mouvement découvrait sur sa droite, et qui avait été chargé du commandement provisoire de la subdivision de l'Eure, se rendit à Louviers et fit arrêter au chemin de fer l'embarquement des troupes qui étaient dirigées sur la Rille. Les mobiles de l'Eure avaient été envoyés à Conches, où, pour la première fois, leur régiment se trouva réuni dans la matinée du 21. Avant que leur service de grand'garde eût été organisé, un paysan à cheval accourut tout effaré, annonçant qu'une forte colonne de cavalerie allemande arrivait jusqu'au hameau de Valleuil par la route de Damville. Les mobiles se portèrent aussitôt à la rencontre des cavaliers ennemis et les repoussèrent après une courte fusillade. En les poursuivant, ils trouvèrent, sur le bord de la route, le cadavre d'un jeune mendiant de treize ans transpercé d'un coup de lance [1].

Le lieutenant-colonel d'Arjuzon reçut le commandement des troupes qui se trouvaient à Serquigny et à Conches. Il avait alors sous ses ordres le 5e bataillon de marche de la ligne, venu de la rive droite, le régiment de la mobile de l'Eure, le 6e bataillon de la Loire-Inférieure, le 1er bataillon de la garde nationale de Conches (commandant Barbié du Bocage), les éclaireurs de Normandie, la guérilla rouennaise et les francs-tireurs de l'Eure, d'Évreux et de Breteuil. Appuyé sur la forêt de Conches, il avait pour mission de repousser les incursions de l'ennemi, qui occupait alors Pacy, Saint-André et Nonancourt.

En arrivant à Louviers, le 21 novembre, le général Briand avait ordonné au lieutenant-colonel Tho-

---

[1] V. Barbié du Bocage : *Rapport sur la guerre* 1870-1871. Paris.

mas de réunir ceux de ses bataillons qui n'étaient pas encore partis pour Serquigny, et de se porter immédiatement sur Vernon qui était menacé, et qui devait être occupé le lendemain par l'ennemi. Un train spécial fut organisé sur-le-champ, et, dans la nuit suivante, tout le 3e bataillon de la mobile de l'Ardèche, renforcé de la moitié du 2e et d'une compagnie de francs-tireurs, fut transporté dans cette direction. Vers trois heures du matin, ce détachement arriva à destination et fut aussitôt dirigé sur les hauteurs de la forêt de Bizy, qui couvrent Vernon du côté de Pacy-sur-Eure, où l'ennemi était signalé depuis la veille. Le commandant de Montgolfier, avec trois compagnies du 3e bataillon, fut chargé de garder la route principale de Vernon à Évreux, et le commandant Bertrand, avec les quatre compagnies du 2e, renforcées des francs-tireurs de Seine-et-Oise (capitaine Poulet-Langlet), reçut la mission d'observer les hauteurs et les défilés du Petit-Val ainsi que la grande route de Paris; en outre, deux compagnies furent placées à environ un kilomètre de l'entrée et de la sortie de la ville pour arrêter l'ennemi s'il se présentait sur ces points. En adoptant ces dispositions, le colonel Thomas avait l'intention de laisser les Allemands traverser la forêt et pénétrer dans la ville, afin de pouvoir ensuite les y cerner.

Ces mesures étaient prises, lorsque, vers sept heures et demie du matin, les premières sonneries prussiennes se firent entendre sur la route de Pacy-sur-Eure; une patrouille, précédant l'avant-garde à un quart d'heure d'intervalle, puis le gros de la troupe, l'artillerie, les fourgons et enfin l'arrière-garde, passèrent successivement, et sans le savoir, au milieu des rangs des mobiles. C'était un fort détachement de la brigade de Redern, composé d'infanterie du 2º régiment bavarois et de hussards du 10º régiment de Magdebourg.

Lorsque, vers huit heures, les premiers éclaireurs ennemis se présentèrent dans Vernon, ils remarquèrent chez les habitants une assurance qu'ils n'étaient pas habitués à rencontrer. L'avant-garde seule pénétra dans la ville et se mit en devoir de faire des perquisitions à la mairie; mais, ayant essuyé quelques coups de feu, les Allemands partirent précipitamment en enlevant des otages pour se garantir contre les balles de nos soldats, dont la présence leur avait été malheureusement révélée. Dès lors, ils ne songèrent plus qu'à la fuite. D'abord ils essayèrent de se sauver par la route de Paris; mais, la trouvant gardée par les mobiles de l'Ardèche, qui les reçurent à coups de fusil, ils rentrèrent dans la ville tout effarés et furent contraints de chercher une issue à travers les bois. Tandis qu'ils faisaient filer par un chemin détourné l'artillerie et les fourgons escortés par la cavalerie, ils lancèrent en avant l'infanterie bavaroise pour couvrir ce mouvement. Les mobiles prirent aussitôt l'offensive, et un combat s'engagea sur la grande route de la forêt où l'ennemi se présentait en masse dans l'intention de forcer le passage. Après une vive fusillade, qui dura près d'une heure, les Allemands se dispersèrent et furent poursuivis avec beaucoup d'entrain jusqu'à la lisière des bois, du côté de Pacy. Les trois compagnies du 3ᵉ bataillon de l'Ardèche avaient pris à cette affaire la part la plus sérieuse sous les ordres du commandant de Montgolfier, qui, au fort de la mêlée, eut un cheval tué sous lui. Leurs pertes furent de deux hommes tués et six blessés, dont deux grièvement; l'ennemi eut une douzaine des siens tués ou blessés; en outre, il laissa entre nos mains quatre prisonniers, dont un officier de hussards, le second lieutenant de Bodenhausen, plusieurs voitures de vivres brisées et abandonnées, et une douzaine de fourgons chargés et attelés chacun de quatre chevaux. L'inventaire de cette prise, dressé sur-le-champ [1], constata dans les bagages prussiens ou bavarois, car il y avait des uns et des autres, l'existence de pendules, montres, bijoux, châles, cachemires, manchons, et d'une foule d'autres objets qui n'ont rien de commun avec l'approvisionnement militaire, et qui faisaient ressembler ce convoi d'une troupe en campagne à celui d'un entrepreneur de déménagements. Une lettre, adressée au capitaine de Kleist, fut trouvée dans une valise, puis traduite et publiée; elle fit supposer que cet officier avait péri dans l'engagement, et la sensibilité française se hâta un peu trop de s'apitoyer sur le sort de cette prétendue victime de la guerre, aujourd'hui capitaine au grand état-major prussien [2]. Le seul officier ennemi, mortellement atteint dans cette journée, fut le premier lieutenant baron de Krausss, de l'infanterie bavaroise, qui succomba peu de temps après à ses blessures et fut inhumé à Chaufour [3].

Après la retraite de l'ennemi, le colonel Thomas reçut du général Briand l'ordre d'occuper fortement Vernon, où il appela les divers détachements de son

---

[1] V. Thomas. *Campagne de la garde mobile de l'Ardèche.* Largentière.
[2] V. Dessolins. *Les Prussiens en Normandie.* Rouen.
[3] V. *Vollständige Verlustliste der baÿrischen Armee.* München.

régiment restés en arrière, et qui s'y trouvèrent tous réunis le 25 novembre.

Ce mouvement sur Vernon et la rive gauche de la Seine avait dégagé Évreux. Dans le but de protéger cette ville, tout en maintenant ses troupes dans de bonnes positions défensives, le lieutenant-colonel d'Arjuzon envoya dans la forêt d'Évreux, au village d'Arnières, le 2ᵉ bataillon de marche des 41ᵉ et 94ᵉ de ligne (commandant Rousset). Les autres troupes de la vallée de l'Eure restèrent concentrées aux environs de Conches et y formèrent, en y comprenant la garde nationale, un petit corps de près de six mille hommes. Par suite d'un désaccord survenu entre le colonel d'Arjuzon et les autorités civiles d'Évreux, il fut remplacé, le 26 novembre, par le capitaine de frégate Vallon, qui céda lui-même le commandement, quelques jours plus tard, au capitaine de frégate Gaude.

Du côté de Vernon, le colonel Thomas organisa la défense des forêts qui couvrent cette ville et, avec le concours des gardes nationaux, il s'éclaira au loin dans les directions de Mantes et de Pacy-sur-Eure. Dans la journée du 23, les Prussiens vinrent rôder autour de la forêt de Bizy; mais ils furent mis en fuite par nos avant-postes, qui blessèrent à Blaru un landwehrien du 1ᵉʳ régiment de la garde. La journée du 24 se passa sans aucun événement. Le 25, des hussards du 10ᵉ régiment de Magdebourg s'avancèrent dans la direction de la Villeneuve-en-Chevrie, et furent repoussés après avoir eu un sous-officier et un cavalier hors de combat.

Le 26 novembre, le 3ᵉ bataillon de la mobile de l'Ardèche (commandant de Montgolfier) était de garde dans la forêt de Bizy avec de forts avant-postes aux hameaux de Maulu et de Normandie, sur la lisière du bois qui fait face à Pacy, lorsque, vers neuf heures du matin, il fut assailli par un nouveau détachement de la brigade de Redern, composé de grenadiers du 2ᵉ régiment de la landwehr de la garde et de hussards du 17ᵉ régiment de Brunswick. L'ennemi porta son principal effort sur Maulu, qu'il canonna vigoureusement. Après s'être défendus avec énergie pendant plusieurs heures, les mobiles durent abandonner leurs positions et se replier sur la lisière de la forêt; là ils continrent de nouveau les efforts de l'assaillant, qui avait établi son artillerie sur le plateau de Maulu et fouillait les bois dans tous les sens. Cependant le colonel Thomas, ayant réuni ses réserves à Vernon, les porta au secours du 3ᵉ bataillon, et, au fur et à mesure de leur arrivée, les répartit sur les points les plus faibles et les plus menacés. Les 6ᵉ et 7ᵉ compagnies du 1ᵉʳ bataillon, accourues les premières, se déployèrent face à Maulu, puis, sortant des bois, s'élancèrent résolûment sur la batterie qui les couvrait d'obus; à la vue de cette attaque et des renforts qui nous arrivaient, l'ennemi cessa le feu et se replia précipitamment. Dès lors, le plateau de Maulu fut réoccupé par les nôtres, et les Allemands vivement poursuivis dans la direction de Chaufour.

Dans cette affaire, le régiment de l'Ardèche eut huit hommes tués, parmi lesquels deux officiers, le capitaine Rouveure et le lieutenant Leydier, une vingtaine de blessés et quatorze disparus, dont la plupart furent faits prisonniers en cherchant à arracher aux grenadiers de la landwehr le corps de leur capitaine. Mus par un sentiment qui relève l'humanité et auquel nous devons d'autant mieux rendre hommage, que les traits chevaleresques furent plus rares chez nos adversaires, les Allemands rendirent les honneurs funèbres au capitaine Rouveure et renvoyèrent à nos avant-postes son cercueil, orné d'une couronne de laurier et escorté par une garde d'honneur. Plus tard, la municipalité de Vernon voulant conserver le souvenir de ses braves défenseurs, décida qu'une de ses grandes voies de communication, la route d'Ivry, prendrait à l'avenir le nom d'*avenue de l'Ardèche*. Quant aux grenadiers du 2° régiment de la landwehr de la garde, ils eurent un officier et trois soldats tués, plus une douzaine de blessés, parmi lesquels deux officiers; en outre, les hussards de Brunswick eurent un cavalier hors de combat. A partir de ce jour, le général de Redern ne chercha plus à forcer nos lignes sur la rive gauche de la Seine, et se borna à les faire observer par ses reconnaissances.

Du côté d'Évreux et de Conches, les patrouilles ennemies se montrent plus entreprenantes; presque chaque jour elles viennent reconnaître nos avant-postes, et il en résulte de légers engagements, qui tournent toujours au détriment des cavaliers. Du côté de Saint-André, ce sont les uhlans hanovriens de la brigade de Barby qui rayonnent sur Prey et sur Grossœuvre, où le 23 novembre un des leurs est blessé. Le même jour, ce sont les éclaireurs de la brigade de Bredow, venus de Dreux, qui s'avancent jusqu'aux abords de la forêt de Conches, à Nogent-le-Sec, où les francs-tireurs de la guérilla rouennaise les mettent en fuite, leur tuent un cavalier, en blessent un autre et s'emparent de leurs chevaux ; une compagnie de mobiles de l'Eure, survenue sur ces entrefaites, se met à la poursuite des uhlans et leur fait un prisonnier.

Dans les derniers jours de novembre, le général Briand rappela sur la rive droite de la Seine le 2ᵉ bataillon de marche de la ligne; il le remplaça, pour la défense d'Évreux, par le 1ᵉʳ bataillon de la garde mobile des Landes (commandant Beaume), auquel il adjoignit les 1ᵉʳ et 3ᵉ bataillons de gardes nationaux mobilisés de l'arrondissement du Havre (commandants Pornin et Basille). C'est, en effet, vers la fin du mois de novembre que l'on vit surgir en province cette nouvelle milice. Dès le 12 septembre, le ministre de l'intérieur avait songé à utiliser les ressources que pouvaient présenter les corps détachés de la garde nationale; toutefois on ne forma, dès le début, que des compagnies de marche, exclusivement composées de volontaires. Le 29 septembre, on organisa des compagnies de gardes nationaux mobilisés, comprenant, outre les volontaires qui n'appartenaient ni à l'armée régulière ni à la mobile, tous les Français âgés de vingt et un à quarante ans, célibataires ou veufs sans enfants. Lorsque M. Gambetta eut pris les fonctions de ministre de la guerre, il s'occupa de régulariser cette formation par une circulaire en date du 11 octobre; enfin le 2 novembre, il décréta une sorte de levée en masse par l'appel aux armes de tous les hommes valides de vingt et un à quarante ans.

L'armement des mobilisés consistait principalement en fusils à piston ; mais, dans quelques grandes villes, on leur avait donné des armes perfectionnées des systèmes Enfield, Springfield ou Snider; certains bataillons avaient même des carabines Minié ou des fusils Chassepot. C'était encore là un des fâcheux résultats de l'immixtion des autorités civiles dans les affaires militaires. Les villes faisaient concurrence au gouvernement pour l'achat des armes, et les donnaient à des compagnies, dites de marche, qui en réalité ne furent jamais mises en route, tandis que les mobiles, qui tenaient la campagne depuis deux mois, n'avaient que de mauvais fusils de pacotille qu'on vendrait difficilement aux peuplades des côtes d'Afrique. On avait aussi donné de l'artillerie aux légions de mobilisés. Au moyen des ressources des départements et des villes et de cotisations particulières, grâce aussi à la munificence de quelques généreux citoyens, on avait pu, en Normandie, se procurer quelques batteries Armstrong ou Whitworth; malheureusement elles ne furent pas utilisées, et les canons, comme les fusils perfectionnés, eurent rarement l'occasion de brûler une amorce.

Le commandant général Estancelin, chargé de l'organisation des gardes nationales de la Normandie, avait poussé activement celle des mobilisés. Dans le département de la Seine-Inférieure, l'effectif total de cette milice à la fin de novembre s'élevait, pour les trois légions, à environ 15,000 hommes; mais la plupart des bataillons ruraux, au lieu d'être réunis, restèrent dans leurs circonscriptions de recrutement et ne furent appelés qu'à la dernière heure, alors que leur concours, loin d'être utile, n'était plus qu'une nouvelle source d'embarras. Plusieurs de ces bataillons, sans officiers ou avec des officiers élus, avaient des armes sans munitions ou des fusils à piston avec des cartouches métalliques ; quelques-uns même étaient sans armes et n'avaient du soldat que l'uniforme. On pouvait leur appliquer l'expression de Tacite : *Nomen magis exercitûs, quàm robur.*

Dans le département de la Seine-Inférieure, le général Briand occupait, sur l'Andelle, les positions que nous avons précédemment fait connaître. Ses troupes avaient été plutôt diminuées qu'augmentées, car le 1er bataillon de la mobile des Landes était passé sur la rive gauche de la Seine, à Pont-de-l'Arche, d'où il avait été plus tard dirigé sur Évreux. Par contre, l'artillerie, placée sous les ordres du chef d'escadron Sauvé, s'était accrue, dans les derniers jours de novembre, de la batterie de la garde nationale mobilisée du Havre (capitaine Rebuffet), comptant six canons de 4 rayé de montagne et de la batterie des volontaires de la garde nationale de Rouen (capitaine Boursier), de six canons Whitworth, ce qui portait au chiffre de trente pièces de tout calibre cette artillerie composite et exotique.

Le corps de l'Andelle était, comme auparavant, réparti en deux groupes, ayant le centre de leurs commandements à Fleury-sur-Andelle et à Forges. Le corps de Fleury était, depuis le 12 novembre, sous les ordres du colonel de Reinach, du 12e chasseurs; à Forges, le lieutenant-colonel de Beaumont, du 3e hussards, avait remplacé, le 24 novembre, le colonel d'Espeuilles, promu général de brigade et appelé à l'armée de la Loire.

Telle était la situation militaire dans la Seine-Inférieure et l'ensemble des forces dont le général Briand disposait au moment où la Ire armée allemande occupait la ligne de Compiègne à Noyon. Le 20 novembre, le général de Manteuffel reçut de Versailles l'ordre de marcher sur Amiens, et le même jour il se mit en communication avec le comte de Lippe, qui, comme ôn sait, attendait avec impatience l'arrivée de ce puissant renfort. Cette communication une fois établie entre la Ire armée allemande et la cavalerie saxonne, le détachement du prince Albert fut rappelé à l'armée d'investissement et remplacé par celui du comte de Lippe dans les positions qu'il occupait sur la rivière de l'Epte. Pour relier le détachement saxon et l'armée du général de Manteuffel, la brigade des dragons de la garde (général-major comte de Brandebourg II) avec un bataillon du 2e régiment à pied et une batterie à cheval de la garde prussienne furent dirigés le 24 novembre sur Clermont et Beauvais. Quant au comte de Lippe, il se mit en marche sur Gisors le 25 novembre, et il s'établit avec sa division, renforcée du régiment saxon des grenadiers du corps, sur la ligne qui s'étend de Gisors à Magny par Dangu et Saint-Clair-sur-Epte.

A peine installés dans leurs nouveaux cantonnements, les Prussiens et les Saxons se mirent en devoir de s'éclairer dans la direction de l'Andelle ; de Beauvais, les patrouilles du comte de Brandebourg poussaient jusqu'aux environs de Songeons et de Gournay ; là, nos hussards pourchassèrent, les 28 et 29 novembre, des dragons du 2e régiment de la garde prussienne et leur tuèrent, blessèrent ou prirent quelques hommes dans chacune de ces rencontres.

Du côté de Gisors, le colonel de Miltitz, du 17e régiment de uhlans saxons, détaché à Dangu, s'avançait sur Villers-en-Vexin, dans la matinée du 28 novembre, à la tête de deux escadrons ; là, il se trouva face à face avec une de nos reconnaissances, composée d'un demi-bataillon de mobiles de l'Oise, d'une compagnie de francs-tireurs, d'un escadron de chasseurs et d'une section d'artillerie. Il se retira aussitôt sur Authevernes après avoir essuyé quelques coups de feu, et il donna l'alarme à Magny et à Gisors, d'où les renforts ne tardèrent pas à lui arriver. Dans l'après-midi, les nôtres, voyant une forte colonne de toutes armes déboucher par la route de Vesly en même temps qu'un autre détachement apparaissait sur celle de Magny, durent se replier sur Richeville en échangeant quelques coups de canon. Sur ces entrefaites, le reste du 1er bataillon de la mobile de l'Oise et le 2e de la Seine-Inférieure s'étaient portés d'Écouis et de Cressenville sur Boisemont pour appuyer notre reconnaissance, en sorte que les deux partis se trouvèrent déployés et complétement en présence, à portée de la voix, entre Boisemont et Richeville. Il eût suffi d'un coup de feu pour déterminer un engagement; mais la nuit était proche et, après être restés quelque temps en observation, les Saxons reprirent le chemin de Magny et de Gisors, tandis que nos troupes regagnaient leurs cantonnements. Il devenait évident que l'ennemi commençait à nous tâter d'une façon sérieuse et que les Saxons, se sentant soutenus, n'allaient pas tarder à entreprendre quelque mouvement offensif contre la ligne de l'Andelle.

Le lendemain, en effet, le comte de Lippe envoya dans la même direction de nouvelles reconnaissances. Vers onze heures, ses cavaliers arrivèrent à Boisemont qu'ils trouvèrent inoccupé; de là, ils poussèrent une pointe jusqu'au hameau de Saint-Jean-de-Frenelle, où ils essuyèrent quelques coups de feu ; bientôt leur artillerie entra en ligne, couvrit le hameau d'obus et força les francs-tireurs qui l'occupaient à se replier sur les bois de Mussegros. Mais, à la vue d'un bataillon de mobiles arrivé comme renfort, et qui les menaçait en flanc sur la route de Gisors, les Saxons jugèrent prudent de battre en retraite. Ils emmenèrent un sous-officier et deux ou trois uhlans du 18e régiment blessés dans cette rencontre, et ils s'installèrent aux Thilliers-en-Vexin avec un demi-bataillon, deux escadrons et une section d'artillerie, tandis qu'un détachement de même force entrait à Étrépagny et s'y établissait. Ces deux détachements devaient opérer de concert, le lendemain, une attaque au delà d'Écouis, contre la ligne de l'Andelle ; mais leur dessein échoua, ainsi qu'on va le voir, par suite des dispositions que nous prenions au même moment.

Nos troupes ayant réoccupé Vernon et Évreux sur la rive gauche de la Seine, le général Briand crut que le moment était venu de frapper à son tour un coup énergique sur la rive droite et d'essayer de déloger les Saxons de Gisors. Cette résolution venait un mois trop tard. C'était après le succès de Formerie, et dans la première quinzaine de novembre, qu'il eût fallu attaquer le comte de Lippe et le prince Albert ; mais, comme nous l'avons mentionné plus haut, ce fut à cette époque même que le général Briand fut enlevé à son commandement. Les événements qui s'étaient déroulés depuis avaient changé la situation des deux partis : la Fère avait capitulé le 26 novembre, et le 27, le général de Manteuffel avait battu à Villers-Bretonneux les jeunes troupes du général Farre. La chute de la Fère et la prise d'Amiens assuraient à l'ennemi la possession de deux forts points d'appui dans le Nord, et l'isolement désormais absolu de l'armée de Rouen changeait complétement les conditions de l'attaque ; opérée quinze jours auparavant, elle aurait pu amener des résultats décisifs, mais, au moment où elle fut entreprise, elle ne pouvait produire qu'une simple diversion. Néanmoins, tout le monde sentait qu'il fallait enfin sortir de l'inaction ; c'est pourquoi le général Briand résolut de tenter contre la ligne de l'Epte un coup de main dont il fixa la date pour la nuit du 29 au 30 novembre.

Cette expédition fut dirigée et conduite par le général Briand en personne, avec l'aide du petit corps de Fleury, qui était commandé depuis quelques jours par un de nos plus brillants officiers supérieurs de la marine, le capitaine de frégate Olry, ancien aide de camp de l'amiral Bouët-Villaumez au début de la campagne. Dans l'après-midi du 29 novembre, on réunit à Écouis la plupart des troupes appelées à prendre part à l'entreprise. Gisors devait être attaqué de trois côtés à la fois.

A gauche, le colonel Mocquard, qui avait formé à Longchamps une colonne exclusivement composée de corps francs et forte d'environ 1,500 hommes, avec quatre petites pièces de montagne, devait passer par Saint-Denis-le-Ferment, Éragny et Villers-sur-Trie, pour intercepter à Trie-Château la route de Beauvais.

A droite, le lieutenant-colonel de Canecaude, des mobiles de l'Oise, suivi de son régiment et du bataillon des tirailleurs havrais, en tout 3,500 hommes environ, sans artillerie, avait reçu l'ordre de se porter sur les Thilliers-en-Vexin. De là, les tirailleurs havrais (commandant Jacquot) seraient allés enlever le poste de Saint-Clair-sur-Epte et prévenir ainsi toute diversion par la route de Magny, tandis que le colonel de Canecaude, continuant sa marche sur Dangu, y aurait passé l'Epte, et finalement aurait contourné Gisors et coupé la retraite à l'ennemi par la route de Pontoise.

La colonne principale, sous les ordres du général Briand, devait marcher directement sur Gisors. L'avant-garde était formée par la compagnie des francs-tireurs des Andelys (capitaine Desestre); le gros de la colonne se composait du 2ᵉ bataillon de marche des 41ᵉ et 94ᵉ de ligne (commandant Rousset), rappelé la veille d'Évreux, du 1ᵉʳ bataillon de la Loire-Inférieure (commandant Ginoux), du 2ᵉ bataillon des Hautes-Pyrénées (commandant Debloux) et du 2ᵉ bataillon des Landes (commandant Esplendes). Puis venait l'artillerie, placée sous les ordres du commandant Sauvé et composée de cinq sections, dont trois de 4 rayé et deux de canons obusiers de 12; enfin la réserve formée par le 2ᵉ bataillon de la mobile de la Seine-Inférieure (commandant Rolin), et deux escadrons du 12ᵉ chasseurs (lieutenant-colonel Laigneau).

Telles étaient les dispositions prises par le général Briand pour son mouvement sur Gisors, et les Saxons ont bien voulu reconnaître, depuis, que cette entreprise offrait de grandes chances de succès : *Dieses Manöver hatte alle Aussicht auf einen ziemlichen Erfolg*[1]. En effet, les forces totales de nos trois co-

---

[1] V. *Die sächsische Armee im deutsch-französichen Feldzuge*. Pirna.

lonnes s'élevaient à environ 10,000 hommes et dix canons, auxquels le comte de Lippe n'avait à opposer qu'un régiment d'infanterie, seize escadrons et trois batteries.

Avant de partir d'Écouis, le général Briand réunit les chefs de corps des colonnes de droite et du centre pour leur donner ses instructions, et, à l'issue de cette réunion, les montres furent réglées en vue d'une attaque qui devait avoir lieu à cinq heures du matin sous les murs de Gisors et dont le canon donnerait le signal. Le plan était bien combiné et, exécuté de jour, il aurait infailliblement réussi; mais, pour une marche de nuit, il ne tenait peut-être pas assez compte des divers incidents imprévus qui ne pouvaient pas manquer de se produire avec des troupes novices, ne connaissant pas le terrain sur lequel elles allaient opérer. Il était probable, d'ailleurs, que l'éloignement du but à atteindre détruirait forcément l'harmonie qui devait régner entre les différentes colonnes. Sur ces entrefaites, et au moment de se séparer, un franc-tireur revenant de la découverte confirmait la nouvelle qu'Étrépagny venait d'être occupé par l'ennemi. Rien ne fut changé néanmoins aux dispositions prises, dans la crainte que le chef de la colonne de gauche ne pût en être prévenu en temps utile, et le général résolut d'enlever les obstacles qui s'opposeraient à sa marche.

Étrépagny, comme on l'a vu plus haut, était réellement occupé par un demi-bataillon d'infanterie, deux escadrons et une section d'artillerie[1]. Ces troupes, qui avaient pris part dans la journée à la reconnais-

---

[1] V. *Gefechts-Kalender des XII. k. s. Armee-Corps.* Dresden.

sance sur Boisemont, étaient placées sous les ordres du colonel de Rex, du régiment des grenadiers saxons de la garde du corps; elles devaient opérer le lendemain une forte reconnaissance offensive au delà d'Écouis, de concert avec le détachement des Thilliers, ayant la même force et la même composition que celui d'Étrépagny et commandé par le lieutenant-colonel de Trosky, du 18ᵉ uhlans.

Le 29 novembre, vers neuf heures du soir, les troupes appelées à faire partie de l'expédition se mirent en mouvement par un froid très-vif et au milieu d'une obscurité profonde. Nous allons suivre d'abord la colonne principale, sauf à indiquer plus tard les événements survenus dans les autres.

En avant-garde marchait la compagnie des Andelys, sous les ordres du capitaine Desestre, un des officiers de francs-tireurs les plus modestes et les plus méritants; puis le général Briand avec son escorte, suivi du reste de la colonne dans l'ordre indiqué plus haut. Un volontaire de Fleury-sur-Andelle, M. Lecouturier, nous accompagnait en qualité de guide, et avait contracté pour la durée de l'expédition un engagement dans les chasseurs à cheval dont il portait l'uniforme. Vers minuit on arrivait au Thil. Là, le général désirant savoir si Étrépagny était réellement occupé, M. Lecouturier partit seul à la découverte. Au bout d'une demi-heure il était de retour; il avait pénétré dans l'intérieur de la ville et appris par un de ses amis la force de la garnison saxonne.

Étrépagny est traversé dans sa longueur par la route de Rouen à Gisors, et coupé perpendiculairement en deux parties à peu près égales par la rivière de la Bonde, qui se jette à Bézu dans la Lévrière, l'un des petits affluents de l'Epte. Les Saxons occupaient la grande rue, depuis la rivière de la Bonde jusqu'à l'extrémité ouest de la ville. Ils avaient une compagnie d'infanterie à la mairie, un piquet de cavalerie sous les halles et une section d'artillerie sur la place du Marché. Les officiers étaient logés dans un hôtel situé presque en face de la mairie; le reste de l'infanterie était réparti au château; la cavalerie dans les fermes.

Le général Briand résolut de traverser rapidement Étrépagny, avec son avant-garde et le bataillon de marche, pour aller s'établir le long du cimetière et couper ainsi à l'ennemi sa ligne de retraite, pendant que les autres bataillons, conduits par des guides, cerneraient la ville et en fouilleraient les maisons; mais, avant que ses ordres pussent être transmis, on était déjà en présence. Il était environ une heure et demie du matin; déjà les uhlans étaient venus reconnaître notre tête de colonne et s'étaient repliés en silence et sans coup férir. Le général, pour ne pas leur laisser le temps d'annoncer notre approche et d'organiser la résistance, excita son avant-garde à prendre une allure rapide et se porta avec elle à une centaine de mètres de l'entrée d'Étrépagny. Là, le cri d'une vedette et le bruit d'un coup de feu retentirent et furent bientôt suivis d'une violente fusillade.

Il est des moments où, surtout avec de jeunes troupes, les chefs doivent payer de leur personne : Le général Briand donna bravement l'exemple, et, se précipitant dans la ville, il entraîna à sa suite les francs-tireurs des Andelys et la tête du bataillon de marche. Lorsqu'ils arrivèrent à la hauteur de la mairie, le poste ennemi les accueillit par une vive

14

fusillade. Plusieurs officiers saxons sortaient alors à cheval de leur hôtel : le général Briand et sa suite, l'épée à la main, M. Lecouturier, le revolver au poing, renversent les premiers qui se présentent; après quoi ils traversent la ville dans toute sa longueur et vont s'établir à l'autre extrémité, sur le côté droit de la route. Il s'engage alors dans les rues un combat général et un feu de mousqueterie non interrompu. Au milieu de cette nuit profonde, la lueur des coups de feu éclaire seule fantassins et cavaliers, amis et ennemis confondus dans la mêlée.

La tête du bataillon de marche, entrée à Étrépagny à la suite des francs-tireurs des Andelys, s'était trouvée coupée du reste de la colonne par le feu du poste de la mairie. Le commandant Rousset continua néanmoins sa marche avec ses deux premières compagnies. Il avait déjà franchi le pont et s'apprêtait à rejoindre le général Briand, quand il entendit tout à coup derrière lui le galop de la cavalerie. C'étaient des uhlans qui, ralliés par des officiers de dragons de la garde saxonne, les seconds lieutenants de Posern et de Stralenheim, tentaient bravement de se faire une trouée : penchés sur le cou de leurs montures, ils se précipitaient vers Gisors en déchargeant leurs pistolets et en dardant leurs lances; mais, lorsqu'ils traversèrent les rangs de la ligne, ils essuyèrent à bout portant une fusillade qui coucha par terre chevaux et cavaliers; ceux qu'avait épargnés cette décharge terrible allaient tomber plus loin sous les balles des francs-tireurs, et bien peu d'entre eux parvinrent à s'échapper. A la sortie de la ville, le général Briand, à la tête de son état-major et de son escorte, chargeait à son tour les fuyards, et, dans cette mêlée, il eut un cheval tué sous lui ; son guide, déjà blessé au début de l'affaire, fut également démonté, vraisemblablement par les nôtres, car le désordre s'était mis dans nos rangs. Le commandant Rousset fut forcé de revenir sur ses pas pour rallier le reste de son bataillon, qui, appuyé par les mobiles de la Loire-Inférieure (commandant Ginoux), luttait encore en arrière du pont. Dans cette contre-marche, nos soldats aperçurent une masse sombre qui se mouvait dans l'obscurité : c'étaient les artilleurs saxons qui essayaient de sauver leurs pièces. Déjà l'une d'elles avait pu s'échapper dans la direction de la gare, mais la seconde resta entre nos mains, et les conducteurs n'eurent que le temps de couper les traits sous une fusillade qui en blessa grièvement plusieurs. Peu de temps après, le poste de la mairie fut enlevé après une assez vive résistance.

Cependant, ne se voyant pas suivi, et craignant que, par cette nuit épaisse, ses soldats ne tirassent les uns sur les autres, le général Briand ramassa les quelques combattants qu'il avait sous la main et regagna à pied, par la route de Saint-Martin, la queue de sa colonne; il était plus de trois heures du matin lorsqu'il la rejoignit, et, à ce moment, le feu avait cessé de toutes parts. Il lança aussitôt sur la route de Gisors les escadrons du colonel Laigneau, et fit fouiller Étrépagny par les troupes qu'il avait sous la main, dirigeant lui-même l'opération. Si la ville avait été complétement cernée dès le début, pas un Saxon ne s'en serait échappé; mais un ou deux bataillons de mobiles s'étaient complétement fondus pendant l'action, et c'est une chose dont il ne faut pas s'étonner de la part de jeunes soldats qui n'avaient jamais vu le feu, et qui débutaient par une attaque de nuit, opération hérissée de dangers, féconde en méprises, dans laquelle ne réussissent pas toujours les troupes les plus expérimentées. Il était près de six heures du matin; ayant perdu le bénéfice de la surprise et ayant appris, en outre, l'insuccès de sa colonne de droite sur Dangu, le général Briand renonça à son expédition sur Gisors et se contenta du résultat qu'il avait obtenu.

Dans cette affaire, nous avions eu huit hommes tués et une quarantaine de blessés. Le bataillon de marche de la ligne, qui avait été le plus sérieusement engagé, comptait à lui seul six tués et vingt-sept blessés; il eut, en outre, à déplorer la perte du capitaine Chrysostôme, un ancien officier, sorti volontairement de la retraite dont il jouissait depuis de longues années, pour aller mourir en soldat les armes à la main.

Quant à l'ennemi, il avait subi des pertes très-sérieuses; et, lorsque le jour parut, il vint éclairer un lugubre tableau dont nous avons vainement cherché la reproduction dans toutes les publications illustrées de Leipzig : une cinquantaine de chevaux abattus ou mourants formaient à chaque pas de véritables barricades; au milieu des armes, des casques et des objets d'équipement qui jonchaient les rues, une vingtaine de cadavres[1], parmi lesquels ceux du comte d'Einsidiel, capitaine aux grenadiers saxons, et du volontaire comte d'Eckstaedt, gisaient çà et là dans des flots de sang, au milieu des blessés, dont une quarantaine furent portés dans nos ambulances. Plus de cent prisonniers restèrent entre nos mains; parmi

---

[1] V. Jüchtzer : *Verzeichniss der gefallenen und vestorbenen.* Dresden.

eux, plusieurs officiers, le capitaine baron de Keller, le premier lieutenant et adjudant de Loeben, tous deux des grenadiers du corps, et le second lieutenant de dragons Hæbler [1], En outre, nos troupes rentrèrent dans leurs cantonnements avec une foule d'armes, de munitions et de chevaux, et l'une des trop rares pièces de canon prises à l'ennemi pendant cette triste campagne.

Notre succès était donc incontestable à Étrépagny; mais, ainsi qu'il était facile de le prévoir, les différentes colonnes qui devaient opérer sur Gisors en étaient à une distance trop grande pour qu'on pût espérer qu'elles arrivassent avec précision aux positions fixées, surtout si elles avaient à rencontrer l'ennemi sur leur passage.

Celle de droite, conduite par le colonel de Canecaude, arriva vers deux heures du matin à l'entrée des Thilliers-en-Vexin, où elle essuya le feu du poste qu'elle espérait surprendre; mis en éveil par la fusillade qui éclatait dans la direction d'Étrépagny, le lieutenant-colonel de Trosky était sur ses gardes. Après quelques décharges qui coûtèrent la vie à un des nôtres, le désordre se mit dans les rangs des mobiles et des francs-tireurs, qui rétrogradèrent précipitamment sur Ecouis. Cette panique était d'autant plus regrettable, que les Saxons, de leur côté, s'enfuirent avec la même précipitation sur la route de Magny, abandonnant le village des Thilliers, qui demeura inoccupé pendant le reste de la nuit. Ce fut seulement dans la matinée que les Saxons revinrent plus nombreux. La commune, déjà frappée l'avant-veille

---

[1] V. Schubert : *Gedenk-und Erinnerungs-Blätter*. Dresden.

d'une contribution de guerre pour le fait de la reconnaissance qui avait eu lieu sur son territoire, eut également à souffrir de la rencontre nocturne dont elle avait été le théâtre. Le maire et plusieurs habitants furent emmenés comme otages par le général Senfft, qui les détint plusieurs jours à Magny. En outre, cette échauffourée fournit aux Saxons l'occasion de se vanter d'une apparence de succès. Il leur était difficile de ne pas avouer leur déconfiture à Étrépagny, mais ils alléguèrent qu'ils nous avaient repoussés aux Thilliers ; de telle sorte qu'à leur compte il y aurait eu compensation.

La colonne de gauche, sous les ordres du colonel Mocquard, n'avait pas rencontré de résistance sérieuse sur son passage; toutefois sa marche ne s'effectua pas sans incidents. A Saint-Denis-le-Ferment, village situé au fond de la vallée de la Levrière, les francs-tireurs s'arrêtèrent pour réquisitionner des chevaux. Attirée par le bruit, une patrouille d'infanterie du poste de Saint-Paër s'approcha à la faveur de l'obscurité, fit feu, et blessa au bras un officier des éclaireurs de la Seine, le capitaine Dazier. Après cette aventure, qui occasionna un feu de panique et désagrégea la colonne, les éclaireurs de la Seine, suivis de quelques corps francs, continuèrent néanmoins leur marche sur Gisors. Vers quatre heures du matin, ils franchirent l'Epte au pont du Prince, après avoir enlevé la sentinelle qui le gardait. Après une courte fusillade, le poste saxon rétrograda à l'autre extrémité d'Éragny, pour attendre le jour et des renforts. Poursuivant sa route, le colonel Mocquard arriva à l'heure fixée sur les hauteurs de Villers-sur-Trie, où il attendit vainement le signal convenu.

Lorsqu'il vit que l'aube commençait à poindre, il dut se résoudre à battre en retraite, ne remportant de son expédition que la satisfaction de n'avoir pas manqué au rendez-vous. Son mouvement s'opéra sans grande difficulté, les Saxons étant trop occupés du côté d'Étrépagny pour songer à l'inquiéter; il y eut, cependant, quelques coups de feu échangés sans résultat entre les francs-tireurs et un peloton de dragons envoyé en reconnaissance à Éragny. Après une courte halte à Thierceville, le colonel Mocquard se dirigea par Hébécourt sur Mainneville, où il prit ses cantonnements; il avait perdu dans cette retraite un traînard qui fut tué à Saint-Denis-le-Ferment par la même patrouille saxonne qui, la nuit précédente, y avait blessé un officier des éclaireurs.

Le comte de Lippe n'avait pas tardé à apprendre ce qui s'était passé à Étrépagny par les premiers fuyards arrivés à Gisors vers deux heures et demie du matin. Il fit aussitôt sonner l'alarme et rassembla à la hâte toute la garnison sur la route de Paris; il fit rentrer le poste de Bézu-Saint-Éloi et ne laissa de ce côté de la ville qu'un faible détachement chargé de recueillir les débris du colonel de Rex. Si notre marche eût été poursuivie, nul doute que les Saxons n'eussent abandonné Gisors; car leur grand'garde d'Éragny, qui s'était repliée après avoir échangé quelques coups de feu avec les éclaireurs du colonel Mocquard, avait annoncé l'approche de forces considérables qu'ils prirent pour notre corps de Gournay. Ils attendirent ainsi le jour dans la plus vive inquiétude, et ils ne reprirent confiance que lorsqu'ils le virent paraître sans avoir eu à essuyer une nouvelle attaque: les patrouilles qu'ils lancèrent sur

Éragny leur apprirent que notre colonne de gauche avait rebroussé chemin, et les échappés d'Étrépagny leur apportèrent la nouvelle que cette ville avait été évacuée par nous; le comte de Lippe se hasarda alors à envoyer dans cette direction une reconnaissance qui confirma la nouvelle de la retraite de nos troupes.

Les Saxons organisèrent alors une expédition pour recueillir leurs morts et leurs blessés et aussi pour se venger bassement de leur échec. Afin de se disculper de sa négligence, le colonel de Rex avait inventé une fable grossière qui a été reproduite dans presque toutes les relations allemandes du combat d'Étrépagny : malgré les précautions les plus minutieuses, *trotz der trefflichsten Sicherheitsmassregeln* [1], il avait été, disait-il, attaqué simultanément et de tous côtés par les habitants, et par une troupe armée qui avait été cachée dans l'église : *zum Theil in Kirchen versteckt* [2]. La vérité est que le colonel de Rex se gardait si mal, que le guide du général Briand avait pu pénétrer au cœur d'Étrépagny sans que l'éveil eût été donné ; qu'il n'y avait pas un seul soldat caché dans l'église ni ailleurs, et que notre attaque ne surprit pas moins les habitants que les Saxons eux-mêmes.

Vers deux heures de l'après-midi, le détachement entra sans résistance à Étrépagny ; il était composé de trois escadrons, d'une compagnie d'infanterie montée et de deux canons, sous les ordres du major de Funcke, l'officier supérieur qui nous avait fait des prisonniers à Ravenel dans des circonstances qu'on

---

[1] V. *Die sächsische Armee im deutsch-französischen Feldzuge*. Pirna.
[2] V. Glasenapp. *Der Feldzug von 1870-1871*. Leipzig.

n'a pas oubliées, et qui allait avoir une nouvelle occasion de se distinguer au milieu d'une population sans défense.

Sur l'ordre de leurs chefs, les Saxons enfoncent les portes, se saisissent des habitants atterrés et les entraînent hors de la ville à coups de plat de sabre et le pistolet sur la gorge; d'autres, munis de tampons de foin qu'ils imbibent de pétrole, mettent le feu aux maisons et n'épargnent même pas l'ambulance où ont été soignés leurs blessés. Quelques habitants réussissent à sauver leurs demeures, mais ils n'y parviennent qu'en graissant la patte à ces incendiaires [1]. Une soixantaine d'habitations, plusieurs fermes avec leurs récoltes deviennent la proie des flammes; des chevaux de culture amenés dans les rues sont éventrés à coups de baïonnette, avec une sauvagerie dont les Bavarois eux-mêmes se fussent étonnés. Vers quatre heures, quand ils voient l'embrasement complet, les Saxons reprennent le chemin de Gisors, après avoir pris l'infernale précaution de briser les pompes à incendie, comme pour enlever à leurs victimes jusqu'à la moindre lueur d'espérance.

Le premier soin des Saxons faits prisonniers le matin par nos soldats avait été d'invoquer leur nationalité et de faire appel à la sympathie de leurs anciens alliés sur les champs de bataille. Hélas! quelques heures plus tard, leurs camarades se montraient plus Prussiens que les Prussiens eux-mêmes, et de même que ceux-ci ont trop souvent souillé leur victoire, ceux-là eurent à cœur de déshonorer leur défaite.

---

[1] V. Dehais: *L'Invasion prussienne dans l'arr^{dt} des Andelys*. Évreux.

CHAPITRE IX.

Événements sur la rive droite de la Seine depuis le combat d'Étrépagny jusqu'à ceux de Buchy. — Grande sortie de Paris. — Ordres de marche sur la capitale (29 et 30 novembre). — Événements dans le Nord. — Bataille de Villers-Bretonneux (27 novembre). — Chute de la Fère et prise d'Amiens. — Marche du général de Manteuffel sur Rouen (1er décembre). — Formation de la première armée allemande à la date du 3 décembre. — Répartition des troupes de l'Andelle à la même date. — Effectif des forces allemandes. — Combats de Forgettes, de Rocquemont et de Bosc-le-Hard. — Escarmouches de Saint-Jean-de-Frenelle, de Lyons-la-Forêt et de Vascœuil (4 décembre). — Positions des deux partis dans la soirée du 4 décembre.

A son retour d'Étrépagny, le général Briand reçut à Fleury-sur-Andelle un télégramme du ministre de la guerre, lui prescrivant de former une colonne d'une vingtaine de mille hommes et de la diriger sur Paris. C'était la conséquence d'un plan général de la délégation de province, et, au moment même où cet ordre parvenait au général Briand, c'est-à-dire dans la soirée du 30 novembre, les généraux de l'armée de la Loire, réunis en conseil de guerre à Saint-Jean-de-la-Ruelle, près Orléans, recevaient, au nom du ministre, l'injonction formelle de marcher sur Pithiviers; le commandant de l'armée du Nord devait également concourir à ce mouvement général sur Paris, car il s'agissait de tendre la main à notre armée de siège qui tentait alors une grande sortie.

On apprit, en effet, le 1er décembre que cette sortie, accomplie la veille, avait été couronnée d'un plein succès; et, le même jour, le général Chanzy inaugurait le mouvement de l'armée de la Loire par une brillante action. Tout s'annonçait donc favorablement dans cette journée ; la fortune semblait enfin nous sourire ; chacun avait repris confiance, et chez nous, qui sommes prompts à passer d'un extrême à l'autre, le découragement avait subitement fait place à l'espérance. La délégation de province elle-même s'était abandonnée à un enthousiasme qui l'empêcha de voir clairement les choses et de juger avec calme la situation militaire.

Le 2 décembre, le général Briand reçut un second télégramme qui lui enjoignait de nouveau « de ramasser toutes ses troupes et de marcher sur Paris ». Cette dépêche, communiquée aux comités de défense, fut promptement connue des journaux, qui s'empressèrent de la publier, ni plus ni moins que s'il se fût agi de donner le change à l'ennemi et de l'attirer dans un piége. On était persuadé à Tours que l'évacuation d'Amiens par le général de Manteuffel était une conséquence de la sortie de Paris, et l'on supposait que la Ire armée allemande se portait en toute hâte au secours de l'armée d'investissement. Le général Briand s'empressa, il est vrai, de signaler la marche de l'ennemi sur Rouen ; mais le délégué du ministre de la guerre, qui remplissait des fonctions analogues à celles de major général, lui répondit « que les » Prussiens avaient autre chose à faire que de venir » se promener en Normandie », et il réitéra son injonction. Le préfet de la Seine-Inférieure confirma les renseignements fournis sur la situation par le général Briand ; mais, bien que dans cette malheureuse guerre les fonctionnaires civils trouvassent plus facilement créance que les chefs militaires, on ne tint pas compte de son avis et l'ordre fut maintenu. Le ministre se figurait sans doute que si les Prussiens faisaient une pointe sur la Normandie, ils n'avaient d'autre but que de masquer leur mouvement sur Paris.

Enfin le commandant général Estancelin crut devoir exposer à son tour la situation dans la matinée du 3 décembre [1]. A cette date, la tentative de sortie de Paris avait échoué; on connaissait à Tours les conséquences de la journée de Loigny; peut-être y prévoyait-on déjà que les ordres de marche sur la capitale, si formellement donnés et si opiniâtrément maintenus, allaient aboutir, sur la Seine comme sur la Loire, aux mêmes conséquences, c'est-à-dire à la perte de Rouen et à celle d'Orléans, qui, en effet, eurent lieu le même jour et qui furent suivies de la retraite précipitée du corps de l'Andelle, et de la retraite bien autrement désastreuse de l'armée de la Loire. Ce fut sans doute par suite de ces considérations que le général Briand reçut, dans la journée du 3 décembre, le contre-ordre à sa marche sur Paris. Il passa la nuit suivante à transmettre de nouvelles instructions aux chefs de corps qui devaient faire partie de la colonne expéditionnaire, et qui, en ce moment, se trouvaient déjà en présence de l'ennemi; car, dès le 3 décembre, les têtes de colonnes de la Ire armée allemande avaient atteint la ligne de l'Epte.

Pour se rendre compte des opérations du général de Manteuffel et chercher la raison déterminante de sa marche sur Rouen, il est nécessaire de se reporter à quelques jours en arrière. L'état-major prussien se figurait que toutes nos troupes de la région du Nord,

---

[1] V. Estancelin : *La Vérité sur les événements de Rouen*. Rouen.

placées sous le commandement du général Bourbaki, ne formaient qu'une seule et même armée, ayant sa droite à Rouen, son centre à Amiens, sa gauche à Lille, et couvrant la ligne ferrée qui relie ces trois grandes villes, notamment la section de Rouen à Amiens. Telles étaient, en effet, les dispositions qui auraient dû être prises dans cette circonstance ; mais, comme nous l'avons déjà dit, le commandement du général Bourbaki sur les forces de la rive droite de la Seine était purement nominal. Les troupes de l'Andelle et celles du Nord s'étaient, il est vrai, donné une fois la main à Formerie, mais ce fut là une rencontre tout à fait fortuite et qui ne devait malheureusement pas se renouveler. Quoi qu'il en soit, le général de Manteuffel envoya, dès le 22 novembre contre notre armée du Nord, une reconnaissance qui poussa jusqu'au bois de Gentelles, aux portes d'Amiens, et rapporta la nouvelle que le général Bourbaki était présent dans cette ville. Il y était, en effet, passé la veille, se dirigeant sur Rouen. Les Prussiens avaient bien appris, par les journaux, que le général en chef de la région du Nord était relevé de son commandement, mais ils devaient croire qu'il le conserverait au moins jusqu'à l'arrivée de son successeur, et ils supposèrent que, dans son voyage de Lille à Amiens et d'Amiens à Rouen, il n'avait d'autre but que de ramener ses ailes sur le centre.

C'est pour s'opposer à une telle concentration, que le général de Manteuffel attaqua notre armée du Nord, sans même attendre que la sienne eût achevé sa formation en bataille sur la ligne de l'Oise. La journée de Villers-Bretonneux décida du sort d'Amiens ; mais, après cette bataille, l'ennemi ignorait encore si le gros de nos forces était avec le général Farre ou avec le général Briand. Dans le doute, il eût été plus rationnel pour les Prussiens de poursuivre le général Farre et de compléter le résultat obtenu à Villers-Bretonneux. Avec la Fère et Amiens, ils possédaient déjà deux points d'appui dans le Nord, et il semble qu'ils devaient chercher à se rendre complétement maîtres de la ligne de la Somme en dirigeant contre la place de Péronne, qui en est la clef, l'entreprise qu'ils firent plus tard et qui était naturellement indiquée. Mais, sur les rapports du comte de Lppe et de l'armée de la Meuse, le grand quartier de Versailles désigna Rouen comme le point le plus menaçant pour l'armée de siége. La surprise d'Étrépagny, survenue dans la nuit du 29 au 30 novembre, était de nature à faire cesser toute hésitation chez le général de Manteuffel; la tentative du général Briand contre Gisors eut donc pour résultat de dégager l'armée du Nord et de lui permettre de se reconstituer avec une merveilleuse promptitude sous la main habile et énergique du général Faidherbe.

Laissant derrière lui un mince rideau de troupes pour couvrir la ligne de la Somme, occuper Amiens et la Fère et garder la ligne ferrée qui relie ces deux villes, le général de Manteuffel se mit en route sur Rouen avec le gros de ses forces dès le 1er décembre. Son ordre de marche semble trahir comme un indice de précipitation : ses corps d'armée sont formés par inversion; le VIIIe a l'aile droite et suit la route qui longe le chemin de fer par Poix, Formerie et Forges. Le 2 décembre, le quartier du général de Manteuffel est à Grandvilliers et son aile gauche à Breteuil, en sorte que, dans cette position, il pourrait également se porter sur Rouen ou sur Beauvais et Paris; mais à cette date, il connaît sans doute l'insuccès de notre tentative de sortie, et il poursuit sa marche sur Rouen. Le 3, ses têtes de colonnes sont sur l'Epte, à Forges et à Gournay; le même jour, il déploie son armée, la forme en bataille, lui crée une réserve et l'établit dans les positions suivantes: A l'aile droite, le VIII⁰ corps (général de Goeben), de Forges à Neufchâtel, quartier général à Gaillefontaine; à l'aile gauche, le Ier corps (général de Bentheim), à Gournay et aux environs, quartier général à la Chapelle-Songeons; la réserve, à Pommereux et à Bazancourt; le grand quartier du général de Manteuffel à Songeons.

Voyons quelle était, de notre côté, la situation militaire et comment nos troupes étaient réparties à la même date.

Par suite de l'ordre de marche sur Paris, donné dans la soirée du 30 novembre et contremandé le 3 décembre, le général Briand avait perdu trois jours entiers, qui auraient pu être utilisés pour organiser la défense de la Seine-Inférieure. Le mouvement sur Paris avait reçu un commencement d'exécution; les bagages, les convois de munitions, le matériel du chemin de fer avaient été réunis à cet effet; plusieurs bataillons de mobilisés avaient été dirigés sur la rive gauche de la Seine et une partie des troupes du corps de Fleury avaient été concentrées pour suivre la même direction.

Les troupes, dont le général Briand disposait le 3 décembre au soir, restaient, comme auparavant, séparées en deux groupes et placées sous des commandements dont les centres avaient été fixés à Fleury-sur-Andelle, pour l'aile droite, et successivement à Forges, Argueil, Gournay, puis Buchy, pour l'aile gauche.

A Fleury-sur-Andelle, le capitaine de frégate Olry avait sous ses ordres les corps dont nous allons faire connaître la désignation et les positions : à Fleury, le 12° régiment de chasseurs, le 2° bataillon de marche de la ligne et le 1ᵉʳ bataillon de la mobile de la Loire-Inférieure; à Écouis et à Fresne-l'Archevêque, le régiment de la mobile de l'Oise; à Gaillardbois-Cressenville, le 2ᵉ bataillon de la Seine-Inférieure; à Ménesqueville, le 2° bataillon des Landes; à Charleval, le 2ᵉ bataillon des Hautes-Pyrénées. En outre, dans les derniers temps, la plupart des corps francs avaient été rattachés au commandement de Fleury; c'étaient: au Mesnil-Bellanguet, le demi-bataillon des tirailleurs havrais; à Mussegros, la compagnie des francs-tireurs des Andelys; au château de Belleface, la compagnie d'Elbeuf; à Lyons-la-Forêt, le demi-bataillon du Nord, la compagnie des éclaireurs rouennais et les guides de la Seine-Inférieure, pour ne pas parler de deux ou trois autres petites troupes irrégulières et de peu d'importance. L'artillerie comprenait deux sections de la 2° batterie du 10ᵉ régiment, une de la 31ᵉ batterie de la marine, une des mobilisés de Rouen, une batterie des mobilisés du Havre et une autre de la garde nationale sédentaire de Rouen. Le corps de Fleury-sur-Andelle comptait donc à peu près 1,500 hommes de l'armée régulière, 7,000 mobiles et 12 à 1,500 francs-tireurs; total, environ 10,000 hommes avec vingt et un canons, dont six Withworth, six de 4, trois Armstrong et six rayés de montagne.

Depuis le départ du général d'Espeuilles, le corps du pays de Bray, dont nous ferons connaître plus loin la composition, était passé sous le commandement du lieutenant-colonel de Beaumont, du 3e hussards, qui occupait Gournay dans les derniers jours de novembre. Le 1er décembre, il reçut l'ordre de se porter à Gaillefontaine avec une partie de ses troupes pour couvrir la route d'Amiens et la ligne du chemin de fer, Gournay restant occupé par deux bataillons. Les journées des 1er et 2 décembre s'écoulèrent sans événement digne de remarque. Dans la nuit du 2 au 3, l'approche des têtes de colonnes du général de Manteuffel fut signalée; le colonel de Beaumont, ne se sentant pas en force pour leur disputer le cours supérieur de l'Epte, se replia aussitôt sur Buchy, où la concentration de son petit corps s'opéra dans la matinée du 3 décembre. A ce moment, le général Briand n'avait pas encore reçu le contre-ordre à sa marche sur Paris; il était donc forcé de rester à Rouen pour y recevoir les instructions du ministre. Il était, d'ailleurs, persuadé que le colonel de Beaumont ne pouvait avoir devant lui qu'une faible avant-garde, et il lui avait donné l'ordre de tenir à tout prix. Lorsqu'il fut informé de son mouvement de retraite, il chargea le capitaine de vaisseau Mouchez du commandement supérieur et de la défense du pays de Bray.

Placé vers le milieu de septembre à la tête de la division navale de la basse Seine, le commandant Mouchez avait, en exécution d'un décret du 18 octobre, réuni à son commandement celui des forces de terre du Havre; et, sous son impulsion, les travaux de défense et l'armement de cette place s'étaient rapidement achevés. Un mois plus tard, le 20 novembre, sur les instances de la municipalité de Rouen, qui voulait également créer autour de cette ville des ouvrages de fortification, le commandant Mouchez fut remplacé au Havre par le capitaine de frégate Rallier et appelé à la tête de la subdivision militaire de la Seine-Inférieure. Malgré le peu de temps qu'il avait devant lui, il s'était mis à l'œuvre avec activité, et il était tout entier à ses travaux de défense, quand, dans la nuit du 2 au 3 décembre, il se vit chargé de la mission précédemment confiée au colonel de Beaumont. Bien que peu initié à l'art de conduire des troupes en campagne, comme tant d'autres braves marins qui combattaient hors de leur élément, le commandant Mouchez ne crut pas pouvoir refuser le concours qu'on demandait à son patriotisme, et il accepta le commandement d'un corps dont la situation se trouvait déjà plus que compromise. Arrivé seul à Forges le 3 décembre à une heure du matin, il n'y trouva plus que quelques détachements en pleine retraite, et il ne put qu'approuver les dispositions déjà prises par le lieutenant-colonel de Beaumont, c'est-à-dire la concentration sur Buchy, où l'on devait essayer d'arrêter l'ennemi, s'il n'y avait pas une disproportion de forces trop considérable.

La position de Buchy, beaucoup moins favorable que celle de Gaillefontaine pour contenir les efforts d'une armée venant d'Amiens, avait cependant une certaine importance stratégique, comme point de bifurcation des routes de Forges et de Neufchâtel et du chemin de fer d'Amiens vers Rouen et Dieppe. Dans la matinée du 3 décembre, par un froid de 7 à 8 degrés, le bourg de Buchy et ses environs furent subitement envahis et encombrés par une foule de soldats débandés, à moitié gelés, sans vivres et dans un état de dénûment complet. Les premiers ennemis à combattre étaient donc le froid, et surtout la faim. « Ventre affamé n'a pas d'oreilles », a écrit le fabuliste; *Disciplinam servare non potest jejunus exercitus,* dit un vieil adage militaire; il était, en effet, bien difficile de maintenir l'ordre et la discipline parmi des troupes aussi éprouvées par le manque de nourriture. Depuis le 1er décembre, l'armée de l'Andelle se trouvait placée sous le régime de la solde avec vivres de campagne, mais le service n'était pas encore organisé, et l'intendance était dans l'impossibilité de procurer les rations qu'elle était censée fournir. La journée du 3 décembre et une partie de la nuit suivante furent donc employées au ravitaillement. Le commandant Mouchez dut se faire lui-même le pourvoyeur de son petit corps d'armée; il partit pour Rouen, et, grâce au patriotique concours de la municipalité de cette ville, il en revint à minuit avec ce qui était nécessaire, sinon pour alimenter ses troupes, du moins pour les empêcher de mourir de faim. Le reste de la nuit se passa à opérer la répartition de ces vivres.

Pendant ce voyage à Rouen, le commandant Mouchez avait pressé le général Briand de venir se rendre compte par lui-même de la situation et de prendre la direction des troupes de Buchy, mais le général crut qu'il suffirait d'y envoyer quelques renforts. En restant à Rouen, il voulait sans doute être à même de se porter, suivant le besoin, à Buchy ou à Fleury-sur-Andelle, au point où il jugerait sa présence le plus nécessaire. Il semblait encore ignorer la direction précise de la marche du général de Manteuffel et surtout la rapidité avec laquelle cette marche s'était opérée. D'ailleurs il n'était pas le seul qui fût dans cette ignorance ; la ville de Rouen elle-même n'avait guère changé d'aspect et paraissait jouir d'une quiétude relative ; les dépêches du gouvernement, les nouvelles des journaux et les avis d'Amiens parvenus le 3 décembre, persistaient à présenter Paris comme l'objectif de la Ire armée allemande. En réalité, dans cette journée, l'ennemi occupait Neufchâtel, Forges et Gournay, et nous étions complétement en présence.

Le petit corps du commandant Mouchez comprenait : le 3e hussards et le 5e bataillon de marche, cantonnés à Buchy ; le 1er bataillon de la mobile des Hautes-Pyrénées, au Tremblay ; le 4e bataillon de l'Oise, à Estouteville ; le 1er bataillon du Pas-de-Calais, à Saint-Martin-du-Plessis, et le 8e à Écalles-sur-Buchy. A ces troupes étaient venus se joindre comme renfort dans la journée du 3 : le 2e bataillon de la mobile de la Marne, qui s'était trouvé séparé de l'armée d'Amiens à la suite de la bataille de Villers-Bretonneux, et qui avait été dirigé sur Bosc-Roger ; le régiment des éclaireurs de la Seine et la compagnie des Vengeurs de la mort, arrivés dans la soirée de Lyons-la-Forêt à Buchy. En outre, le commandant général Estancelin avait dirigé sur ce point cinq bataillons de la légion des mobilisés de Rouen, qui furent ainsi répartis : le 3e bataillon, à Critot ; le 4e, à Beaumont ; les 6e, 7e et 8e, à Rocquemont. Enfin deux bataillons de la légion du Havre occupèrent, le 2e, Buchy, et le 6e, la Frenaye. Ces derniers bataillons, dont quelques-uns étaient incomplétement organisés, avaient un effectif moyen d'à peu près

700 hommes. Quant à l'artillerie, elle comprenait deux sections de la 31ᵉ batterie de la marine, deux de la 2ᵉ batterie du 10ᵉ régiment, et une de la batterie des mobilisés de Rouen ; en tout, deux pièces rayées de 4, trois pièces Armstrong et six canons obusiers de 12 lisses. Le corps de Buchy comptait donc environ 1,300 soldats de l'armée régulière, infanterie et cavalerie, 5,000 mobiles, à peu près le même nombre de mobilisés, et environ 800 francs-tireurs ; total, 12,000 hommes, avec onze canons. Toutefois ce qu'il faut considérer dans ces troupes, c'est moins encore la quantité que la qualité. Ces bataillons, appelés à la hâte des points les plus éloignés, ne se connaissant pas entre eux et ne connaissant pas leurs chefs, placés à la dernière heure sous un commandement improvisé, manquaient forcément de cette cohésion et de cette confiance réciproque qui peuvent seules garantir la solidité.

Voyons maintenant quelles étaient les forces qui nous étaient opposées : en marchant sur Rouen, le général de Manteuffel avait laissé à Amiens le corps d'observation du général de Groeben, qui se composait de six bataillons, huit escadrons et trois batteries ; il avait, en outre, un bataillon d'infanterie détaché à la Fère ; mais, d'un autre côté, le grand quartier de Versailles avait mis sous ses ordres directs, pour la durée de ses opérations contre Rouen, la brigade des dragons de la garde du comte de Brandebourg, en garnison à Beauvais, et le détachement du comte de Lippe. Le corps saxon de Gisors, qui était toujours opposé à nos troupes de l'Andelle, formait ainsi l'aile gauche de la Iʳᵉ armée prussienne, après avoir été si longtemps l'aile droite des troupes allemandes chargées de couvrir l'armée d'investissement. Toutes ces forces, réunies le 3 décembre sur la ligne de l'Epte, de Forges à Gisors, formaient un total de quarante-sept bataillons, quarante-huit escadrons et trente batteries. Il s'agit maintenant d'exprimer ces chiffres en têtes de combattants, et c'est là que gît la difficulté. Lorsque la Ire armée part de Metz, le général Senfft, qui prend le soin de nous annoncer son approche, évalue sa force à 80,000 hommes, et, arrivée à Rouen, elle en aurait eu à peine la moitié, s'il faut s'en rapporter aux Prussiens; nous croyons que ces évaluations sont également éloignées de la vérité. Sur l'effectif du pied de guerre réglementaire, le bataillon au complet comptant mille baïonnettes, et l'escadron cent cinquante sabres, la Ire armée allemande aurait été forte de 55,000 hommes environ; mais nous supposerons que, par suite des marches et des combats, elle avait perdu un cinquième de son infanterie et un dixième de sa cavalerie; en réalité quelques rares bataillons avaient seuls pu subir un pareil déchet et les escadrons avaient fort peu souffert. Le chiffre total des forces du général de Manteuffel dépassait donc 45,000 hommes. Quant aux artilleurs, les Allemands n'ont pas l'habitude de les faire figurer dans l'effectif des combattants, bien que ce soient eux qui jouent le rôle principal dans les batailles; mais il n'en est pas moins vrai que le 3 décembre le général de Manteuffel avait à sa disposition trente batteries, ou, pour parler rigoureusement, cent soixante-dix-neuf canons; car nous admettrons que le comte de Lippe n'avait pas eu le temps de remplacer celui qu'il avait laissé entre nos mains à Étrépagny. Les forces du général de Manteuffel étaient donc, comme quantité, plus que doubles de celles du général Briand; et, quant à la qualité, on ne saurait comparer aux régiments prussiens, aguerris et exaltés par le succès, nos quelques bataillons incohérents, ni opposer aux 179 canons Krupp notre artillerie, composée en grande partie de canons lisses ou de pièces de montagne.

Il suffit de mettre ces éléments en regard les uns des autres pour voir quelles étaient les chances d'une tentative de résistance. Pour que la lutte eût été possible, il aurait fallu d'abord conserver les positions du pays de Bray, opérer une concentration de nos forces sur leur gauche, occuper fortement la ligne de séparation des eaux, et toute la partie qui s'étend entre le cours supérieur de l'Epte et celui de l'Andelle et de la Béthune. Il y a là un terrain coupé, boisé, accidenté, hérissé de fermes dont chacune forme à elle seule un ouvrage de campagne. Le choix d'une pareille position, très-favorable à la défense, aurait pu compenser en partie notre infériorité numérique, en enlevant à l'ennemi le moyen d'employer sa nombreuse cavalerie et son artillerie formidable. Si les Prussiens, contenus ainsi en tête, eussent été en même temps menacés en queue par notre armée du Nord, dont le général Faidherbe venait de prendre le commandement, le général de Manteuffel aurait été vraisemblablement forcé de renoncer à sa marche sur Rouen et de se retirer sur Beauvais. Une simple démonstration sur ses derrières, tandis qu'il eût été maintenu de front, aurait profondément modifié la situation; par malheur il n'existait aucune relation entre le général Faidherbe et le général Briand; en sorte que l'armée de l'Andelle, qui aurait pu, quelques jours auparavant, être concentrée sur Amiens, prendre part à la bataille de Villers-Bretonneux et changer les conditions de la lutte, se vit à son tour isolée en face d'un ennemi plus de deux fois supérieur en nombre.

En présence d'une telle supériorité numérique, il était impossible au commandant Mouchez de résister seul dans un pays aussi découvert que celui qui environne Buchy; il résolut donc de se retirer encore plus en arrière, vers Quincampoix, pour s'appuyer au besoin sur la forêt Verte et se trouver plus à proximité des retranchements qu'il avait fait élever autour de Rouen. Afin de couvrir ce mouvement de retraite et de s'éclairer en même temps sur la force des corps ennemis, dont l'approche avait été annoncée la nuit précédente, il lança, dans la matinée du 4 décembre, deux fortes reconnaissances dans les directions de Forges et de Neufchâtel.

De son côté, le général de Manteuffel avait donné ses ordres dès la veille. Son intention n'était pas de livrer bataille le 4, mais de gagner du terrain et d'atteindre la ligne de l'Andelle afin d'être prêt à tout événement. Le Ier corps devait s'avancer jusqu'à la Haye et Lyons-la-Forêt, le VIIIe jusqu'à Buchy, la réserve jusqu'à Argueil. La brigade des dragons de la garde était mise à la disposition du général de Goeben pour couvrir son aile droite; à l'aile gauche, le comte de Lippe devait pareillement se porter d'Étrépagny vers Fleury-sur-Andelle. Le VIIIe corps avait reçu l'ordre de commencer son mouvement à neuf heures du matin, et il était particulièrement chargé de détruire les chemins de fer et les télégraphes qui mettaient Rouen en communication avec Dieppe et le Havre. Le général de Goeben, disposant de trois brigades, en avait formé autant de colonnes qui devaient converger sur Buchy : à sa gauche, la 29ᵉ brigade, sous les ordres du général lieutenant de Kummer, s'avançait par la route de Forges; au centre, la 32ᵉ, commandée par le général lieutenant de Barnekow, se dirigeait sur Sommery; à sa droite, le colonel Mettler, qui remplaçait le général major de Gneiseneau, marchait de Neufchâtel sur Saint-Martin-Omonville, à la tête de la 31ᵉ brigade. C'est avec les têtes de colonnes du VIIIᵉ corps prussien, et principalement avec celles des ailes, que nos troupes eurent dans la journée du 4 décembre plusieurs engagements isolés, auxquels on a donné le nom de combats de Buchy.

La reconnaissance envoyée dans la matinée de ce même jour sur la route de Forges était sous les ordres du colonel Mocquard; elle se composait du 2ᵉ bataillon de la mobile de la Marne (commandant de Peyronnet), du 2ᵉ bataillon de mobilisés de la légion du Havre (commandant Delœuvre), du régiment des Éclaireurs de la Seine, de la compagnie des Vengeurs de la mort (capitaine Deschamps) et d'une section de canons obusiers de 12 lisses (maréchal des logis Aumont); en tout un peu moins de 3,000 hommes et deux canons. A sept heures du matin, ces troupes avaient pris position sur le plateau de Forgettes, à environ six kilomètres de Buchy, la droite appuyée vers le hameau de Hucleu et la gauche vers celui de Liffremont; les Éclaireurs de la Seine, déployés en tirailleurs sur la pente du Mont-Albout; les deux pièces sur la droite de la route, avec une compagnie de soutien. Vers huit heures et demie, quelques cavaliers débouchèrent de Mauquenchy sur la route de Forges, mais ils firent aussitôt volte-face, salués de loin par quelques décharges de mousqueterie et par un coup de canon, dont le projectile alla tomber à peu près à mi-chemin, ce qui n'était pas fait pour inspirer une grande confiance à nos soldats dans l'appui de leur artillerie. La patrouille ennemie avait disparu et l'on pouvait croire l'affaire terminée, quand, peu de temps après, une batterie vint se mettre en position sur les hauteurs opposées, à environ deux kilomètres de nos pièces qu'elle prit comme objectif. A une pareille distance, des obusiers lisses étaient incapables de répondre d'une manière efficace; les artilleurs tirèrent néanmoins quelques coups de temps à autre pour ne pas décourager notre infanterie. La canonnade et la fusillade se prolongèrent ainsi sans grand effet meurtrier pendant environ une heure. L'avant-garde prussienne qui occupait Mauquenchy, et qui se composait du 2e bataillon du 65e régiment, n'avait d'autre but que de donner à la colonne qu'elle précédait le temps d'entrer en ligne. Vers dix heures, le général de Kummer, débouchant à la tête de sa brigade, s'étendit aussitôt par sa droite vers Roncherolles, afin de se tenir en communication avec la colonne du centre qui s'avançait sur Sommery. Lorsqu'il eut reconnu la faiblesse numérique de ses adversaires, il donna l'ordre de l'attaque. Avec des efforts dignes d'un meilleur résultat, quelques-unes de nos compagnies essayèrent de disputer le terrain, mais l'artillerie ennemie, qui jusque-là les avait épargnées, fut aussitôt dirigée contre elles; l'un de ses premiers obus enleva un éclaireur de la Seine et en blessa quelques autres. En présence des forces considérables qu'il avait devant lui, et qui le débordaient sur sa gauche, le colonel Mocquard dut se résoudre à donner le signal de la retraite. Par malheur elle s'opéra précipitamment, et nos artilleurs ne purent éviter d'abandonner une de leurs pièces, démontée pendant l'action [1]. Dans cette affaire, les mobiles, les mobilisés et les francs-tireurs eurent quatre hommes tués ou atteints mortellement, douze à quinze autres hors de combat, et une vingtaine de prisonniers. L'ennemi, de son côté, laissa deux des siens sur le terrain et envoya aux ambulances de Forges-les-Eaux une douzaine de blessés appartenant tous, sauf un artilleur, au 65e régiment d'infanterie du Rhin.

La canonnade de Forgettes avait été entendue à Buchy, mais on crut que c'était notre reconnaissance qui fouillait les bois et qu'il n'y avait rien de sérieux de ce côté, aucune estafette n'ayant rendu compte de ce qui s'y passait. Vers dix heures et demie, on vit apparaître les premiers fuyards, propageant sur leur route une panique dont ils étaient les auteurs, et le gros des troupes massées autour de Buchy suivit ce mouvement rétrograde que les chefs furent impuissants à enrayer. Des détachements du 5e bataillon de marche (commandant Barreau), ainsi qu'un escadron du 3e hussards, postés sur la route de Forges, entre Bosc-Roger et le hameau de Razeran, attendirent seuls l'ennemi de pied ferme; mais après une courte canonnade, ils se virent également débordés sur leur gauche et forcés de se replier. Dans ce second engagement, nos soldats eurent quelques blessés; un sous-lieutenant et une vingtaine d'hommes

---

[1] V. Dessolins : *Les Prussiens en Normandie*. Rouen.

furent faits prisonniers, et le nombre en eût été bien plus considérable si l'ennemi avait continué la poursuite ; mais, par bonheur, le général de Kummer, dont l'itinéraire était tracé vers le sud, ne crut pas devoir dépasser Razeran.

Sur la route de Neufchâtel, la reconnaissance ordonnée par le commandant Mouchez était formée des 4e, 6e, 7e et 8e bataillons de la légion des mobilisés de Rouen, du 1er bataillon de la mobile des Hautes-Pyrénées, d'un escadron du 3e hussards et d'une section d'artillerie. Le lieutenant-colonel Laperrine, qui la dirigeait, avait pour instructions de se porter sur Saint-Martin-Omonville, de faire reconnaître Saint-Saëns par sa cavalerie, et de se retirer ensuite dans la direction de Saint-Georges-sur-Fontaine, en passant par Cailly et Fontaine-le-Bourg. Au moment même où cette reconnaissance partait de Rocquemont, l'ennemi débouchait de Saint-Martin, et lorsque, vers onze heures du matin, le colonel Laperrine atteignit la limite qui sépare les deux communes, il se trouva en présence du colonel Mettler, qui occupait, avec la tête de sa brigade, Bréquigny et le haut de la côte du Fontenay. A la hauteur de la ferme de Beauvais, qui était au pouvoir des Prussiens, les mobilisés des 1re et 2e compagnies du 1er bataillon (commandant Gamarre), déployés en tirailleurs, essuyèrent une vive fusillade ; ils ripostèrent résolûment, et, bien qu'ils ne fussent armés que de mauvais fusils à piston, ils infligèrent quelques pertes à leurs adversaires. Plein de confiance dans ce début, le colonel Laperrine s'apprêtait à se lancer sur l'ennemi, lorsqu'il reçut du colonel de Beaumont, qui commandait en second à Buchy, l'ordre de se replier immédiatement par la route de Rouen[1]. La retraite s'opéra aussitôt sans trop de confusion, mais les tirailleurs engagés eurent à souffrir de ce mouvement imprévu. Cette rencontre coûta aux mobilisés de la légion de Rouen deux hommes tués, neuf blessés, dont un officier, le sous-lieutenant Borgnet, et une vingtaine de prisonniers. En outre, un détachement du 6ᵉ bataillon des mobilisés de la légion du Havre, fort de 8 officiers et de 267 hommes, qui, à la suite de la panique de Buchy, avait quitté la Frenaye et s'était mis en marche sans ordres et sans direction, tomba au milieu de la brigade Mettler, qui s'avançait à la poursuite du colonel Laperrine, et fut tout entier fait prisonnier au lieu dit les Hêtreaux, sur le territoire de Rocquemont.

Au moment où ces mobilisés étaient ainsi enveloppés et pris à Rocquemont, le général de Barnekow entrait à Buchy, suivi du général de Goeben, tandis que le général de Manteuffel arrivait à Argueil et établissait son quartier général au château du marquis de Castelbajac. Il était donc grand temps que la retraite de nos troupes s'effectuât; et, dans les conditions où elle s'opérait, elle aurait pu devenir désastreuse, si le chef du VIIIᵉ corps, qui avait à sa disposition plus de 2,000 chevaux, eût ordonné la poursuite. Mais il fut forcé de s'en abstenir par suite d'une diversion qui menaçait son aile droite et qui eut lieu dans des circonstances que nous allons indiquer.

On a vu plus haut que le général Briand, resté à Rouen, avait reçu, dans la soirée du 3 décembre,

---

[1] V. Laperrine: *La 1ʳᵉ légion des mobilisés de la Seine-Infᵉ*. Montpellier.

contre-ordre à sa marche sur Paris. Libre désormais de toute préoccupation à ce sujet, il s'était occupé de porter sur Buchy, où était réellement le danger, une partie du corps de l'Andelle, ne laissant sur cette ligne que le rideau nécessaire pour masquer le mouvement et observer le détachement du comte de Lippe. La colonne destinée à renforcer les troupes de Buchy fut concentrée en partie à Fleury; elle devait se composer du 2ᵉ bataillon de marche de la ligne, de plusieurs bataillons de mobiles et de deux batteries d'artillerie. En outre, le général Briand avait chargé le commandant général Estancelin d'occuper Clères et Saint-Victor avec la garde nationale sédentaire de Rouen, et de couvrir ainsi le chemin de fer de Dieppe et la bifurcation d'Amiens. Ces gardes nationaux devaient être rendus, le 4 de bon matin, dans les positions qui leur avaient été assignées, mais ils ne partirent de Rouen qu'à onze heures; ils arrivèrent à Clères vers trois heures de l'après-midi, et, par suite d'une erreur inexpliquée, le chef de train conduisit le commandant général Estancelin et tout son détachement jusqu'à Saint-Victor [1]. Ce détachement, formé des 1ᵉʳ, 2ᵉ et 4ᵉ bataillons de la garde nationale sédentaire de Rouen (lieutenant-colonel Hurault de Ligny), était fort d'environ 1,300 hommes. Quant au transport des troupes de Fleury sur Buchy, par suite du manque de temps, de l'insuffisance du matériel des chemins de fer et de l'encombrement de voies, il ne put recevoir qu'un commencement d'exécution. L'artillerie resta embarquée à la gare de Fleury; le 2ᵉ bataillon de marche de

---

[1] V. Estancelin : *La vérité sur les événements de Rouen.* Rouen.

la ligne ne dépassa pas Clères, et le 2ᵉ bataillon de la garde mobile de la Seine-Inférieure (commandant Rolin), qui formait la tête de cette colonne, se trouva seul engagé.

Embarqué dans la matinée à Fleury-sur-Andelle, ce bataillon, fort d'un peu plus de mille hommes, arriva vers midi à la gare de Rouen. On avait bien entendu, des hauteurs de cette ville, la canonnade qui avait éclaté le matin dans la direction de Buchy, mais on en ignorait complétement les résultats; le train continua sa marche par Clères et arriva vers une heure à la station de Bosc-le-Hard, qui était devenue tête de ligne. La communication était interrompue depuis quelques heures avec Critot, et le télégraphe venait également d'être détruit en arrière par les coureurs ennemis qui s'avançaient jusqu'à Saint-Victor. Une patrouille prussienne était en vue; et, à l'approche du train, elle se retira dans la direction d'Augeville, après avoir fusillé un mobilisé du 3ᵉ bataillon de Rouen, qu'elle avait pris dans les environs et contraint à lui servir de guide. Les mobiles de la Seine-Inférieure se trouvaient ainsi complétement en l'air et dans une situation difficile : par suite de la rupture du télégraphe, il était impossible de demander des instructions; laisser le train continuer sa marche, c'était tomber à coup sûr au milieu des forces ennemies et renouveler, dans des conditions plus graves encore, la catastrophe qui avait eu lieu juste deux mois auparavant près de Critot[1], car le chemin de fer était coupé en cet endroit. C'est pourquoi, après s'être renseigné près des habitants du pays, le

---

[1] V. *Souvenirs d'un jeune invalide.* (*Revue des Deux Mondes*, 1872.)

commandant Rolin résolut de faire débarquer son bataillon, et de prendre position, en attendant le reste de la colonne qui devait le suivre.

Situé au point où la route de Rouen à Bellencombre coupe le chemin de fer de Dieppe à Amiens, le bourg de Bosc-le-Hard a un développement de près de trois kilomètres; il ne pouvait, par conséquent, être longtemps ni efficacement défendu par un millier d'hommes. Néanmoins, comme il s'agissait avant tout de protéger le débarquement des renforts attendus, le commandant Rolin couvrit la gare par une ligne de tirailleurs avec une compagnie comme soutien, après quoi il fit occuper Bosc-le-Hard par le reste de son bataillon, appuyant sa gauche à la station et s'étendant par sa droite jusqu'au carrefour de la rue Vilaine.

Les vedettes prussiennes avaient assisté à ces préparatifs qui éveillèrent bientôt l'attention de l'ennemi. Établi à Buchy, le général de Goeben avait massé le gros de ses forces au nord-ouest de la bifurcation que le chemin de fer forme en cet endroit; le comte de Brandebourg, avec la brigade des dragons de la garde, occupait Rocquemont, et le général de Barnekow, avec la 16e division d'infanterie, Critot, Esteville, Yquebeuf et Cailly. Pour couvrir son aile droite et détruire nos chemins de fer, le général de Goeben avait formé, sous les ordres du major d'Elern, un détachement de deux bataillons du 29e régiment d'infanterie, d'un escadron et d'une batterie. Cette colonne, suivant l'embranchement de Buchy à Clères, rencontra vers trois heures les mobiles qui occupaient Bosc-le-Hard; elle prit immédiatement position à l'est de ce bourg, sa gauche occupant le hameau de la rue Vilaine, sa droite s'étendant jusqu'au passage à niveau d'Augeville, son artillerie au centre et à une centaine de mètres en avant du chemin qui relie ces deux points. Pendant que le major d'Elern prenait ces dispositions, un train venant de Rouen s'arrêtait à la gare de Bosc-le-Hard, et nos soldats crurent un instant à l'arrivée d'un renfort, mais ce n'était qu'un convoi de vivres envoyé trop tard au commandant Mouchez; l'intendant Gueswiller et le nombreux personnel qui l'accompagnait n'eurent que le temps de rétrograder au bruit du canon et de la fusillade, car le combat commençait.

Quelques cavaliers, étant venus s'éclairer de trop près, furent vivement poursuivis par nos mobiles, qui se trouvèrent bientôt en présence des tirailleurs ennemis; la fusillade éclata aussitôt et l'action s'engagea de toutes parts. Autrefois nous enlevions les villages à la baïonnette, aujourd'hui les Prussiens les allument à coups de canon, et leur infanterie n'entre en ligne que quand l'artillerie lui a frayé le chemin : *man führt nicht Infanterie zum Angriff, bevor Artillerie gehörig vorgearbeitet hat* [1]. Fidèle à cette tactique, le major d'Elern ouvrit une vive canonnade qu'il concentra sur l'emplacement présumé de nos réserves, la gare, et surtout le cimetière, qui fut labouré par les obus. Par bonheur le tir était trop tendu, et la plupart des projectiles passaient au-dessus de nos têtes : nos tirailleurs, bien abrités, eurent peu à en souffrir, et le reste du bataillon, déployé derrière les fossés des fermes, put soutenir pendant plus d'une heure cette lutte inégale. A l'approche de

---

[1] V. Borbstaedt. *Militair-Literatur-Zeitung*. Berlin.

la nuit, le commandant Rolin, ne voyant arriver aucun renfort et voulant conserver quelques cartouches pour repousser des charges de cavalerie qu'il considérait comme imminentes, résolut de mettre fin à une résistance qui, prolongée plus longtemps, aurait compromis la retraite. En conséquence, il fit rompre par la droite, pour marcher vers la gauche dans la direction de Biennais, ce qui fit supposer à l'ennemi qu'il nous avait forcés de tourner le dos à Rouen : *Nach einstündigem Gefecht aus ihrer dort eingenommenen Position geworfen und in nordwestlicher Richtung von Rouen abgedrängt* [1]. La retraite s'opéra en ordre et avec calme ; notre droite ne fut que légèrement inquiétée par quelques fusiliers devenus plus entreprenants ; notre gauche était couverte par les tirailleurs, qui, trop fortement engagés, ne purent rallier à temps le bataillon. Cernés dans les chantiers qui avoisinent la gare, ces jeunes soldats, au nombre de près de quatre-vingts, furent forcés de mettre bas les armes et faits prisonniers en bataille, après avoir épuisé leurs munitions. Nous perdîmes, en outre, six hommes tués ou mortellement atteints et une vingtaine de blessés [2]. Pour grossir le nombre de leurs prisonniers, les Prussiens s'emparèrent d'une douzaine d'habitants qu'ils soupçonnaient d'avoir pris part à la lutte ; l'un d'eux fut tué en cherchant à s'évader ; les autres furent emmenés en captivité à Stralsund avec les mobiles, un gendarme de la brigade de Saint-Saëns et un cavalier du 12e chasseurs qui, envoyé comme estafette à Bosc

---

[1] V. Wartensleben : *Die Operationen der 1. Armee*. Berlin.
[2] V. *Historique du 2e bataillon des mobiles de la Seine-Infe*. Le Havre.

le-Hard, fut pris après l'action. L'ennemi, de son côté, expia chèrement les pertes qu'il nous fit subir; plusieurs fantassins du 29ᵉ régiment du Rhin, relevés sur le champ de bataille, reçurent la sépulture par les soins des habitants, et une vingtaine de ses blessés furent portés dans nos ambulances de Forges et de Neufchâtel.

Dans ce combat, les mobiles du 2ᵉ bataillon de la Seine-Inférieure, isolés et réduits à leurs propres forces, avaient tenu bon contre un détachement de toutes armes, relativement considérable, et montré ce qu'on pouvait attendre d'eux si les opérations avaient été mieux combinées. Toutefois, le sang versé ne le fut pas inutilement, puisque cette diversion sur l'aile droite de l'ennemi l'empêcha de poursuivre nos troupes refoulées à Buchy. Elle permit en outre aux gardes nationaux qui s'étaient aventurés jusqu'à Saint-Victor, au moment même de l'action, de se replier sur Rouen sans encombre; ils durent certainement leur salut à cette circonstance, car leur pointe était d'autant plus aventurée, que le général de Goeben avait pour instructions de couper toutes les communications de Rouen avec Dieppe, et même avec le Havre. Aussi, dès que le major d'Elern eut occupé Bosc-le-Hard, son premier soin fut d'envoyer à Étaimpuis, point d'intersection des lignes de l'Ouest et du Nord, un détachement qui détruisit le télégraphe, et se mit en devoir d'enlever les rails du viaduc. Dérangés dans cette besogne par le dernier train de voyageurs allant à Dieppe, les Prussiens firent feu et tuèrent le conducteur.

A la suite du combat de Bosc-le-Hard, les mobiles de la Seine-Inférieure s'étaient retirés sur Clères, qu'ils trouvèrent abandonné par les gardes nationaux, et qu'ils durent évacuer eux-mêmes vers huit heures du soir, au reçu d'une dépêche télégraphique leur enjoignant de se rapprocher de Rouen; ils partirent en conséquence dans cette direction et passèrent la nuit à Malaunay. Le 2ᵉ bataillon de marche de la ligne était rentré à Rouen avec les gardes nationaux sédentaires. Les troupes qui avaient fait précédemment partie du corps de Buchy s'étaient portées aux environs du Houlme et de Pissy-Poville, tendant à découvrir Rouen et à prendre la route du Havre, à l'exception, toutefois, des gardes nationaux mobilisés qui, vers sept heures du soir, arrivèrent derrière les retranchements d'Isneauville.

Pendant que ces événements se passaient sur notre gauche, à Buchy et à Bosc-le-Hard, les troupes laissées en avant de l'Andelle avaient également sur notre droite quelques engagements avec l'ennemi. Le comte de Lippe, comme on l'a vu, avait reçu l'ordre de faire une reconnaissance sur Écouis, et, dans l'après-midi du 4, il poussa jusqu'à Boisemont un détachement fort de trois compagnies, deux escadrons et deux pièces. De notre côté, un bataillon des mobiles de l'Oise, un escadron du 12ᵉ chasseurs et deux sections d'artillerie se portèrent en avant de Mussegros, et échangèrent quelques coups de canon et de fusil hors de portée et sans grand résultat. La seule perte éprouvée par les Saxons dans cette rencontre fut celle d'un cavalier du 3ᵉ dragons, blessé aux environs de Saint-Jean-de-Frenelle, vraisemblablement par des francs-tireurs embusqués dans les bois de Léomesnil. Nos troupes avaient, d'ailleurs, reçu l'ordre de se tenir sur la défensive, et les Saxons, de leur côté, se bornèrent à une simple démonstration.

A Lyons-la-Forêt et à Beauficel, les francs-tireurs de Rouen (capitaine Desseaux), et des Andelys (capitaine Stévenin), escarmouchèrent pendant cette journée avec la cavalerie ennemie et firent sept prisonniers, parmi lesquels le second lieutenant de Stieglitz, du 17e uhlans saxon, chargé de se mettre en communication avec le général de Manteuffel[1]. De ce côté, de Lyons, le général de Bentheim, qui avait à traverser la forêt, ne s'avançait qu'avec beaucoup de précaution et de lenteur. Dans la matinée, ses patrouilles poussèrent jusqu'à la ligne de l'Andelle et essuyèrent à Vascœuil une décharge des francs-tireurs du Nord. Dans l'après-midi, elles revinrent à Vascœuil à plusieurs reprises, mais elles furent repoussées chaque fois par les pompiers de la localité, qui, bien que restés sans appui, continuèrent néanmoins jusqu'au lendemain à défendre résolûment leurs foyers, et blessèrent un sous-officier et un cavalier du 1er régiment de dragons lithuaniens.

La déroute de Buchy ne fut connue à Rouen que vers quatre heures du soir, et la nouvelle en fut apportée par les premiers fuyards. Dès qu'elle parvint aux oreilles du général Briand, il rappela à Rouen le corps de l'Andelle, ainsi que les diverses troupes disséminées de toutes parts, et il se porta lui-même au-devant de celles de Buchy, qu'il rencontra à Isneauville dans la débandade la plus complète. Il essaya de les répartir derrière les lignes de défense ébauchées en cet endroit; mais tous ses efforts furent inutiles, car la plupart des hommes,

---

[1] V. *Rapport sur les opérations des francs-tireurs d'Elbeuf.* Elbeuf.

n'ayant pas mangé de la journée, se précipitèrent dans la ville pour y chercher des vivres et une nuit de repos à l'abri de la gelée.

Tels sont les événements qui eurent lieu autour de Rouen dans la journée du 4 décembre, événements isolés et décousus que nous avons exposés chronologiquement, vu l'impossibilité où nous étions de présenter en ordre des engagements auxquels le désordre seul semble avoir présidé. C'est sans doute pour des raisons analogues, et par suite de l'absence de relations officielles que le délégué de la guerre, M. de Freycinet, qui était cependant en situation d'être mieux renseigné que personne, a fait de cette journée un récit qui semble calqué sur celui d'un reporter anglais. D'après lui, le corps de Buchy aurait compris 2,000 marins; la vérité est qu'il n'y en avait que deux en tout, le capitaine de vaisseau Mouchez, et le lieutenant de vaisseau Boistel, son aide de camp. S'il y avait eu là 2,000 marins, ils auraient certainement fait ce qu'ont fait à Dreux ceux du général du Temple, et, s'ils n'avaient pu arrêter l'ennemi, ils auraient du moins sauvé l'honneur de la journée.

Dans la soirée du 4 décembre, la situation militaire était donc la suivante : Les troupes de l'Andelle avaient été rappelées à Rouen; les gardes nationaux mobilisés et sédentaires s'étaient disséminés dans la ville et les environs; le colonel de Beaumont, avec son régiment et les bataillons de mobiles qu'il avait eus précédemment sous ses ordres, était au Houlme et à Pissy-Poville, sur la route du Havre; enfin, à l'extrême gauche, les mobiles du 2ᵉ bataillon de la Seine-Inférieure occupaient Malaunay. Du côté des Allemands, le général de Manteuffel se trouvait, avec la réserve, à Argueil, où il s'était établi; le général de Goeben, avec le VIII⁰ corps, occupait Buchy, s'étendant, par sa droite, jusqu'au chemin de fer de Dieppe, et poussant son avant-garde sur la route de Rouen, jusqu'à Saint-André; le général de Bentheim, qui, à la tête du Iᵉʳ corps, avait reçu l'ordre de s'avancer jusqu'à la Haye, s'était arrêté à la Feuillie; le comte de Lippe, après l'escarmouche de Saint-Jean-de-Frenelle, s'était retiré au Thil, se disposant à marcher le lendemain sur Lilly, afin de se relier plus étroitement avec le général de Manteuffel.

En résumé, si de notre côté la direction militaire avait fait complétement défaut dans la journée du 4 décembre, il est heureux que chez nos adversaires tout n'ait pas été conduit avec la précision habituelle à l'armée prussienne. Le général de Goeben n'utilisa pas, pour la poursuite de nos troupes de Buchy, sa brigade de cavalerie, encore renforcée par celle des dragons de la garde, qui avait là une belle occasion de prendre sa revanche de Mars-la-Tour; en outre, les communications ne paraissent pas avoir été bien établies entre le VIIIᵉ corps et le Iᵉʳ, qui lui-même n'était pas relié avec le détachement saxon. Il y avait eu, dans cette journée, des escarmouches aux environs d'Écouis, de Lyons-la-Forêt et de Vascœuil, des combats d'avant-garde à Forgettes, Rocquemont et Bosc-le-Hard, et le décousu même de ces engagements put donner le change à l'ennemi. D'après l'étendue de la ligne occupée par nos troupes, le général de Manteuffel crut avoir affaire à des forces égales, sinon supérieures aux siennes; il ne s'avança donc qu'avec une excessive prudence, bien convaincu qu'il allait avoir à livrer prochainement une bataille sérieuse.

CHAPITRE X.

Événements en Normandie depuis la prise de Rouen jusqu'à l'occupation de Dieppe. — État de défense et occupation de la ville de Rouen. — Retraite du général Briand sur Honfleur (5 et 6 décembre). — Événements sur la rive gauche de la Seine. — Rencontres de Damville, de Breteuil et d'Autrebois (28 novembre — 2 décembre). — Surprise de Guichainville (4 décembre). — Rencontres de Blaru et de Réanville (5, 7 et 8 décembre). — Retraite des troupes de l'Eure sur Serquigny et Louviers. — Mouvements des détachements ennemis sur la rive gauche de la Seine. — Occupation de Vernon (9 décembre). — Occupation d'Évreux (8 décembre). — Marche des Prussiens sur Bourg-Achard et Pont-Audemer (8-9 décembre). — Retour des Saxons à Gisors (8 décembre). — Expédition des Prussiens à Dieppe (9 décembre).

Du moment où l'on n'avait pas cherché à arrêter le général de Manteuffel dans le pays de Bray, c'est-à-dire dans cette contrée accidentée qui avoisine les sources de l'Epte et de l'Andelle, entre Gournay et Neufchâtel, le sort de Rouen était décidé. Par suite de sa situation topographique, l'ancienne capitale de la Normandie est en effet placée, au point de vue d'une défense immédiate, dans les conditions les plus défavorables qu'on puisse trouver réunies. Encaissée au milieu d'une série de collines qui la dominent de toutes parts, elle est coupée en deux parties par la Seine, dont le cours offre en cet endroit une grande largeur et subit déjà l'influence de la marée; en outre, il n'existe entre les deux rives du fleuve que des moyens de communication insuffisants. Des faubourgs importants et de longues files d'usines qui s'en détachent dans toutes les directions, nécessiteraient pour la défense de la ville une ligne de retranchements très-éloignée, d'un développement énorme, avec de nombreux ouvrages de campagne et une garnison considérable. En supposant même toutes ces conditions remplies, la défense serait encore faible, parce que plusieurs vallées profondes, venant toutes aboutir à la Seine au même point, ne permettent pas aux défenseurs de communiquer facilement entre eux et de se prêter efficacement un appui réciproque.

Malgré ces considérations, on avait essayé à la dernière heure de couvrir Rouen au moyen d'une ligne continue de retranchements. La première commission municipale de défense, organisée dans cette ville à la fin du mois d'août, s'était adjoint plusieurs anciens militaires qui avaient prévu ce qu'il était possible de tenter pour se mettre à l'abri d'un coup de main. Plus tard, le gouvernement organisa des comités de défense départementaux, et celui qui fut formé à Rouen le 11 septembre par l'autorité préfectorale était, là comme ailleurs, composé de personnes étrangères à la profession des armes. Le décret du 14 octobre 1870 sur l'état de guerre mit fin, il est vrai, à l'existence des comités départementaux et les remplaça par les comités militaires; mais cela n'empêcha pas ceux qui, sous les noms les plus divers, s'étaient spontanément formés dans les différentes villes, de continuer à s'agiter, jusqu'à ce qu'un décret du 19 novembre en ait explicitement prononcé l'abolition.

Le comité militaire de Rouen avait adopté, dès le 20 octobre, un projet de défense présenté par un ingénieur ordinaire des ponts et chaussées, M. Allard, et l'exécution en fut confiée, le 19 novembre, au capitaine de vaisseau Mouchez. D'après ce projet, les retranchements devaient former une enceinte continue : elle s'appuyait sur la rive droite de la Seine, au lieu dit le Tourniquet, passait en avant du Mesnil-Esnard, à la ferme Lalande et à la Table-de-Pierre, coupait la route de Gournay en arrière de Saint-Jacques-sur-Darnétal et, suivant cette route jusqu'au territoire de Roncherolles, couronnait la crête extérieure des ravins en arrière de ce village, jusqu'au lieu dit la Robinette; puis, longeant la crête du ravin qui, de Saint-Martin-du-Vivier remonte vers la route de Neufchâtel, elle coupait cette route au delà de Bois-Guillaume, traversait la Forêt-Verte pour gagner Houppeville, au lieu dit Voix-Maline, atteignait Malaunay près du cimetière, franchissait en deçà de cette dernière ville la route de Dieppe et occupait le mamelon de Happetout; enfin, après avoir traversé le village de Saint-Jean-du-Cardonnay et la route du Havre, elle suivait intérieurement la crête du ravin qui débouche par la Fontaine sur la vallée de la Seine. Sur la rive gauche du fleuve, une coupure faite dans la presqu'île du Rouvray traversait la route de Caen en avant de Grand-Couronne, celle d'Elbeuf dans la forêt de la Londe, et allait aboutir entre Oissel et Orival. Ce projet comportait en outre l'exécution de dix-huit lunettes.

Le principal défaut de ce système était son énorme développement de plus de quarante kilomètres. Pour occuper ce vaste camp retranché et fournir des garnisons à tous les ouvrages, il aurait fallu des effectifs considérables, plusieurs fois supérieurs à ceux du corps d'armée de l'Andelle. Cependant, en présence de la gravité des circonstances, le commandant Mouchez avait dû accepter tel quel ce projet patronné par le comité militaire. Il se rendit au sein du conseil municipal de Rouen, qui, sur la motion d'un de ses membres, M. Raoul Duval, lui ouvrit un crédit illimité; mais il y avait une chose plus précieuse encore que l'argent, et dont, par malheur, on ne pouvait plus disposer, c'était le temps indispensable pour l'exécution de cette ligne de défense. Néanmoins on se mit à l'œuvre sans retard; commencés le 22 novembre, les travaux furent poussés avec la plus grande activité jusqu'au 4 décembre. A cette date, quelques ouvrages, tels que ceux d'Isneauville, de la Table-de-Pierre, de la ferme Lalande, du Mesnil-Esnard et du Tourniquet, étaient très-avancés; mais on n'avait terminé que la moitié à peine des travaux de l'enceinte. Quant à l'armement, il devait se composer de quarante-six pièces de marine de gros calibre; la lunette d'Isneauville en comptait huit à elle seule; mais, dans le nombre total de ces pièces, deux seulement se trouvaient en position et montées sur leurs affûts. Le débarquement et le transport de ces canons et de leurs munitions avaient été confiés à l'équipage de la flottille de la basse Seine, qui avait remonté le fleuve jusqu'à Rouen. Cette flottille, composée d'une batterie flottante, *la Protectrice*, et de trois canonnières, *l'Oriflamme, l'Étendard* et *la Mitrailleuse,* était sous les ordres directs du commandant Mouchez. En partant pour le pays de Bray, il avait laissé le commandement au capitaine de frégate Vallon; dès que cet officier supérieur eut connaissance de la déroute de Buchy, il s'empressa de faire enclouer et jeter à la Seine un certain nombre de canons. Cette mesure précipitée, bientôt connue de la population et des troupes, produisit un effet regrettable, car elle fit prématurément courir le bruit que la défense de Rouen était abandonnée. Rien n'était moins fondé cependant, car jusque-là les autorités militaires et civiles étaient d'accord pour une lutte à outrance.

Dans la journée du 4, le général Briand, qui avait à concilier les intérêts d'une grande ville avec ceux de son armée, s'était rendu au sein du conseil municipal pour exposer la situation. Essayer de défendre Rouen à ses portes, avec les ressources restreintes dont il disposait, c'était s'exposer à le faire bombarder après une courte résistance; avant de risquer une pareille entreprise, il désira connaître les intentions de la municipalité. Le conseil déclara « s'en remettre » au général, parce qu'en défendant son honneur » militaire, il défendrait en même temps celui de la » ville [1]. » L'honneur militaire est une chose à laquelle on ne fait pas inutilement appel chez un soldat; aussi le général déclara-t-il en se retirant, qu'il allait s'établir sur la ligne de défense après avoir donné des ordres à ses officiers. C'est à l'issue de cette séance qu'il apprit la déroute de Buchy; il se rendit aussitôt à Isneauville pour essayer d'arrêter les fuyards; mais, comme on le sait, tous ses efforts furent inutiles. Pour rallier ces hommes, en grande partie débandés, pour réunir les gardes nationaux qui avaient été renvoyés dans leurs foyers, enfin pour appeler aux armes toute la population valide, le général Briand avait demandé que le tocsin fût sonné et la générale battue à quatre heures du matin. Dans la soirée, il réunit les prin-

---

[1] V. *Compte rendu analyt. des séances du conseil municipal*. Rouen.

cipaux chefs de corps et de service, et, malgré les résistances ou les réticences de quelques-uns, malgré les considérations et les objections émises dans un sens contraire, il maintint sa décision et déclara que la défense aurait lieu. Avant de congédier les officiers, il assigna à chacun d'eux son poste de combat et les emplacements respectifs où les diverses troupes devaient être établies le lendemain à cinq heures du matin.

La nuit se passa sans autre incident remarquable que l'annonce de l'arrivée de l'ennemi à Elbeuf. Malgré l'invraisemblance de cette nouvelle, le maire, le préfet et le général en furent prévenus, vers deux heures du matin; mais à la lecture du télégramme, on s'aperçut que le chef d'état-major des gardes nationales avait confondu Elbeuf-sur-Andelle avec Elbeuf-sur-Seine. Cet étrange quiproquo éclairci, le général Briand maintint les ordres donnés la veille; à quatre heures du matin, il annonça au maire et au préfet qu'il allait partir pour les lignes de défense; mais, une heure plus tard, il se rendit à l'hôtel de ville et déclara qu'il venait de donner à ses troupes l'ordre de battre en retraite. Que s'était-il donc passé dans son esprit de quatre à cinq heures du matin, et pourquoi ce changement subit dans ses résolutions?

Le général avait compris que pour tenter, dans des conditions aussi désespérées et en dépit de toutes les considérations militaires, la défense immédiate d'une ville ouverte de plus de cent mille habitants, il fallait non-seulement être suivi par la population, mais être en quelque sorte poussé par elle; c'est pourquoi il avait réclamé l'appel aux armes au son des cloches et des tambours. Or, le tocsin qu'on avait sonné dans la nuit pour un incendie ne se fit pas entendre pour la défense, au moment de tenter un suprême effort ; quant à la générale, elle ne fut pas battue dans plusieurs circonscriptions, notamment dans celle de la préfecture, où était établi l'état-major des gardes nationales et où le général Briand s'était rendu en personne. Rouen dormait profondément. Dès lors, ne trouvant ni l'animation ni l'enthousiasme qu'il espérait, enthousiasme que les événements de la veille n'étaient malheureusement pas de nature à exciter, le général Briand s'était considéré comme dégagé de sa parole et avait donné le signal de la retraite. En réalité, il n'avait abandonné qu'au dernier moment sa détermination de lutte à outrance. Le commandant Mouchez se rendait à son poste de combat, le chef d'escadron Sauvé, à la tête de ses batteries, était déjà parti pour les positions désignées la veille, lorsqu'ils reçurent, comme les autres chefs de corps, l'ordre de battre en retraite. Ce mouvement commença vers six heures. Une partie des troupes avaient déjà traversé la Seine et étaient engagées sur la route de Caen, lorsqu'une députation de la municipalité se rendit près du général pour essayer de le faire revenir sur sa détermination ; mais il y persista, en assumant d'ailleurs la responsabilité de ses actes.

Pour dégager la sienne, le corps municipal, d'accord avec le préfet, crut devoir adresser aux habitants une proclamation qui ne tarda pas à être connue de l'ennemi [1] et qui occasionna plus tard entre nos autorités civiles et nos autorités militaires une polémique aussi vive que regrettable. Ceux qui ont

---

[1] V. Wartensleben. *Die Operationen der I. Armee*. Berlin.

servi sous les ordres du général Briand n'ont jamais douté de sa bravoure ni de sa loyauté; la municipalité de Rouen, de son côté, a fait preuve de beaucoup de courage civique et de dignité en face de l'invasion allemande, et la garde nationale de cette ville a montré, dans les marches et contre-marches qu'on lui fit exécuter, une résolution et un entrain dignes d'un meilleur emploi. On peut donc, sans risquer de blesser ni les uns ni les autres, résumer d'un mot la question. L'idée d'une bataille aux portes de Rouen était une conception plus que désespérée; c'était la perte de la bataille d'abord, puis celle de l'armée, et enfin celle d'une grande et importante cité. Le général Briand a bien fait d'abandonner, même au dernier moment, un pareil projet, parce qu'il était contraire aux considérations militaires les plus simples.

A dire vrai, il est probable qu'on aurait pu tenir, pendant la journée du 5, dans les positions qu'on était convenu d'appeler les lignes de défense. Comme la veille, on n'aurait eu affaire qu'au corps du général de Goeben, qui devait opérer une forte reconnaissance contre Rouen et envoyer un détachement à Malaunay, afin de couper à nos troupes la route du Havre. Mais, pour la journée du 6, le général de Manteuffel avait ordonné un choc général contre la ligne de la Seine, et le résultat était facile à prévoir : au bout de peu de temps, le combat engagé sur les lignes de défense se serait rapproché des portes de Rouen, et on peut se figurer l'effet produit par cent soixante-dix-neuf pièces de canon braquées sur les hauteurs qui dominent cette ville. C'eût été sa destruction complète et la ruine des habitants. Quant à nos troupes, ceux qui les ont vues s'engouffrer par le pont de pierre dans la matinée du 4 décembre peuvent s'imaginer ce qu'eût été la déroute.

La retraite sur la rive gauche de la Seine était donc un mouvement commandé par la nécessité, mais il aurait pu s'exécuter avec moins de précipitation. En outre, tout en évacuant la ville, il eût été préférable de s'en maintenir à proximité; en faisant sauter les ponts et en prenant position sur la ligne qui va de Pont-de-l'Arche à Elbeuf et à la Bouille, dans un pays hérissé de forêts et très-favorable à la défense, on donnait la main à notre corps de l'Eure, et on gênait sérieusement les Prussiens dans l'occupation de Rouen. Menacé sur son flanc droit par le général Faidherbe, et sur son flanc gauche par le général Briand, l'ennemi eût été sans doute forcé de se retirer sur Beauvais; dans tous les cas, au lieu de se risquer à faire une pointe contre le Havre, il se serait trouvé dans une situation des plus critiques lorsque notre armée du Nord aurait repris l'offensive.

Au lieu de prendre cette position, le général Briand se replia sur le Havre; quelques rares détachements suivirent la rive droite de la Seine, mais la plupart des bataillons passèrent sur la rive gauche et allèrent s'entasser pêle-mêle sur la route de Bourgachard et de Pont-Audemer. La retraite s'opéra dans des conditions déplorables. La température était d'une rigueur excessive, la neige couvrait la terre, les officiers, après avoir essayé quelque temps de maintenir l'ordre dans la marche, durent cesser des efforts inutiles; les soldats affamés quittaient les rangs pour tâcher de se procurer des vivres; et, comme l'armée de la Loire, qui au même moment évacuait

Orléans, comme plus tard nos autres armées de province, l'armée de Rouen eut, elle aussi, sa déroute complète et sa retraite de Russie sous le ciel de la France. Bon nombre de malheureux soldats, épuisés par la fatigue, engourdis par le froid ou mourant de faim, se couchèrent dans les fossés de la route pour ne plus se relever. Pauvres jeunes gens, qui avaient éprouvé toutes les privations et toutes les misères de la vie de soldat, sans en avoir connu les jours de victoire, qui font oublier tous les maux! Après avoir franchi en trente heures, et presque sans s'arrêter, une distance de près de quatre-vingt-dix kilomètres, les troupes du général Briand, au nombre d'une vingtaine de mille hommes, arrivèrent à Honfleur dans la matinée du 6 décembre, et furent embarquées le soir même et le jour suivant pour le Havre.

A Rouen, le départ de notre armée avait causé une émotion profonde. Plusieurs gardes nationaux sédentaires étaient partis en même temps que les mobilisés; d'autres, sous l'impression du découragement ou sous l'empire de la colère, brisèrent leurs fusils ou les déchargèrent dans les rues; puis les soldats du désordre et les volontaires de l'émeute, qui marchent rarement à l'ennemi, mais qu'on est toujours sûr de rencontrer dans les cités populeuses aux jours de grandes crises, s'emparèrent des armes abandonnées pour les diriger contre leurs concitoyens; ils allèrent assiéger le conseil municipal et firent feu sur les fenêtres de l'hôtel de ville. Pour mettre fin à ces tristes scènes, il ne fallut rien moins que la nouvelle de l'arrivée des Prussiens, dont l'avant-garde était signalée aux portes de Rouen.

Parti de Buchy dans la matinée du 5 décembre, le

général de Goeben s'était porté à la tête de la 16e division jusque sur les hauteurs de Saint-André-sur-Cailly, tandis que la 29e brigade se disposait à l'appuyer à Saint-Germain, et qu'un détachement de flanqueurs se dirigeait sur Malaunay. Après avoir pris ces dispositions, il s'avança en personne à la tête d'une forte reconnaissance jusqu'à Quincampoix, où il apprit, vers onze heures du matin, la retraite du général Briand. Il continua sa marche sur Isneauville, dont il trouva les retranchements abandonnés, et de là il poussa son avant-garde jusque dans les rues de Rouen. Vers deux heures et demie, le major Sachs, du 70e régiment, escorté d'un piquet d'infanterie, se présenta au sein du conseil municipal assemblé, et lui annonça qu'il venait prendre possession de la ville au nom du général de Manteuffel. « Vous êtes » ici par la force, lui répondit le maire, M. Nétien, » les troupes françaises nous ont quitté ce matin, et » nous sommes ainsi contraints de subir vos ordres. » Le major Sachs ayant, selon l'habitude allemande, déclaré la municipalité responsable de tout acte d'agression contre son détachement, le maire lui montra de la main les traces de la fusillade qui venait d'avoir lieu. « Ah! s'écria l'officier ennemi, vous » avez à la fois la révolution et l'occupation étran- » gère. C'est trop [1]! »

Peu de temps après, le général de Goeben à son tour, fit son entrée dans l'antique capitale de la Normandie à la tête de deux brigades. Les affiches qui s'étalaient sur les murs : « Grande victoire à Paris; » général Ducrot occupe la Marne », et la procla-

---

[1] V. Raoul Duval : *Comment Rouen n'a pas été défendu*. Rouen.

mation des autorités civiles aux habitants, lui donnèrent l'explication des événements survenus dans les derniers jours, et du peu de résistance qu'il avait rencontré. A Rouen, comme à Amiens, le général de Goeben avait pris les devants. Le général de Manteuffel, resté à Argueil, ne paraît même pas avoir été tenu très-exactement au courant de la situation, car son avant-garde étant entrée à Rouen à deux heures de l'après-midi, le même soir, à sept heures, il dictait ses instructions en vue d'un engagement général, auquel il s'attendait pour le lendemain. Il espérait, au moyen d'un changement de front, la droite en avant, jeter dans la Seine, le 6 décembre, nos troupes, qu'il croyait encore sur l'Andelle, tandis qu'à cette date elles étaient en sûreté à Honfleur. Le général en chef de la Ire armée allemande avait sans doute été trompé par les rapports effarés de la division de cavalerie saxonne qui était chargée d'éclairer son aile gauche, et qui, depuis Étrépagny, se figurait toujours avoir en face d'elle le général Briand. Il y eut bien, dans la matinée du 5 décembre, quelques coups de feu échangés sans résultat, aux abords du bois de Mussegros et de la forêt de Lyons, avec des corps francs oubliés ou perdus et des gardes nationaux isolés, mais en réalité, dans toute la journée, les Prussiens n'essuyèrent aucune perte. Seul, le comte de Lippe eut quatre cavaliers hors de combat; ces cavaliers, appartenant au 2e dragons saxons, faisaient partie d'une patrouille dirigée sur Vernon; deux d'entre eux furent tués, et deux autres, parmi lesquels un officier, blessés dans la forêt, près du château de Saulseuse, par quatre ou cinq paysans, dont l'un paya de sa vie cet exploit.

Lorsqu'il se mit en marche sur Rouen le 6 décembre, le général de Manteuffel ne rencontra donc devant lui aucun obstacle, et ne trouva rien à jeter à la Seine que les lourds canons de marine abandonnés par nous en arrière des retranchements de la Table-de-Pierre, et qui, avec ceux d'Isneauville, formaient un total de trente pièces. Les Prussiens ne cachèrent pas leur dépit d'avoir ainsi laissé échapper, presque en totalité, notre armée de l'Andelle. Dans le récit qu'il a fait des opérations de la Ire armée allemande, le colonel comte de Wartensleben reconnaît bien que la défense immédiate de Rouen n'était pas praticable; mais il regrette amèrement que le général Briand ait pu opérer sa retraite sans être inquiété, et il en conclut que « la marche la plus rapide ne » saurait atteindre un adversaire qui, au premier » choc des têtes de colonnes, se soustrait à l'action » décisive [1]. » Certes, la marche de la Ire armée allemande d'Amiens sur Rouen s'est effectuée, du 1er au 3 décembre, avec une célérité remarquable; il est naturel qu'elle se soit ralentie le 4, par suite des engagements qui ont eu lieu dans la journée; mais, à partir de ce moment, rien n'explique l'hésitation qui s'est produite chez nos ennemis. Le 4, à midi, le général de Manteuffel était à Argueil, et il n'est entré à Rouen que plus de quarante-huit heures après, sans avoir rencontré d'obstacle sérieux, ni avoir subi d'autre perte que celle de deux dragons lithuaniens; en un mot, il mit deux jours pour faire une étape, tandis que nos troupes firent près de trois étapes dans la même journée. Heureusement pour nous, le géné-

---

[1] V. Wartensleben : *Die Operationen der I. Armee*. Berlin.

ral de Manteuffel n'était pas relié avec le VIII⁰ corps sur sa droite, et il était mal éclairé sur sa gauche par le comte de Lippe; en outre, le 3 décembre, il se produisit, dans son entourage, un changement qui ne fut peut-être pas sans influence sur la marche des opérations. A cette date, le général de Sperling avait repris ses fonctions de chef d'état-major de la I⁺⁰ armée, ce qui permit sans doute au comte de Wartensleben de continuer plus à loisir ses études d'art et d'archéologie sur les châteaux « répandus à profusion » dans la vallée de l'Andelle.

Ce fut seulement le 6 décembre, à une heure de l'après-midi, que le général de Manteuffel fit son entrée à Rouen. Son premier soin fut d'adresser une proclamation aux habitants pour leur faire connaître qu'il avait chargé des fonctions de préfet de la Seine-Inférieure le capitaine Cramer, auditeur au I⁺⁺ corps, lequel fut plus tard remplacé par un ci-devant capitaine de cercle, le baron de Pfuel; car la Normandie ne devait pas échapper à cette nuée de fonctionnaires que les armées ennemies traînaient à leur suite. Ce préfet allemand avait pour mission de tâcher de s'assurer le concours de ceux de nos employés qui voudraient rester à leur poste, de s'occuper des réquisitions et de fonder un organe officiel de la presse. Le commandement de la place, exercé dans les premiers jours par le major Sachs, fut ensuite confié au colonel Jungé, de l'artillerie du I⁺⁺ corps.

La nouvelle de l'occupation de Rouen fut connue à Versailles le 6 décembre, et le grand quartier prussien ordonna immédiatement la poursuite de nos troupes dans la direction du Havre. Le général de Manteuffel donna ses instructions à cet effet le

7 décembre; mais on sait qu'à cette dernière date l'armée du général Briand était hors d'atteinte.

Sur la rive gauche de la Seine, notre corps d'occupation du département de l'Eure était toujours en observation à Conches, à Évreux et à Vernon, contre le général de Rheinbaben. Ce général occupait Dreux et Anet, s'étendant, par sa droite, jusqu'à Pacy-sur-Eure, et couvert, à Saint-André, par la brigade de Barby. Ses éclaireurs poussaient de fréquentes patrouilles dans la direction d'Évreux. Le 28 novembre, des dragons d'Oldenbourg et de Schleswig-Holstein, qui viennent reconnaître nos avant-postes, ont un cavalier tué aux environs de Damville, et un autre blessé près d'Autrebois. Le 30, les éclaireurs de la brigade de Bredow s'avancent dans la direction de Breteuil, et retournent à Dreux après avoir perdu deux uhlans. Enfin, le 1er décembre, les dragons oldenbourgeois, partis de Saint-André, poussent de nouveau jusqu'au hameau d'Autrebois, entre Avrilly et Grossœuvre, et essuient là quelques coups de feu qui blessent un des leurs. Le lendemain, les Allemands reviennent en force; une colonne combinée de toutes armes s'avance par la route de Nonancourt, jusqu'au hameau d'Autrebois, en arrière duquel elle se déploie et prend position; divers détachements se portent, sans rencontrer d'obstacle, sur Grossœuvre, Avrilly et le Plessis-Grohan, qu'ils mettent au pillage; pendant ce temps, le gros de la colonne incendie les lieux précédemment occupés par nos troupes, et canonne le château de Bérou, vide de défenseurs. Les Allemands ne poussent pas plus loin leur démonstration, et rentrent dans leurs cantonnements après avoir allumé plusieurs incendies au

Plessis-Grohan, à Autrebois et à Seugé. On voit que le général de Rheinbaben, qui connaît sans doute la marche du général de Manteuffel sur Rouen, devient de jour en jour plus entreprenant, et s'avance peu à peu sur Évreux. Cette ville n'est couverte, sur la route de Nonancourt, que par une portion du 1er bataillon de la mobile des Landes, les 1er et 3e bataillons de mobilisés de la légion du Havre, et quelques corps francs, cantonnés à Angerville-la-Campagne et aux environs. Sur la route de Saint-André, Guichainville est occupé par les 6e et 8e compagnies du 1er bataillon des Landes. Là, le 4 décembre, vers onze heures et demie du soir, l'ennemi tente de surprendre un poste d'une vingtaine de mobiles, qui, se croyant soutenus, résistent résolûment pendant près de trois quarts d'heure aux landwehriens du 2e régiment de la garde, leur tuent un sous-officier et deux grenadiers, en blessent quatre ou cinq autres, et mettent le reste en fuite; de leur côté, ils avaient perdu deux hommes dans cette affaire.

Du côté de Vernon, aux abords de la forêt de Bizy, les gardes nationaux de la contrée prêtent à nos troupes un concours énergique et inquiètent chaque jour les éclaireurs ennemis; le 5 décembre, à Blaru, et le surlendemain, à Réanville, ils repoussent les patrouilles du 11e hussards, et leur tuent ou blessent plusieurs hommes et plusieurs chevaux. Revenus à Réanville le 8 décembre, avec de l'infanterie, les Allemands essuyèrent encore le feu des gardes nationaux, dont un fut tué et un autre blessé dans cette rencontre.

Mais cette résistance ne pouvait durer indéfiniment. Par suite de la prise de Rouen, nos troupes de l'Eure, menacées d'être prises à revers, étaient forcées de se replier, tous les passages sur la Seine, sauf ceux de Courcelles et des Andelys, ayant été laissés intacts aux mains de l'ennemi. Aussi, dès qu'il connut la retraite du général Briand, le capitaine de frégate Gaude, qui avait pris depuis quelques jours le commandement de la subdivision de l'Eure, s'empressa de replier son corps d'observation derrière la Rille. Il se dirigea d'abord sur Serquigny, afin de protéger ce point stratégique, qui est situé dans une vallée boisée, et qu'on avait essayé de couvrir au moyen de quelques travaux de défense; mais, dans les journées des 7, 8 et 9 décembre, l'abandon de la ligne de la Rille pour celle de la Touques fut décidée à plusieurs reprises; les mobiles de l'Ardèche furent envoyés à Pont-l'Évêque, et les troupes de Conches et d'Évreux dirigées sur Lisieux, à l'exception des deux bataillons de mobilisés de la Seine-Inférieure, qui retournèrent dans leur département.

Les événements de Rouen eurent donc pour conséquence l'abandon presque complet des départements de la Seine-Inférieure et de l'Eure, que l'ennemi pouvait désormais occuper sans coup férir, ce qui ne serait pas arrivé si l'armée de Rouen, réunie aux troupes de l'Eure, avait pris position sur la ligne de Pont-de-l'Arche à la Bouille.

Nous allons suivre maintenant, en commençant par notre droite, c'est-à-dire par la rive gauche de la Seine, la marche de chacun des détachements envoyés par l'ennemi pour disperser nos troupes, désarmer le pays, et occuper les villes les plus importantes. Tandis que le général de Manteuffel faisait son entrée à Rouen, le 6 décembre, à la tête d'une brigade de son aile gauche, sa réserve se portait d'Argueil sur Épreville, et le gros du 1ᵉʳ corps restait échelonné entre Rouen et Fleury-sur-Andelle. Ce dernier point fut occupé par l'état-major et une fraction de la 2ᵉ division d'infanterie. On sait que le premier soin des Prussiens en entrant dans une ville est de se procurer des journaux. A peine arrivé à Fleury, le capitaine de Jarotzki, aide de camp du général-major de Pritzelwitz, n'oublia pas cette précaution. Il connut par une feuille de Rouen la part prise au combat d'Étrépagny par M. Lecouturier, le volontaire qui, on se le rappelle, avait servi de guide au général Briand. Les Prussiens allaient lui faire expier chèrement sa belle conduite. Dans la matinée du 7 décembre, ils se firent indiquer sa maison et commandèrent un piquet du 1ᵉʳ bataillon de chasseurs pour la mettre à sac. Le chef de ce peloton d'exécution crut devoir haranguer ses soldats du haut du perron pour les exhorter au pillage : ses recommandations ne furent que trop bien suivies ; la consigne fut impitoyablement exécutée, et l'incendie dévora ce qu'avaient épargné le vol et la dévastation. Cet acte de vandalisme était d'autant moins excusable de la part des Prussiens, qu'ils affectaient de désapprouver les représailles exercées par leurs alliés ; or ils accomplirent de sang-froid à Fleury-sur-Andelle ce que les Saxons n'avaient peut-être commis à Étrépagny que sous l'empire de la colère.

A la suite de cet exploit, le général de Pritzelwitz, à la tête d'une brigade forte de six bataillons, deux escadrons et deux batteries, partit de Fleury, passa la Seine le 8 décembre sur un pont de bateaux jeté aux Andelys, et s'avança dans la direction de Vernon. Il rencontra, entre cette dernière ville et Gaillon, une soixantaine de mobilisés sans armes, qui avaient d'abord suivi le mouvement de retraite de l'armée de l'Eure jusqu'à Louviers, et que l'autorité militaire avait ensuite renvoyés dans leurs foyers. Sous le prétexte qu'ils étaient porteurs d'uniformes, ces hommes furent considérés comme prisonniers de guerre et emmenés en captivité. Le 9 décembre, la brigade de Pritzelwitz occupa Vernon où elle resta jusqu'au 12 du même mois.

Un autre détachement du Ier corps, composé de cinq bataillons, deux escadrons et deux batteries, sous les ordres du colonel de Massow, du 1er régiment d'infanterie « Prince royal », passa la Seine à Pont-de-l'Arche et arriva le 8 à Louviers où il désarma la garde nationale. Le 9, il entra à Évreux, qui était déjà occupé depuis deux jours par un détachement de la division de Rheinbaben venu de Dreux et commandé par le colonel de Trotha; en sorte que le chef-lieu du département de l'Eure se trouva envahi de deux côtés à la fois. Les derniers arrivés prirent leurs cantonnements au nord de la ville; le 10 décembre, le général de Rheinbaben, marchant sur Chartres, rappela son détachement qui fut remplacé à Évreux par celui du colonel de Massow.

Sur la rive gauche de la basse Seine, une brigade combinée de toutes armes, appartenant au VIIIe corps et commandée par le colonel de Bock, atteignit le 8 Bourgachard, poussa le même jour son avant-garde jusqu'à Pont-Audemer, et détruisit le télégraphe et le chemin de fer à Montfort-sur-Rille. Le lendemain, le colonel de Bock entra à Pont-Audemer et lança son avant-garde jusqu'à Toutainville; de là, des patrouilles de hussards rayonnèrent dans les directions de Honfleur et de Beuzeville; l'une d'elles poussa même jusqu'à Fatouville et Fiquefleur, d'où elle rapporta la nouvelle que les troupes du général Briand avaient été transportées au Havre. Le 10, ce détachement reprit la route de Rouen, partie directement, partie par Bourneville.

Sur la rive droite, les Saxons, qui avaient suivi jusqu'à Écouis la marche de la Ire armée allemande, étaient retournés à Gisors et avaient repris leur poste d'observation sur la Seine en amont des Andelys.

Pour couper toute communication entre l'armée du Nord et celle du Havre, le général de Manteuffel, dès son arrivée à Rouen, avait décidé une expédition contre le littoral. Deux bataillons d'infanterie, une brigade de cavalerie, cuirassiers et uhlans, avec une batterie à cheval, furent réunis le 7 à Clères sous les ordres du général-major comte de Dohna. Le 8, ce détachement marcha sur Omonville et, le 9, sur Dieppe où il entra sans résistance. Après avoir brisé les fusils, encloué les canons de marine trouvés au château et dans les batteries de côtes, coupé les fils du télégraphe et enlevé les appareils, il détruisit les postes sémaphoriques et rasa les mâts de signaux, sans oublier de faire de nombreuses réquisitions, surtout à la Manufacture des tabacs; le lendemain, le général de Dohna se retira sur Auffay.

L'occupation d'un de nos ports de mer, connue le 10 à Versailles, fut aussitôt annoncée en Allemagne et célébrée par la presse de ce pays à l'égal d'un important succès. Nos journaux racontèrent qu'à la vue de la mer, les cavaliers du comte de Dohna s'étaient découverts et avaient poussé trois hurrahs pour leur roi et leur patrie. On comprend l'émotion de ces soldats : quelques mois auparavant, ils n'espéraient guère franchir le Rhin allemand et, après des succès inouïs, ils se voyaient tout à coup transportés jusque sur les rivages de la Manche.

CHAPITRE XI.

Entreprises de la Ire armée allemande contre le Havre. — État de défense de cette place au commencement de décembre. — Reconnaissance du comte de Brandebourg sur le Havre (9 décembre). — Départ du général Briand pour Cherbourg (10 décembre). — Effectif de la garnison du Havre à la même date. — Mouvement du général de Gœben contre le Havre (10-11 décembre). — Reprise des hostilités dans le Nord. — Marche du général de Gœben sur Dieppe et sur Amiens (12-20 décembre).

Par suite de la prise de Rouen, la ville du Havre se trouva brusquement découverte ; mais elle n'en fut ni surprise ni déconcertée, car elle s'était de longue main préparée à la résistance. Mal connues et mal interprétées, les circonstances qui avaient accompagné l'évacuation de Rouen soulevèrent, comme on sait, de vives récriminations ; la presse havraise prit part à la polémique, et son langage parut peu généreux aux personnes ignorant l'antagonisme qui existe entre le chef-lieu du département de la Seine-Inférieure et son plus riche arrondissement. Cet antagonisme, qui a pour cause la divergence des intérêts plutôt que celle des sentiments, aurait dû disparaître en face de l'ennemi, mais le système de la défense locale n'avait fait que l'accentuer davantage. Par son importance, le Havre est destiné à devenir tôt ou tard le chef-lieu d'un département : sa séparation de la métropole a été momentanément accomplie par la force des choses et consommée par l'invasion ; mis en état de siége par décret du 7 septembre, son arrondissement s'est trouvé, par suite des nécessités de la guerre, avoir en quelque sorte une existence propre et indépendante. Si donc les considérations militaires tirées des derniers événements pouvaient entrer en ligne de compte, il est certain que la péninsule du Havre devrait former un département séparé. Quant à celui de la Seine-Inférieure, s'il avait besoin d'une compensation, il pourrait la trouver dans l'arrondissement des Andelys, qui, séparé par la Seine du département de l'Eure, s'est vu, par suite de cette situation topographique, complétement abandonné à lui-même pendant la dernière guerre.

Quoi qu'il advienne de ces projets de délimitations administratives, il est incontestable que le Havre, au point de vue commercial, a conquis en peu d'années sur l'Océan l'importance que Marseille n'a acquise sur la Méditerranée qu'après de longs siècles. Reliée par la mer avec le monde et par la Seine avec Paris, cette ville a, en outre, une importance stratégique de premier ordre. C'est par son port que sont venus en grande partie nos approvisionnements et le matériel qui nous manquaient; elle a été, pendant la dernière guerre, ce qu'elle serait à plus forte raison dans l'avenir, maintenant que nous avons perdu notre frontière de l'Est, une vaste tête de pont sur l'Atlantique. Cette importance considérable n'avait pas échappé au président du Gouvernement de la défense nationale; c'est pourquoi le général Trochu, après avoir examiné tous les plans proposés pour mettre l'armée de Paris en relation avec celles de province, avait résolu, comme il l'a exposé depuis[1], de tenter une sortie dans la direction de Rouen et du Havre

---

[1] V. Trochu : *Discours à l'Assemblée nationale*. 1871.

par la vallée de la Seine. C'était, en effet, la ligne la plus courte ; couverte en partie par les obstacles que présente le fleuve, et protégée par les armées en formation sur la Somme et sur la Loire, elle aboutissait à une base d'opération excellente, qui mettait l'armée à portée de toutes les ressources du pays et de tous les moyens de renouvellement qu'il possédait. Il est permis de supposer que cet effort aurait réussi s'il y avait eu de l'unité dans la direction militaire ; mais malheureusement la délégation de province n'avait pas sur la basse Seine les mêmes vues que le gouverneur de Paris, et l'armée de Normandie fut précisément celle dont on s'occupa le moins.

La ville du Havre avait compris l'importance de sa situation et du rôle qu'elle pouvait être appelée à jouer ; dès la nouvelle de nos premiers revers, elle s'était familiarisée avec l'idée de la résistance, et elle s'y était préparée avec autant d'énergie que de patriotisme. Le 17 septembre, un emprunt pour les besoins de la guerre fut émis par voie de souscription publique ; il s'éleva successivement à deux millions et fut couvert en quelques jours.

Par suite de son extension commerciale, le Havre avait dans ces derniers temps fait disparaître ses anciennes fortifications, d'ailleurs surannées, pour en adopter d'autres, qui, par malheur, sont loin d'être en rapport avec les perfectionnements actuels de l'artillerie, et qui sont restées incomplètes. Les batteries maritimes, récemment construites et armées d'obusiers lisses, sauraient à peine se faire respecter de la plus faible canonnière cuirassée, et elles sont tout à fait inoffensives si on les compare aux tours circulaires, blindées en fer, qui s'élèvent en face de nous, à peu d'heures de distance, sur les côtes de la Grande-Bretagne. On ne saurait trop conseiller à nos officiers des armes savantes de visiter les passes de Portsmouth et de consulter les enquêtes parlementaires, dont ces constructions ont été l'objet en Angleterre, ou les études que leur ont consacrées les ingénieurs américains [1].

Quant aux défenses de terre, qui devaient surtout nous préoccuper, elles consistaient uniquement, au début de la guerre, dans les forts de Sainte-Adresse et de Tourneville, ouvrages mal placés et de peu de valeur, sans contrescarpes ni chemins couverts, incapables, par conséquent, de se suffire à eux-mêmes. La route de Paris restait complétement ouverte à une armée assaillante. Tout était donc à faire, à peu de chose près, pour mettre la place en état de défense et la protéger contre une tentative de bombardement que ses fortifications mêmes semblaient provoquer.

Nommé le 12 septembre commandant supérieur de l'état de siége et de l'arrondissement du Havre, le colonel du génie Massu, ancien directeur des fortifications à Besançon, s'était mis à l'œuvre avec une énergie et une activité d'autant plus dignes d'éloges, qu'il eut à lutter contre des difficultés sans nombre. C'est sur ses plans que furent élevés les principaux ouvrages et la première ligne de retranchements. Mais cet officier supérieur ne devait pas tarder à être sacrifié au fétichisme des procédés révolutionnaires. Ayant pris au sérieux ses fonctions de commandant de l'état de siége, il fut forcé de demander

---

[1] V. *Professional papers of the Engineers U. S. Army*. Washington.

sa retraite dans les derniers jours de novembre, par suite d'un conflit qui s'était élevé entre lui et certain membres des comités locaux.

Le 18 octobre, le capitaine de vaisseau Mouchez, chef de la division navale de la basse Seine, ayant été appelé au commandement de la place du Havre, prit la direction supérieure et donna une nouvelle impulsion aux travaux qui avaient été commencés par les mobiles et les gardes nationaux. Tous les équipages disponibles de la flottille, formant un effectif d'environ cinq cents hommes, furent envoyés chaque jour à la tranchée, de l'aube à la nuit, sous la surveillance de leurs officiers, et ce sont eux qui construisirent et armèrent les ouvrages les plus sérieux. En voyant à l'œuvre ces intrépides travailleurs, les habitants du Havre se sentirent rassurés; ils savaient que ces énergiques marins, habitués à braver le danger et dont la vie est comme un constant mépris de la mort, auraient défendu jusqu'au dernier les retranchements élevés de leurs mains. Grâce à la présence de ces équipages, chez lesquels la discipline était restée si forte, et qui formaient le nerf de la défense; grâce à une nombreuse garnison qui aurait peut-être faibli en rase campagne, mais qui, derrière des retranchements, aurait suivi l'exemple des marins, le Havre se trouvait, dans les premiers jours de décembre et au moment de l'évacuation de Rouen, à l'abri d'une surprise et d'un coup de main.

A cette date, les défenses de la place se composaient des forts de Sainte-Adresse et de Tourneville, de celui de Frileuse, qui avait été entrepris à la fin de septembre; des redoutes et lunettes de la Lézarde, de Cancriauville, des Acacias, de Sanvic et des

Phares. Des fermes, des bâtiments et des murs d'enceinte organisés défensivement, des retranchements en terre précédés de fossés, reliaient entre eux les différents ouvrages. La ligne de défense était flanquée à droite par la flottille, dont chaque bâtiment avait un poste de combat désigné, les batteries flottantes et les canonnières mouillées à la pointe du Hoc et dans l'embouchure de la Lézarde, les compagnies de débarquement à terre, la moitié des équipages restant à bord pour servir les pièces. Elle était couverte de ce côté par des marais devenus impraticables en cette saison, par les barricades d'Harfleur, par la coupure du chemin de fer et par l'inondation de la Lézarde tendue jusqu'au hameau de la Demi-Lieue; au centre, par un vaste abatis comprenant toute la partie de la forêt de Montgeon, qui est située au sud de la route de Rouelles; enfin, à gauche, elle allait s'appuyer vers les Phares à la falaise et aux escarpements de la Hève. L'armement comprenait 137 pièces ainsi réparties : 26 au fort de Sainte-Adresse, 32 à celui de Tourneville, 25 à celui de Frileuse, 22 sur le plateau de Cancriauville, 6 sur la Lézarde, 5 au-dessous des Acacias, 9 en avant de Sanvic et 10 sur le plateau des Phares. Avec ces retranchements et un nombre de défenseurs que nous ferons connaître plus tard en détail et qui dépassait 30,000 hommes, le Havre était en mesure de résister à une attaque de vive force et de défier les entreprises que nous allons voir bientôt se produire.

On sait que le général de Goeben, commandant l'aile droite de la Ire armée prussienne, avait reçu, dès le 3 décembre, l'ordre de détruire les chemins de fer et les télégraphes qui mettaient Rouen en communication avec Dieppe et le Havre; pour l'aider dans l'accomplissement de cette tâche, le général de Manteuffel avait mis à sa disposition, dans la matinée du 4, la brigade des dragons de la garde. Dès son entrée à Rouen, le général de Goeben avait lancé une patrouille de cavalerie sur la rive droite de la Seine, dans la direction du Trait; le 6, un escadron de dragons de la garde, parti de Maromme, traversa Barentin et s'avança jusqu'à Yvetot, coupant partout sur son passage les fils télégraphiques et la voie ferrée. Le 7, Barentin et Pavilly furent occupés par la brigade des dragons de la garde, appuyée par deux bataillons et une batterie de la 16e division, ce qui portait la force du détachement à environ trois mille hommes et douze pièces de campagne. Le 8, ce détachement marcha sur Yvetot sous les ordres du comte de Brandebourg, qui atteignit le lendemain Bolbec, où il établit son quartier général. Le même jour, ses patrouilles s'avancèrent par la route de Saint-Romain jusqu'aux environs de Gainneville, d'Harfleur et de Montivilliers; les dragons de la garde trouvèrent la route barricadée à Gainneville, les passages de la Lézarde rompus ou obstrués, les fermes et les petits bois qui s'étendent entre Harfleur et Montivilliers occupés par les nôtres; ils apprirent que la population du Havre était résolue à se défendre, et ils rapportèrent sur la force de la garnison des données variant de vingt-cinq à cinquante mille hommes.

Tandis que les éclaireurs ennemis faisaient ainsi leur première apparition aux portes du Havre, nos troupes avancées recevaient l'ordre de se replier sur cette ville où elles devaient être embarquées sans retard. Une dépêche télégraphique du ministre de la guerre, parvenue dans la matinée du 9, enjoignait au général Briand de partir pour Cherbourg avec une division ; les brigades qui devaient la former avaient été aussitôt désignées : la 1re, placée sous les ordres du colonel Laperrine, se composait de cinq bataillons de mobilisés de la légion de Rouen et du 2e bataillon de marche ; la 2e, sous le commandement du capitaine de frégate Olry, devait comprendre le 5e bataillon de marche et cinq bataillons de mobiles. La même dépêche qui appelait le général Briand à Cherbourg, où il devait concourir à la formation du 19e corps, chargeait de nouveau le capitaine de vaisseau Mouchez du commandement de la place du Havre, auquel on avait rattaché celui de la 2e division militaire. Dès que la nouvelle de cet ordre de départ fut connue dans la ville, elle y excita une vive émotion. Les autorités civiles et des délégués de la municipalité se rendirent près du général Briand et protestèrent énergiquement contre une mesure qui enlevait à la place ses défenseurs, au moment même où l'ennemi se montrait devant ses remparts. On vit alors se renouveler au Havre ce qui s'était passé à Rouen à l'approche du général de Manteuffel ; des dépêches exposant la situation militaire et les nécessités de la défense furent envoyées à Tours, et après un échange d'observations, le général Briand dut laisser au Havre toutes ses troupes, sauf celles qui se trouvaient déjà embarquées. Quant à lui, il se rendit à minuit à bord de l'*Hermione,* qui leva l'ancre le lendemain matin et mit le cap sur Cherbourg.

Après ce départ, les forces dont le commandant Mouchez disposait pour la défense du Havre, comprenaient : deux bataillons de marche et un régiment de cavalerie de la ligne, un détachement d'infanterie de marine, deux compagnies de fusiliers marins et les équipages de la flottille, soit environ 4 à 5,000 hommes de troupes régulières, 13,000 mobiles, le même nombre ou à peu près de gardes nationaux mobilisés et 1,500 à 2,000 francs-tireurs, en tout, de 32 à 33 mille hommes, et près de 40 mille, si l'on ajoutait à cet effectif celui de la garde nationale sédentaire. C'eût été assurément un chiffre fort respectable, si la quantité pouvait suppléer à la qualité et le nombre à l'organisation. Ce qui manquait à cette masse d'hommes pour en faire une armée, ce n'était ni le courage, ni la bonne volonté, c'étaient des cadres. Tandis que les capitulations de Sedan et de Metz avaient fourni à l'armée du Nord une grande quantité d'officiers et de sous-officiers sachant leur métier, les troupes du Havre en étaient totalement dépourvues; l'organisation n'existait pas. Tout ce qu'on pouvait donc demander à des bataillons isolés, inconnus les uns aux autres, incohérents et faiblement constitués, c'était de tenir derrière des retranchements.

Telle était la situation militaire au Havre, et l'on voit que les autorités de cette ville avaient eu quelque apparence de raison en protestant, le 9 décembre, contre le départ des troupes qui pouvaient former dans ses murs le noyau de la résistance, car l'ennemi allait menacer plus sérieusement la place. Le lendemain, en effet, le comte de Brandebourg se porta de Bolbec sur Angerville-l'Orcher où il établit son quartier général. Il était appuyé par une colonne plus considérable, composée d'une brigade d'infanterie, d'un régiment de hussards et de deux batteries; ces troupes étaient conduites par le général de Goeben qui atteignit le 10 Yvetot et le 11 Bolbec, suivi à une demi-journée de marche par le reste de la 16° division et l'artillerie de son corps d'armée. Dès son arrivée à Bolbec, le général de Goeben lança son avant-garde jusqu'à Saint-Romain et Angerville-l'Orcher, pour se mettre en communication avec la brigade des dragons de la garde. De son côté, le comte de Brandebourg poussa le même jour des reconnaissances sur le Havre, dans les directions de Gainneville, Montivilliers, Criquetot et Gonneville. A Gainneville, les dragons trouvèrent les positions réoccupées par nos avant-postes et essuyèrent quelques coups de feu. A Montivilliers, six de ces cavaliers s'avancèrent sur la place de l'Hôtel-de-ville et jusqu'aux carrefours avoisinants ; après quoi ils regagnèrent au galop la route d'Épouville où stationnait leur escadron. D'autres patrouilles, passant par Criquetot et Gonneville, s'avancèrent jusqu'aux environs d'Octeville, qui avaient été également réoccupés par nos troupes. Tous les villages situés aux sources de la Lézarde, Notre-Dame-du-Bec, Rolleville, Épouville, furent visités par l'ennemi, sans parler des ports du littoral, tels que Fécamp et Étretat. Le 12, les dragons de la garde sillonnèrent les mêmes localités ; trois d'entre eux revinrent même à Montivilliers, annonçant l'arrivée d'un corps imaginaire de 2,000 hommes et prescrivant le désarmement de la garde nationale. Mais leur passage fut de courte durée et, dans la soirée du même jour, ils disparurent de Montivilliers et des environs qui ne devaient heureusement plus les revoir.

Ces diverses reconnaissances avaient démontré au

général de Goeben qu'avec sa seule artillerie de campagne et une douzaine de mille hommes, il ne devait pas s'attendre à enlever de vive force la place du Havre; il savait qu'elle était couverte par une ligne de retranchements qui s'étendait d'Harfleur à Rouelles et à Bléville; en outre, il avait appris que la place possédait une nombreuse garnison et que la population était énergiquement décidée à se défendre; il résolut en conséquence de s'abstenir de toute agression et de laisser à son mouvement le caractère d'une simple reconnaissance. Il est certain qu'une attaque contre nos avant-postes l'eût engagé dans une entreprise sérieuse, et que, dans les circonstances où il se trouvait, un insuccès eût été pour lui, matériellement, et surtout moralement, un échec des plus graves.

Pour bien comprendre les motifs de la détermination du général de Goeben, il est nécessaire de connaître les ordres du grand quartier général prussien relatifs à ce mouvement contre le Havre. Les instructions adressées de Versailles au commandant en chef de la première armée, à la date du 7 décembre, lui prescrivaient avant tout de poursuivre vivement le général Briand. « Si le Havre
» même, où un important matériel de guerre venant
» d'Amérique devait, en ce moment même, être dé-
» barqué, pouvait par hasard être pris par un coup
» de main, on s'en remettait au chef de la Ire armée.
» Dans aucun cas, ajoutait le général de Moltke,
» Sa Majesté ne veut que la Ire armée s'engage
» devant le Havre dans une entreprise de longue
» durée. Il faut plutôt avoir constamment en vue
» de disperser les forces ennemies qui s'avance-

» raient en rase campagne, et par conséquent de
» reprendre les opérations contre les troupes battues
» à Amiens, etc. [1]. » Les instructions données par le
général de Manteuffel à ses chefs de corps étaient
conformes à celles qu'il avait reçues de Versailles.
« La mission de la première armée est d'occuper
» Rouen et Amiens, écrit-il dans son ordre général
» en date du 9 décembre, de surveiller la rive
» gauche de la Seine, de se maintenir en commu-
» nication avec la 5ᵉ division de cavalerie à Dreux,
» de protéger la ligne d'investissement au nord de
» Paris, et de battre l'armée du Nord ou celle du gé-
» néral Briand si elles prennent de nouveau l'offen-
» sive. En conséquence, je décide ce qui suit :

» Le général Goeben a la mission d'occuper Amiens
» et de protéger la ligne d'investissement au nord de
» Paris. Le général Bentheim occupe Rouen, sur-
» veille la rive gauche de la Seine et se tient en
» communication avec la 5ᵉ division de cavalerie à
» Dreux, ainsi qu'avec le général Lippe à Gisors.

» Avec le gros de ses forces le général de Goeben
» ouvre sa marche sur Amiens par un mouvement de
» reconnaissance contre le Havre, afin de s'assurer
» si la place peut être prise par un coup de main. Si
» cette opération ne lui paraît pas praticable, le gé-
» néral ne s'engage dans aucune entreprise longue ou
» sérieuse contre la place, et il marche alors sur
» Amiens en suivant le littoral [2]. »

Le général de Goeben ne fit donc que se conformer strictement aux instructions qu'il avait reçues.

---

[1] V. Blume : *Die Operationen der deutschen Heere*. Berlin.

[2] V. Wartensleben : *Die Operationen der I. Armee*. Berlin.

S'étant convaincu, au moyen de ses reconnaissances, qu'une entreprise contre le Havre n'était pas praticable, il laissa comme rideau devant cette place le détachement du comte de Brandebourg, et, opérant une conversion à droite à la hauteur de Bolbec, il marcha le 12 sur Fauville et le 13 sur Saint-Valery-en-Caux. Le comte de Brandebourg, après avoir masqué cette conversion, se dirigea d'Angerville-l'Orcher sur Yvetot et passa sous les ordres du général de Bentheim. Le 14, le général de Goeben, à la tête de son état-major, d'une brigade d'infanterie, de quelques escadrons de hussards et de deux batteries, fit son entrée à Dieppe qui, comme on s'en souvient, avait déjà été visité le 9 par l'ennemi. Le 15, il séjourna dans cette ville, qui paya pour le Havre; il y leva une contribution de guerre de 75,000 francs, sous prétexte de « droit de conquête » sur l'administration des tabacs ». Le 16, il se dirigea sur Neufchâtel, le 17 sur Héricourt-Saint-Samson, le 18 sur Crèvecœur, le 19 sur Ailly-sur-Noye, et le 20 sur Amiens.

Le général Faidherbe, ayant pris le 3 décembre le commandement en chef de l'armée du Nord, avait commencé ses opérations peu de jours après. Dès le 8, il s'était mis en campagne, et le 10, la reprise de Ham par la division Lecointe inaugura cette marche offensive. Le 12 et le 13, le général Faidherbe alla reconnaître la Fère, et ce mouvement de notre armée du Nord coïncidant avec celui de la 16ᵉ division prussienne de Bolbec sur Dieppe, on crut généralement que le second était une conséquence du premier. Si l'on s'en rapporte aux documents officiels prussiens, cette coïncidence aurait été tout à fait fortuite. Dans son exposé des opérations de la Ire armée allemande, le colonel de Wartensleben nie absolument que l'abandon du mouvement contre le Havre ait été le résultat de la reprise des hostilités dans le Nord, et il s'appuie sur les instructions du grand quartier de Versailles et sur celles du général de Manteuffel que nous avons citées plus haut. Depuis, il s'est élevé une controverse sur ce point, comme sur bien d'autres, entre le général Faidherbe lui-même et le général de Goeben, son adversaire. Nous allons faire connaître, en ce qui concerne le Havre, le résultat de ce tournoi littéraire qui a succédé à la lutte à main armée.

Dans sa *Campagne de l'armée du Nord*, le général Faidherbe a raconté qu'il avait pris l'offensive le 8 décembre « pour sauver le second port de commerce de la France »; « Nous avions sauvé le Havre », écrit-il plus loin à propos de la bataille indécise de Pont-Noyelles, qui n'avait produit que des résultats négatifs, mais qui était par cela même une sorte d'échec moral pour l'ennemi, nos soldats ayant couché sur les positions qu'ils avaient vaillamment défendues. Que cette offensive de notre armée du Nord ait dégagé une partie de la Normandie, c'était le résultat prévu et naturel; c'est ainsi que le mouvement de l'armée de Rouen sur Étrépagny avait dégagé la Picardie et permis à l'armée d'Amiens de se reconstituer; car il est probable que c'en était fait d'elle, si les Prussiens avaient montré plus de décision après Villers-Bretonneux. Notons, toutefois, que le 8 décembre, lorsque l'armée du Nord commença ses opérations, le Havre n'était ni directement, ni sérieusement menacé; à cette date, le comte de Brandebourg était encore à Pavilly, et c'est seulement deux jours plus tard que le général de Goeben marcha sur Yvetot. Si, lorsqu'il se mit en campagne, le général Faidherbe prévoyait cette pointe, que toute la presse allemande qualifia plus tard « d'imprudente », il était certes mieux inspiré que le délégué de notre ministre de la guerre qui, comme on l'a vu, avait juste choisi ce moment pour enlever au Havre la majeure partie de ses troupes. Il reste à savoir si le général Faidherbe a contribué à la délivrance de cette place; c'est ce que nie complétement son adversaire, qui, lui aussi, a publié, dans la *Revue militaire* de Darmstadt, un récit pour servir à l'histoire de la campagne dans le nord-ouest de la France [1].

Nous allons traduire un passage de ce récit qui renferme pour nous, en même temps que des explications, des leçons qui peuvent paraître sévères, mais qui ne sont pas tout à fait imméritées :

« Nous apprenons par l'ouvrage du général Faid-
» herbe, que le but de ces opérations était de sauver
» le Havre menacé, et le général exprime à plusieurs
» reprises sa satisfaction d'avoir réussi à préserver
» de l'invasion le second port de commerce de France.
» J'ai le regret d'être contraint de détruire cette
» illusion.

» Nous étions dans une ignorance complète de ce
» qui se passait au Havre. Les innombrables espions
» qui, au dire des Français, nous ont rendu de si
» merveilleux services dans le reste de la France,
» nous faisaient entièrement défaut dans le Nord ; ils

---

[1] V. Goeben : *Zur Geschichte d. Feldz. im n.-w. Franckr.* Darmstadt. Ou : *For the History of the campaign in the n.-w. of France* London.

» nous étaient d'ailleurs inutiles. Nos fidèles alliés ne
» nous laissaient jamais dans l'embarras. Les corres-
» pondants des journaux anglais que l'on recevait
» dans ce but au quartier général, nous renseignaient
» avec soin sur les armements et les organisations
» en grand; les innombrables feuilles locales divul-
» guaient librement les détails de chaque jour; les
» chefs des troupes françaises, avec une incompré-
» hensible incurie, ne gênaient en rien les habitants
» dans leurs mouvements d'affaires; et ceux-ci, ques-
» tionnés par nos patrouilles, racontaient avec la
» loquacité française, jusque dans les moindres dé-
» tails, tout ce qu'ils avaient vu. Comme en même
» temps notre cavalerie légère battait au loin le pays
» avec une activité et une hardiesse admirables,
» qu'elle combinait ses observations avec prudence
» et perspicacité, nous ne manquions jamais de nou-
» velles certaines. En ce qui concerne le Havre, il
» n'y eut bientôt plus aucun doute possible; il nous
» arrivait de là, par centaines, des voyageurs, des
» paysannes et même des soldats réformés et congé-
» diés. La ville était occupée par des forces très-con-
» sidérables et protégée du côté de terre par de
» solides fortifications, en partie permanentes, en
» partie récemment élevées; plusieurs bâtiments de
» guerre étaient mouillés dans le port. C'est pourquoi
» le général de Goeben prit, dès le 11, à Bolbec, la
» résolution de poursuivre sans retard sa marche
» sur la Somme.

» Le Havre n'a donc jamais couru aucun risque et
» par conséquent n'a point été sauvé par le général
» Faidherbe : *So war also le Havre nie gefährdet und
» wurde auch nicht von General Faidherhe gerettet.* »

Dans sa *Réponse* à la relation de son adversaire, le général Faidherbe soutient qu'il a forcé le VIII° corps prussien à quitter les environs du Havre, que cela s'appelle bien « dégager » le Havre; et il ajoute : « Il » est probable que cette place n'aurait pas résisté à » un bombardement de quelques jours [1]. »

En écrivant cette dernière phrase, le général Faidherbe ne considérait sans doute que la partie permanente des fortifications du Havre, et il est probable qu'il ignorait l'existence des retranchements passagers que nous avons décrits plus haut. La population du Havre était à l'abri d'un bombardement tenté par des canons de campagne; il y avait cent trente-sept pièces de position sur ses remparts, et près de 40,000 hommes en armes dans ses murs : Cette situation était de nature à faire réfléchir l'assaillant, car le général de Goeben avait alors à sa disposition non le VIII° corps tout entier, mais la moitié seulement, c'est-à-dire la 16° division renforcée de la brigade des dragons de la garde. Il n'avait avec lui à Bolbec qu'une brigade d'infanterie, un régiment de hussards et deux batteries; il était suivi à une demi-journée de marche par l'autre brigade de la 16° division et par le corps d'artillerie. Quant à la 15° division, qui avait des détachements sur la rive gauche de la Seine, elle opérait isolément, et c'est à la date du 18 décembre seulement, que le VIII° corps prussien fut réuni tout entier à Crèvecœur sous les ordres de son chef. D'ailleurs les forces du général de Goeben eussent-elles été doubles ou triples, la situation eût encore été la même.

---

[1] V. Faidherbe : *Réponse à la relation du général von Goeben*. Paris.

Est-ce à dire que le Havre fût imprenable? Certes nous nous garderions bien de l'affirmer, s'il est vrai que Sébastopol ait pu être enlevé de vive force et que les Prussiens eux-mêmes, dans cette funeste campagne, aient pu prendre Paris à la gorge le 19 septembre. Mais, il faut leur rendre justice, ils sont très-avares du sang de leurs soldats; on les a rarement vus monter à l'assaut, et ils ne risquent des coups d'audace que lorsque les résultats à attendre sont en rapport avec les sacrifices à faire. Or, malgré son importance considérable et le désir que les Allemands ont pu avoir de s'en emparer, le Havre se trouve dans une situation tout à fait exceptionnelle. Pour s'en rendre complétement maître, il faudrait non-seulement l'assiéger, mais encore le bloquer; car tant que les communications avec Honfleur, Caen, Cherbourg et le littoral ne sont pas rompues, il peut recevoir des renforts ou évacuer sa garnison; en sorte qu'après une tentative même heureuse, l'ennemi courrait le risque de trouver une place vide de défenseurs. En outre, le Havre étant situé au sommet d'un triangle dont les côtés étaient complétement libres, notre flotttille aurait pu jeter sur les derrières de l'ennemi un corps de débarquement qui, le prenant à revers, l'eût forcé à lâcher prise. Les Prussiens ne pouvaient donc s'engager ni longtemps, ni sérieusement contre le Havre avant d'avoir leur base d'opération complétement assurée et d'être dégagés de toute préoccupation sur leurs flancs; d'ailleurs ils n'ont jamais eu l'idée d'occuper d'une façon permanente des points aussi éloignés. Leur tactique constante a été d'attirer nos troupes en rase campagne afin de les battre isolément. La preuve de ces intentions se trouve dans les

instructions du grand quartier de Versailles en date du 17 décembre, desquelles nous extrayons ce qui suit : « La situation générale nous oblige à ne pour-
» suivre l'ennemi après une victoire, qu'autant qu'il
» en est besoin pour disperser ses masses et les
» mettre hors d'état de se reformer de longtemps.
» Nous ne pouvons pas le suivre jusqu'en ses derniers
» points d'appui, tels que Lille, le Havre et Bourges,
» ni occuper pendant une longue durée, des pro-
» vinces aussi éloignées que la Normandie, la Bre-
» tagne ou la Vendée. Nous devons même nous ré-
» soudre à évacuer certaines positions conquises,
» comme Dieppe et éventuellement aussi Tours, afin
» de concentrer le gros de nos forces sur un petit
» nombre de points principaux [1]. » Signé : Moltke.

Dans leur situation, les Allemands ne pouvaient donc tenter sur le Havre qu'un coup de main ; et il paraît démontré aujourd'hui que le mouvement du général Faidherbe n'a été pour rien dans l'abandon de l'entreprise du général de Goeben contre cette place. Un article de la *Revue militaire* de Darmstadt, qui clôt la polémique sur ce point, s'exprime en ces termes : « A la date du 11 décembre, le général de
» Goeben ne se doutait en aucune façon du mouve-
» ment du général Faidherbe ; ce fut seulement trois
» jours plus tard, le 14, à Saint-Valery-en-Caux,
» qu'il apprit par le général de Manteuffel que des
» divisions ennemies s'étaient avancées offensivement
» jusque sous les murs de la Fère. En outre, cette
» nouvelle lui causa si peu d'impression, que ses
» troupes firent séjour à Dieppe le 15, sans qu'il fût

[1] V. Wartensleben : *Die Operationen der I. Armee.* Berlin.

» rien changé aux ordres qu'il avait donnés à cet
» effet[1]. »

Ces raisons paraissent concluantes. Si le général de Goeben avait connu, le 11, le mouvement offensif du général Faidherbe, s'il avait été contraint par lui de « quitter Bolbec à marches forcées[2] » pour remonter vers le Nord, il est probable qu'il n'aurait point passé par Fauville, Saint-Valery-en-Caux et Dieppe, ni fait séjour dans cette dernière ville, pour revenir ensuite à Neufchâtel, et mis ainsi cinq jours pour parcourir une distance qu'il pouvait franchir directement en deux étapes. De Neufchâtel, le général de Goeben aurait pu encore gagner la ligne de la Somme en deux jours; or il en mit quatre pour se rendre à Amiens où il arriva le 20. Il est donc impossible de voir dans sa marche le moindre indice de précipitation; en outre, l'examen attentif de son itinéraire prouve que s'il a renoncé à son entreprise contre le Havre, c'est qu'elle n'offrait aucune chance de succès, car en admettant que cette place « n'ait pu résister à quelques jours de bombardement », le général prussien avait parfaitement le temps d'essayer de ce moyen. S'il ne l'a pas fait, c'est qu'il y voyait de sérieux inconvénients. Il est certain qu'une attaque même heureuse ne valait pas les chances qu'il eût courues si sa tentative eût échoué, et nous ne voyons pas dans quel but il aurait avoué qu'il s'est trouvé en face du Havre dans une situation qui n'est pas sans analogie avec celle qu'a décrite La Fontaine dans la fable *du Renard et des Raisins*.

---

[1] V. Zernin. *Allgemeine militär-Zeitung*, 1872. Darmstadt.
[2] V. Faidherbe : *Réponse à la relation du général von Goeben*. Paris.

Le général Faidherbe a eu tort de croire que son adversaire ne voulait lui laisser aucun mérite : l'ennemi professe pour lui la plus sérieuse estime, et les récits populaires allemands ne prononcent son nom qn'avec respect[1]. Quant à nous, nous admirons plus que personne l'habileté et l'énergie qu'a déployées le général en chef de notre armée du Nord, et nous ne croyons pas amoindrir le mérite qu'il a eu dans la dernière campagne, en attribuant à la ville et à l'armée du Havre un des rares résultats qu'elles puissent légitimement revendiquer, celui d'avoir préservé elles-mêmes des atteintes de l'ennemi le second port de commerce de la France.

[1] V. Winterfeld : *Geschichte des deutsch-franzӧs. Krieges.* Postdam.

CHAPITRE XII.

Événements sur la basse Seine pendant la reprise des hostilités dans le Nord. — Séparation de la Ire armée prussienne en deux groupes sur la Seine et sur la Somme (10 décembre). — Composition du corps du général de Bentheim à Rouen. — Événements sur la rive gauche de la Seine : engagements de Beaumont-le-Roger, de Tilleul-Othon et de Goupillières (11 décembre). — Combats d'avant-postes à Nassandres et à Beaumont-le-Roger (12 décembre). — Engagement de Serquigny (13 décembre). — Marche du général de Bentheim sur la Rille (16 décembre). — Mouvement de retraite et sédition à Bernay (17 décembre). — Événements sur la rive droite de la Seine. — Coup de main à Lillebonne (14 décembre). — Engagement de Caudebec (15 décembre). — Organisation de la défense du Havre (17 décembre). — Rencontre de Saint-Romain (18 décembre). — Mesures défensives prises par le général de Bentheim (20-21 décembre). — Engagement de Bolbec (24 décembre).

Par suite de la reprise des opérations dans le Nord, le général de Manteuffel divisa ses forces en deux groupes : sur la Somme, le général de Goeben prit l'offensive avec le VIIIe corps et la 3e division de cavalerie; sur la Seine, le général de Bentheim, avec le Ier corps et la brigade des dragons de la garde, se tint sur la défensive. Les travaux de réparation sur la ligne du chemin de fer de Rouen à Amiens furent poussés avec la plus grande activité; les stations intermédiaires de Poix, Formerie, Forges et Buchy, furent occupées par les troupes d'étapes du général de Malotki, et au moyen de notre propre matériel abandonné par nous à Amiens et à Rouen, les Prussiens se trouvèrent bientôt en mesure de jeter rapidement des renforts d'une aile à l'autre, sur les points successivement menacés.

L'ordre général de la Ire armée allemande, en date du 9 décembre, que nous avons cité plus haut, prescrivait au général de Bentheim de concentrer ses forces à Rouen et aux environs, de ne pas se défendre dans la ville elle-même, qui s'y prête peu par sa situation topographique, mais de marcher à notre rencontre si nous nous présentions, et de lancer fréquemment des colonnes mobiles sur les deux rives de la Seine. Le mouvement de concentration du Ier corps prussien devait commencer le 10 décembre.

En exécution de cet ordre, le général de Bentheim rappela la 4e brigade, qui occupait Vernon sous les ordres du général Pritzelwitz, et qui arriva à Rouen le 13 décembre. Le 14, un détachement de toutes armes fut porté sur la rive droite de la Seine dans les environs de Pavilly, Barentin, Duclair et Yvetot, et chargé d'observer le Havre, conjointement avec la brigade des dragons de la garde. Ce détachement était sous les ordres du général major de Zglinitzki, qui installa son quartier général au château de Roumare.

Le colonel de Massow, du 1er régiment d'infanterie « Prince royal », qui commandait la 2e brigade, et se trouvait depuis le 9 à Évreux, fut établi sur la rive gauche de la Seine. Il reçut l'ordre de faire observer la ligne de la Rille par un détachement, et de se porter lui-même, avec le reste de sa brigade, dans les environs d'Elbeuf et de la Bouille. Il partit d'Évreux le 11, et atteignit le même jour le Neubourg avec le gros de ses troupes; celles qu'il avait désignées pour surveiller la Rille avaient été placées sous les ordres du colonel de Legat, du 3e régiment de grenadiers de la Prusse orientale, et dirigées sur Beaumont-le-Roger.

On sait qu'à la suite de l'évacuation d'Évreux, notre corps d'observation de la rive gauche de la Seine, commandé depuis les premiers jours de décembre par le capitaine de frégate Gaude, s'était replié en arrière de la Rille. Le 10 décembre, le général de brigade de Lauriston, commandant supérieur des départements du Calvados et de l'Eure, envoya les mobiles de l'Ardèche et plusieurs légions de mobilisés du Calvados à Pont-l'Évêque, afin de mettre cette ville à l'abri d'une surprise. Mais la brigade de Bock, qui s'était avancée le 9 jusqu'à Pont-Audemer et Toutainville, en était, comme on l'a vu, partie le lendemain pour rejoindre le corps du général de Goeben. A la même date, un nouveau changement, le septième depuis le mois d'octobre, eut encore lieu dans le commandement de la subdivision de l'Eure : le commandant Gaude fut remplacé par le capitaine de vaisseau de Guilhermy, major de la marine à Brest, qui fixa son quartier à la gare de Serquigny, et s'adjoignit, en qualité de chef d'état-major, le lieutenant-colonel Power, de la garde mobile de l'Eure. Le bataillon de la Loire-Inférieure était alors établi sur les hauteurs de la Rille, à Tilleul-Othon et Goupillières, et couvrait ainsi l'embranchement de Serquigny. Les francs-tireurs de Seine-et-Oise surveillaient notre gauche à Brionne ; les francs-tireurs de Breteuil et une compagnie de la Loire-Inférieure reçurent l'ordre d'aller occuper Beaumont-le-Roger, afin d'éclairer notre droite.

Le 11 décembre, le colonel de Legat, à la tête de son détachement, apparut aux environs de cette dernière ville, qui avait déjà été visitée la veille par quelques dragons. Au moment où sa pointe d'avant-garde venait de pénétrer dans Beaumont et s'y faisait délivrer des billets de logement, elle y fut attaquée par des francs-tireurs de Breteuil (capitaine Glaçon). Les nôtres s'étant repliés à la suite de cette attaque en emmenant trois prisonniers et leurs chevaux, le colonel de Legat fit peu de temps après son entrée dans la ville à la tête de son détachement, et son premier soin fut de détruire le chemin de fer et de reconnaître nos avant-postes. Un escadron de dragons s'étant avancé jusqu'à Tilleul-Othon, y fut reçu à coups de fusil par les mobiles du 6° bataillon de la Loire-Inférieure (commandant Manet), et un engagement s'ensuivit à l'ouest de ce village, aux abords du hameau de Fréville. Les dragons, ayant tenté de s'échapper dans la direction de Goupillières, eurent à essuyer également de ce côté une fusillade non moins vive, en sorte que, dans l'espace d'une demi-heure, l'escadron fut complétement dispersé et forcé de s'enfuir en désordre vers Beaumont. Dans ces diverses escarmouches, les dragons lithuaniens du 1er régiment eurent trois hommes tués, cinq blessés, dont un officier, et neuf prisonniers, sans compter un assez grand nombre de chevaux tués ou capturés.

Les travaux entrepris au début de la campagne pour couvrir Serquigny étaient restés inachevés; la situation de ce village au fond d'une vallée en rendait la défense difficile, et ce point avait d'ailleurs perdu toute importance stratégique depuis la prise de Rouen. Le commandant de Guilhermy, après s'être concerté avec le général de Lauriston, résolut donc de concentrer ses troupes à Bernay, en occupant une série de positions défensives en avant de cette ville, sur les hauteurs qui dominent la rive gauche de la

Rille. Ce mouvement s'exécuta le 12, de grand matin. Le bataillon de la mobile des Landes fut établi à Grandchain et à Fontaine-l'Abbé; le 1er bataillon de l'Eure à Rôtes; le 3e à Carsix, et le 2e autour de Malbrough, à l'intersection de la route de Rouen avec celle de Paris à Cherbourg. Le bataillon de la Loire-Inférieure alla occuper les côtes d'Aclou. En même temps, plusieurs corps francs furent poussés en avant pour reconnaître les positions de l'ennemi.

Dans cette même journée, le colonel de Legat, à la tête d'un détachement fort d'environ un bataillon, deux escadrons et une batterie, se dirigea par Tilleul-Othon sur Serquigny. Le pont du chemin de fer n'était alors que faiblement gardé, et la seule résistance que l'ennemi rencontra aux abords du bois de Nassandres fut celle des francs-tireurs de l'Eure (capitaine Lortie), qui durent se replier après une courte, mais vive escarmouche, dans laquelle ils eurent leur sergent-major tué et quelques hommes blessés, dont un mortellement. Après cette affaire, le colonel de Legat venait de rentrer à Beaumont, lorsqu'il fut forcé d'en sortir de nouveau pour soutenir ses avant-postes qui étaient attaqués. Voici ce qui s'était passé dans cette direction.

Le commandant de Guilhermy avait envoyé dans la matinée le capitaine de Boisgelin, de la mobile de l'Eure, de Bernay à Beaumont-le-Roger, pour s'éclairer sur les forces qui occupaient cette ville; il lui avait adjoint, pour l'accomplissement de sa mission, une cinquantaine de francs-tireurs de la compagnie d'Évreux (capitaine Thionet). Arrivé aux environs de Beaumont, le capitaine de Boisgelin, qui se trouvait justement sur ses terres, reconnut les positions avancées de l'ennemi, et se mit en devoir de faire, dans sa propre forêt, une véritable chasse à l'homme. Guidés par ses gardes-chasse, les francs-tireurs enlevèrent, au lieu dit Mont-Rôti, un petit poste isolé de huit fantassins; ils s'avancèrent ensuite sur la gare, mais un second poste, fort d'une trentaine d'hommes, prit la fuite à leur approche. Au bruit de la fusillade, le colonel de Legat mit aussitôt son infanterie en ligne; les francs-tireurs l'accueillirent par un feu nourri, et, après avoir conservé leurs positions pendant trois quarts d'heure, ils se replièrent par la forêt sans avoir subi aucune perte. A Nassandres et à Beaumont, le 3ᵉ régiment de la Prusse orientale avait eu six grenadiers blessés et un autre fait prisonnier.

Le 13 décembre, le colonel de Legat, sachant que la bifurcation de Serquigny était définitivement abandonnée par nous, y envoya une section de pionniers et un détachement d'infanterie pour enlever les rails et faire sauter le pont du chemin de fer. Mais, de son côté, le commandant de Guilhermy avait dirigé sur ce point les 1ʳᵉ et 5ᵉ compagnies de mobiles du 1ᵉʳ bataillon de l'Eure; dans l'après-midi, nos soldats surprirent l'ennemi dans son opération et l'attaquèrent vivement, aidés par les francs-tireurs de Louviers, qui étaient accourus au bruit du combat; après une fusillade qui dura environ une heure, les pionniers du 1ᵉʳ bataillon et les grenadiers du 3ᵉ régiment de la Prusse orientale prirent la fuite, laissant sur le terrain cinq hommes tués; en outre sept blessés, dont un officier, et une dizaine de prisonniers restèrent entre nos mains. Mais, tandis que les mobiles de l'Eure et les francs-tireurs se retiraient sur Bernay avec leur capture, l'ennemi revenait en force et occupait Brionne.

Dans ces divers engagements, le colonel de Legat avait subi des pertes sensibles, mais il avait complétement détruit le chemin de fer qui relie Évreux à Rouen et à Caen. La ligne avait été coupée à Conches; le viaduc de Grosley, ouvrage important sur la Rille, entre Romilly et Beaumont-le-Roger, avait sauté dans la journée du 13, et l'embranchement de Serquigny avait été également rendu impraticable. Cette œuvre de destruction accomplie, le colonel de Massow réunit ses troupes, et, se rapprochant de la Seine, il s'échelonna le 13 décembre sur la route de Brionne à Rouen, entre Saint-Denis et la Bouille, avec de faibles détachements à Elbeuf et à Pont-de-l'Arche.

La résistance que le colonel de Legat avait rencontrée les jours précédents éveillèrent l'attention du général de Manteuffel, qui chargea le général de Bentheim de refouler notre corps d'observation de la Rille, dont le voisinage commençait à l'inquiéter. C'est pour ce motif que la brigade de Massow fut concentrée sur la Seine le 15 décembre; le même jour, le général de Bentheim vint avec des renforts en prendre le commandement, et établit son quartier général à Elbeuf. Les forces dont il disposait, réparties entre cette dernière ville et la Bouille, se composaient de onze bataillons, cinq escadrons et quarante-huit canons. Le 16, il se mit en marche avec la 1re division, atteignit le même jour Bourgthéroulde, poussa son avant-garde jusqu'à Saint-Denis-des-Monts, et fit éclairer la ligne de la Rille par sa cavalerie. Sur les hauteurs de Brionne, ses patrouilles se trouvèrent en présence de la mobile de l'Ardèche, qui, avec celle de l'Eure et de la Loire-Inférieure, observait la vallée en couvrant les villes de Brionne et de Bernay. Mais, des rencontres ayant eu lieu le 14 et le 15 sur la rive droite de la Seine, à Lillebonne et à Caudebec, la nouvelle en parvint au général de Bentheim qui, par suite de la reprise des hostilités dans le Nord, jugea prudent de se rapprocher de Rouen; il y rentra le 17, ne laissant sur la rive gauche, entre Grand-Couronne et Pont-de-l'Arche, qu'un régiment, un escadron et une batterie, sous les ordres du colonel de Massow.

Tandis que le général de Bentheim s'avançait sur Bourgthéroulde avec le dessein de refouler nos troupes de la Rille, le commandant de Guilhermy, bien que décidé à tenter la résistance, ne se sentait pas en force pour lutter avantageusement contre lui, puisqu'à ses quarante-huit canons Krupp il n'avait à opposer que quatre pièces de 4 rayé de montagne, servies par une vingtaine de mobiles des Côtes-du-Nord; il avait dû s'occuper en conséquence des moyens d'opérer éventuellement sa retraite sur Lisieux. Il envoya donc à Aclou le lieutenant-colonel Thomas, des mobiles de l'Ardèche, en l'invitant à se renseigner sur la situation et à lui faire connaître les résolutions qu'il aurait prises; il lui indiqua, pour le cas où la retraite serait reconnue nécessaire, un point de jonction avec les troupes de Bernay en avant de Thiberville. Le colonel Thomas se rendit dans la soirée du 16 décembre à Aclou, en arrière de Brionne, et y concentra ses bataillons. N'ayant pas de cavalerie pour s'éclairer, et croyant, d'après les rapports qui lui furent adressés, que l'ennemi continuait sa marche sur Brionne, alors qu'au contraire il se retirait sur Rouen, il ordonna la retraite de son régiment sur Thiberville, et il communiqua le lendemain matin sa résolution au commandant de Guilhermy.

Le 17 décembre, avant le jour, le régiment de l'Ardèche se mit en marche sur Thiberville, et il fut suivi par celui de l'Eure. Le bruit de cette retraite, bientôt parvenu à Bernay, y causa une vive effervescence; la nombreuse population ouvrière de cette ville était travaillée depuis quelque temps par plusieurs de ces exaltés qui ne voyaient partout que traîtres et trahisons, surtout depuis qu'on avait appris à l'armée la reddition de Metz par une proclamation qui commençait ainsi : « Soldats, vous avez été trahis. » Parole imprudente, qui devait porter ses fruits. Le commandant de Guilhermy s'apprêtait à monter à cheval pour se rendre compte de ce qui se passait, lorsqu'en sortant de l'hôtel de la sous-préfecture il fut accueilli par les cris et les menaces de la multitude; puis, assailli, bousculé, frappé à coups de crosse par une douzaine de gardes nationaux. A cette triste scène assistaient, l'arme au pied, les mobiles du dépôt de la Seine-Inférieure. Quelques-uns de ces jeunes soldats se rangèrent autour de leur chef pour lui faire un rempart de leurs corps; ils firent mine de mettre la baïonnette au canon et de charger leurs armes, mais le commandant de Guilhermy les en empêcha dans la crainte de surexciter la foule. Bientôt un coup de feu retentit, et ce brave officier supérieur, dont la conduite a été si honorable au Mexique, s'affaissa, grièvement atteint d'une balle française.

Prévenu par le télégraphe, le général de Lauriston,

arrivait à Bernay quelques heures plus tard; s'étant assuré que l'ennemi s'était replié sur Rouen, il expédia des ordres pour que toutes les troupes en retraite reprissent les positions abandonnées; et il désigna, pour en prendre le commandement, le lieutenant-colonel Roy, ancien capitaine d'infanterie, retraité par suite de blessures reçues en Crimée et en Italie, et commandant alors la 1re légion des mobilisés du Calvados. Dès le 17, les corps qui avaient évacué Bernay réoccupèrent cette ville; le 18, la mobile de l'Ardèche entra sans coup férir à Brionne et s'établit sur les hauteurs de la rive droite de la Rille. Ce petit corps d'observation, qui gardera ces positions jusque vers la fin de décembre, n'avait eu jusqu'ici pour toute artillerie que quatre pièces de 4 de montagne; il reçut comme renfort, le 17, quatre pièces Armstrong servies par des mobiles des Basses-Pyrénées, et une batterie de six pièces de 4 rayé de montagne servies par des mobilisés du Calvados.

Sur la rive droite de la Seine, les troupes prussiennes chargées d'observer le Havre se composaient de trois bataillons, quatre escadrons et deux batteries, s'étendant de Duclair à Barentin, sous les ordres du général de Zglinitzki. A la droite de ce dernier, le général comte de Brandebourg, avec un bataillon, cinq escadrons et deux batteries, surveillait la ligne de Pavilly à Clères. Ces deux détachements étaient placés sous le commandement supérieur du général de Pritzelwitz, qui, réduit à la défensive, s'occupa de couvrir sa ligne par une série de retranchements.

Par suite de la reprise des opérations dans le Nord, le général de Manteuffel avait été forcé de porter successivement son quartier général au Héron, à Marseille-le-Petit et à Breteuil, les 17, 18 et 19 décembre. Sa position eût été très-difficile s'il y avait eu un concert établi entre notre armée du Nord et nos troupes de Normandie. Si ces dernières avaient été placées sous les ordres directs du général Faidherbe, ou si tout au moins leurs opérations avaient été rattachées aux siennes, c'eût été la perte certaine de la Ire armée allemande. Mais, par malheur, il ne régnait pas même la moindre entente entre les corps les plus voisins. Si, par exemple, ceux qui opéraient sur les deux rives de la basse Seine avaient agi de concert, ils auraient rendu insoutenable la position du général de Bentheim, qui, pour le moment, n'avait à compter que sur ses propres forces. En effet, tandis que l'ennemi ne pouvait passer la Seine ailleurs qu'à Rouen, nous étions complétement maîtres de ce fleuve au moyen de notre flottille; nous aurions pu communiquer d'une rive à l'autre; marcher sur Rouen par la rive droite ou par la rive gauche, ou simultanément par les deux rives; ou bien en agissant tantôt sur l'une et tantôt sur l'autre, fatiguer bien vite l'ennemi par ces mouvements alternatifs. Mais le fleuve, qui aurait dû servir à relier entre elles les troupes du Havre et celles de la Basse-Normandie, était devenu comme un obstacle infranchissable et comme une barrière de plus. Le Calvados et ce qui restait des départements de la Seine-Inférieure et de l'Eure eurent un nombre prodigieux de chefs, à chaque instant remplacés, dépendants tous des comités de défense, et par conséquent indépendants les uns des autres. Au lieu d'organiser contre un ennemi commun une action commune, chaque général voulut être le maître dans son département afin de n'être subordonné à personne. Un pareil système annihilait nos forces. Au lieu de nous unir contre un adversaire redoutable, nous nous divisions volontairement; au lieu d'opérer avec ensemble, nous ne faisions plus que nous débattre dans de vains et stériles efforts, jusqu'à ce que nous fussions successivement accablés.

Depuis que le comte de Brandebourg était parti d'Angerville-l'Orcher pour Yvetot et Pavilly, les Prussiens avaient complétement disparu des environs du Havre. Ils y revinrent dans les journées des 13 et 14 décembre, mais c'étaient des isolés à la recherche de leurs corps, et des traînards, qui, au nombre d'une quinzaine, se rendirent à nos avant-postes.

Le 14 décembre, des dragons du 10e régiment de la Prusse orientale apparurent aux environs de Lillebonne; les trois premiers cavaliers qui formaient la pointe d'avant-garde s'étant aventurés seuls dans les rues de cette ville, y furent cernés et démontés par les ouvriers, qui n'employèrent d'autres armes que leurs bras. Lorsque la patrouille que précédaient ces éclaireurs survint pour avoir de leurs nouvelles, les habitants de Lillebonne lui indiquèrent de la main la route du Havre. C'était bien, en effet, celle qu'ils avaient suivie, mais comme prisonniers et sous bonne escorte. Après s'être livrés à des recherches infructueuses pour retrouver la trace de leurs camarades, les dragons reprirent la route de Rouen sans se douter de ce coup de main exécuté avec autant d'adresse que de résolution.

Le 15 décembre une de nos canonnières, *l'Étendard* (lieutenant de vaisseau Maire), remontait la Seine dont elle explorait le cours, et arrivait à la hauteur de Caudebec, lorsque, vers dix heures, on signala sur la route de Caudebec que l'approche d'une patrouille ennemie. C'étaient des dragons, qui, se voyant surpris, n'eurent que le temps de s'embusquer derrière une usine; après avoir essuyé quelques coups de canon et une assez vive fusillade, ils se hâtèrent de rebrousser chemin vers Duclair, en laissant un de leurs sous-officiers sur le terrain. Dans la soirée, ayant appris que notre canonnière avait redescendu la Seine, ils revinrent chercher le cadavre de leur camarade et emmenèrent comme otage un membre de la municipalité de Caudebec.

L'enlèvement d'une patrouille à Lillebonne et la présence d'une de nos canonnières à Caudebec causèrent à Rouen un certain émoi; les Prussiens s'imaginèrent que l'armée du Havre se mettait en mouvement; et c'est pour ce motif que le général de Bentheim, après s'être avancé sur la rive gauche jusqu'à Bourgthéroulde, jugea opportun de se rapprocher de Rouen. On voit, par ces faits insignifiants, combien sa situation eût été critique si nos forces de la rive droite et de la rive gauche s'étaient concertées pour une offensive énergique.

Resté seul au Havre après le départ du général Briand, et mis en éveil par les récentes démonstrations du comte de Brandebourg et du général de Goeben, le commandant Mouchez résolut d'assurer avant tout la défense de la place. Par un ordre du 17 décembre, il répartit ses troupes en deux commandements et en deux secteurs correspondants : celui de droite, s'étendant de la batterie de la Lézarde à celle des Acacias, fut confié au lieutenant-colonel de Beaumont; celui de gauche, s'étendant de la batterie des Acacias à la Hève, au capitaine de frégate

Olry; l'artillerie de droite fut placée sous les ordres du capitaine de frégate Lehelloco, celle de gauche sous les ordres du chef d'escadron d'artillerie Sauvé; les chefs de bataillon Rousset et Rolin commandèrent : le premier le fort de Tourneville, le second celui de Sainte-Adresse.

Après avoir pris ces dispositions, le commandant Mouchez s'occupa de former une colonne mobile destinée à protéger les abords de la place, grossie peu à peu par les corps qu'elle recevrait au fur et à mesure de leur formation; elle devait marcher sur Rouen dès qu'elle aurait atteint le chiffre d'une quinzaine de mille hommes. Mais, nous l'avons déjà dit, ce qui manquait à ces troupes, composées en grande partie de mobilisés récemment levés ou chassés de leurs foyers par l'ennemi, c'étaient les cadres. Pour faire un corps d'armée de cette masse de plus de trente mille hommes, il aurait fallu au moins un général de division, deux généraux de brigade, avec un nombre correspondant d'officiers supérieurs; or il n'y avait au Havre, en dehors de l'artillerie, que deux officiers supérieurs appartenant à l'armée régulière; l'un était major peu de temps auparavant, et l'autre capitaine au début de la campagne. En présence de cette pénurie d'officiers, il fut impossible de donner un commencement d'organisation aux troupes entassées dans la place, et elles se trouvèrent par la suite condamnées à la plus regrettable inaction. Le commandant Mouchez ne cessait de réclamer avec instance au ministre de la guerre les cadres nécessaires à la formation d'une colonne mobile et l'envoi d'un général chargé de la diriger. La malheureuse expérience qu'il avait faite à Buchy n'était pas de nature à lui inspirer grande confiance dans la tâche de conduire des troupes en campagne ; aussi avait-il demandé à en être déchargé et à ne conserver que le commandement de la place du Havre et de la 2ᵉ division militaire. Toutefois, il n'attendit pas l'arrivée de l'officier général dont il avait réclamé le concours pour mettre quelques troupes en mouvement.

Dès le 18 décembre, six de nos cavaliers du 3ᵉ hussards, sous la conduite d'un maréchal des logis, allèrent éclairer la route de Rouen, et ils rencontrèrent vers deux heures de l'après-midi, entre Saint-Romain et les Trois-Pierres, une patrouille du 10ᵉ régiment de dragons prussiens venue également en reconnaissance. Malgré leur infériorité numérique, nos hussards engagèrent la fusillade et résistèrent résolûment pendant près d'une heure à leurs adversaires, qui essayèrent en vain de les cerner. Sur ces entrefaites, les francs-tireurs de la guérilla parisienne (capitaine Vacquerel) arrivèrent à leur secours et parvinrent à ressaisir leurs propres bagages que les cavaliers ennemis avaient enlevés à Saint-Romain. Dans cette escarmouche, les nôtres eurent un homme tué, un autre blessé et un troisième fait prisonnier. Quant aux dragons, ils emmenèrent un de leurs officiers mis hors de combat et laissèrent un mort sur le terrain.

En ce moment, une bataille était imminente dans le Nord, et les patrouilles que l'ennemi poussait fréquemment sur la rive droite de la Seine ne dénotaient de sa part aucune intention agressive ; il avait simplement pour but d'observer nos avant-postes. Le général de Bentheim avait reçu l'ordre d'envoyer six bataillons de renfort de Rouen à Amiens et, dans le cas d'une attaque sérieuse faite par nous, ses instructions lui prescrivaient d'abandonner la Normandie et de se retirer sur Beauvais, afin de se relier au reste de la Ire armée prussienne. Ses forces se trouvant réduites à treize bataillons et trois régiments de cavalerie, c'est-à-dire à une douzaine de mille hommes, il fit sauter le viaduc d'Ectot, entre les gares d'Yvetot et de Motteville, et se tint strictement sur la défensive. Il occupa fortement la ligne de la Sainte-Austreberte, petite rivière qui prend sa source au village du même nom et va se jeter dans la Seine à Duclair, après avoir arrosé Pavilly et Barentin. Afin d'appuyer cette ligne et d'empêcher nos canonnières de remonter la Seine, le général de Bentheim s'empara, les 20 et 21 décembre, de six navires qu'il fit couler en face de Duclair; et, pour commander ce barrage, il établit une batterie à la Fontaine. Les six navires coulés par les Prussiens étaient des bâtiments de commerce anglais, et nous crûmes un instant que cet outrage fait au pavillon de la Grande-Bretagne forcerait le gouvernement de ce pays à sortir de la neutralité. Mais cet incident ne donna lieu qu'à une faible protestation, et le débat roula uniquement sur le chiffre de l'indemnité à payer aux armateurs.

Le 21 décembre, le commandant Mouchez conduisit en avant de Saint-Romain une colonne composée du 3e régiment de hussards, des mobiles de la Marne et de l'Oise, des mobilisés du 2e bataillon de la légion du Havre, des Éclaireurs de la Seine et des tirailleurs havrais, des francs-tireurs des Andelys, d'Elbeuf et du Nord, formant en tout un effectif de

CHAPITRE DOUZIÈME.

près de 7,000 hommes avec deux batteries d'artillerie et deux mitrailleuses. Ces troupes prirent position entre les Trois-Pierres et Bolbec, au lieu dit la Mare-Carel, s'étendant à droite par Mélamare jusqu'à Saint-Antoine-la-Forêt, à gauche, par Saint-Jean-de-la-Neuville jusqu'à Beuzeville ; le commandement en fut confié au lieutenant-colonel de Beaumont, du 3ᵉ hussards, lequel reçut l'ordre de s'opposer énergiquement aux incursions de l'ennemi, dont la présence était signalée aux environs d'Yvetot et de Fauville. Dans la soirée du 23, le maire de Bolbec apprit que les Prussiens devaient diriger le lendemain une expédition contre cette ville, et il fit aussitôt part de cet avis au chef de la colonne française. Le colonel de Beaumont crut qu'il suffirait d'ordonner pour la matinée du 24 une reconnaissance d'infanterie en avant de Bolbec ; cette reconnaissance devait être opérée par les francs-tireurs d'Elbeuf, appuyés par les deux premières compagnies du 2ᵉ bataillon de mobilisés du Havre, le reste de ce bataillon se tenant dans les pentes boisées situées en deçà de Bolbec. Le colonel Mocquard reçut, de son côté, l'ordre de se porter de Beuzeville sur Nointot.

Les renseignements fournis au colonel de Beaumont par la municipalité de Bolbec étaient des plus exacts. Une colonne de toutes armes, forte d'environ un millier d'hommes, sous les ordres du lieutenant-colonel de Ploetz, commandant du 1ᵉʳ bataillon de chasseurs prussiens, apparut le 24 décembre, vers huit heures du matin, entre Bolleville et Lanquetot. Là, un détachement se dirigea sur Raffetot pour observer Nointot et Rouville, tandis qu'une compagnie du 5ᵉ régiment, un escadron du 10ᵉ dragons et une demi-batterie d'artillerie, commandés par le capitaine de Kczewski, s'avancèrent directement sur Bolbec. Vers neuf heures, la fusillade s'engagea entre les tirailleurs ennemis embusqués vers la ferme de Caltot et les francs-tireurs d'Elbeuf (capitaine Stévenin) appuyés par les 1re et 2e compagnies de mobilisés du Havre (capitaines Marchal et Ducret); bientôt l'artillerie ennemie ouvrit le feu et fouilla les hauteurs opposées. Après avoir résisté pendant près d'une heure dans les fermes qui avoisinent Roncherolles, les francs-tireurs et les mobilisés, ne se voyant pas soutenus, quittèrent leurs positions; de leur côté, les Éclaireurs de la Seine, craignant d'être tournés par le détachement qui s'avançait dans la direction de Rouville, abandonnèrent Nointot et se replièrent sur la Mare-Carel, après un court engagement dans lequel ils perdirent deux hommes. Pendant ces divers mouvements, une canonnade s'était engagée par-dessus Bolbec entre une section de notre artillerie (maréchal des logis Charlemagne) et l'artillerie prussienne établie à Caltot; cette dernière, changeant trois fois de position, lança en tout une trentaine d'obus qui, mal dirigés, tombèrent la plupart sur Bolbec, mais n'y causèrent que des dégâts insignifiants. Vers onze heures, l'engagement était terminé; il nous avait coûté quatre hommes tués ou atteints mortellement et autant de blessés; en outre, deux femmes furent atteintes pendant l'action, l'une par une balle, l'autre par un éclat d'obus. L'ennemi eut, de son côté, deux hommes tués et cinq autres mis hors de combat. Dans la même journée, un dragon fut démonté et pris par les tirailleurs havrais et les mobiles de l'Oise, dans le voisinage de Saint-Antoine-la-Forêt.

Sur la foi de renseignements effarés qui ne furent pas contrôlés, le colonel de Beaumont se crut débordé sur sa gauche par des forces considérables, et il donna le signal de la retraite, qui s'opéra précipitamment et ne s'arrêta qu'aux lignes mêmes du Havre. Dans cette journée, on vit donc se renouveler une échauffourée semblable à celle qui avait eu lieu le 4 décembre aux environs de Buchy, dans des circonstances analogues; il y avait cependant cette différence que la première fois on était en présence de forces relativement considérables, tandis que la seconde on n'avait devant soi qu'un faible détachement.

A la suite de cette affaire, les Prussiens firent leur entrée dans Bolbec en poussant devant eux un certain nombre d'habitants qu'ils gardèrent momentanément comme otages. Après être restés là environ une heure et s'être assurés du départ de nos troupes, ils se retirèrent par Yvetot sur Pissy-Poville, en ayant soin de faire sauter derrière eux le viaduc de Bolleville, entre les gares de Nointot et d'Alvimare.

Pendant que le colonel de Beaumont se repliait sur Harfleur, le commandant Mouchez, ignorant ce qui se passait, partait du Havre par le chemin de fer avec du renfort; mais, arrivé aux environs de Bolbec, il n'y trouva plus que la 1re compagnie de tirailleurs havrais, qui était restée là par mégarde, et dont la présence en ces lieux démontrait surabondamment l'inanité des motifs allégués pour la retraite. De retour au Havre, il s'empressa de diriger quatre bataillons sur la ligne de Beuzeville à Goderville, afin de détruire l'effet produit par cette nouvelle panique. Les troupes rentrées dans la place rejoignirent successivement ce noyau après qu'elles eurent pris quelques jours de repos; et, le 27 décembre, une colonne mobile, composée d'une douzaine de mille hommes appuyés par trois batteries organisées, occupa une ligne s'étendant de la Mare-Carel à Goderville en passant par Beuzeville, Houquetot et Bréauté. Le lieutenant-colonel de Beaumont étant parti pour Cherbourg avec trois escadrons du 3ᵉ hussards, le commandant Mouchez prit lui-même à Bréauté la direction de cette colonne; il renouvela plus instamment encore à Bordeaux sa demande de cadres et celle d'un officier général; malheureusement, ces cadres, la délégation de province était dans l'impossibilité absolue de les fournir; quant aux généraux, il lui arriva plus d'une fois de profaner ce titre en le donnant à des personnages bien faits pour rappeler, dans des temps moins tristes, ceux de « la » Grande-Duchesse de Gérolstein. » La pénurie d'officiers était telle, qu'on distribuait des grades auxiliaires à tout venant, et qu'on vit couverts de galons des gens animés sans doute des meilleures intentions, mais ignorant l'*A B C* du métier. Le ministre de la guerre ne fut pas plus heureux lorsqu'il accabla d'un avancement anticipé certains officiers de l'armée régulière; il espérait sans doute que dans le nombre se révèlerait peut-être un Meade ou un Shéridan; par malheur, son espoir ne devait pas se réaliser.

CHAPITRE XIII.

Mouvements offensifs des troupes de Normandie sur la basse Seine à la fin de décembre. — Événements sur la rive gauche : Rencontres de Saint-Martin-du-Parc (19 décembre); de Montfort-sur-Rille (20 décembre); d'Iville (21 décembre); de Saint-Ouen-de-Thouberville (23 décembre). — Mouvement offensif du général Roy. — Rencontres de Bourgthéroulde (25 décembre); de la Londe (27 décembre); d'Orival (28 décembre). — Effectif et positions des troupes de l'Eure. — Prise de Château-Robert et du plateau d'Orival (30 décembre). — Perte et reprise de Château-Robert; engagement d'Orival (31 décembre). — — Événements sur la rive droite : rencontre de Bolleville (31 décembre).

Il est à regretter que nos mouvements offensifs, effectués sur les deux rives de la basse Seine à la fin de décembre, n'aient pas eu lieu quelques jours plus tôt, car ils auraient certainement contraint l'ennemi à renoncer à la possession de Rouen. Le général de Bentheim avait en effet reçu, dès le 21 décembre, l'ordre d'envoyer comme renfort à Amiens la 2ᵉ brigade de son corps d'armée, et, en déduisant cette brigade et les petits détachements de Buchy, de Forges et de Gisors, il ne disposait plus que de douze bataillons. Si donc nos mouvements offensifs en Normandie avaient précédé la journée de Pont-Noyelles, ils auraient pu en faire un succès pour nos armes. Mais ces diversions sur la Seine ayant eu lieu trop tard, isolément, et au moment de la retraite de notre armée du Nord, le général de Manteuffel put renvoyer à Rouen les troupes qu'il en avait appelées quelques jours auparavant. Par suite du manque d'entente entre nos divers chefs et de l'absence de concert dans leurs opérations, rien n'empêcha l'ennemi de conserver en son pouvoir Rouen et Amiens, distants de cinq étapes, et, au moyen du chemin de fer, resté intact entre ses mains, de jeter sur l'un ou l'autre de ces points les forces qui lui étaient nécessaires.

Sur la rive gauche de la Seine, le lieutenant-colonel Roy, avait été, comme on sait, placé à la tête des troupes de l'Eure, sur la proposition du général de Lauriston, en remplacement du capitaine de frégate de Guilhermy, victime d'une sédition à Bernay. Aussitôt son entrée en fonctions, le colonel Roy, auquel le titre de général de brigade à titre auxiliaire fut conféré quelques jours plus tard, fit connaître à Bordeaux son intention de chasser les Prussiens du département de l'Eure. Le 22 décembre, le ministre de la guerre lui répondit « qu'il ne pouvait » pas penser à faire un grand mouvement offensif, » ni à s'emparer de la basse Seine; que son rôle était » de défendre pied à pied le terrain, et d'inquiéter » les partis ennemis. » Néanmoins, le général Roy, qui s'accommodait peu de la défensive, résolut de tenter un mouvement en avant, espérant sans doute entraîner par son exemple le général de Lauriston, militaire aussi brave qu'expérimenté, avec lequel il se trouvait en désaccord. Il sollicita, d'un autre côté, le concours de l'armée du Havre, et il lui fut répondu, le 26 : « Nous avons huit mille hommes sur » la route de Bolbec à Goderville; nous en aurons » demain douze mille. » A cette date, le général de Bentheim venait de se concentrer à Rouen; néanmoins, ses reconnaissances ne cessaient pas de surveiller la ligne de la Rille, où elles se heurtèrent plusieurs fois à nos avant-postes; ce qui nous amène à reprendre le récit des événements militaires sur la rive gauche de la Seine depuis l'entrée en fonctions du général Roy.

Le 19 décembre, un détachement du 41ᵉ régiment d'infanterie de la Prusse orientale s'étant avancé jusqu'à Saint-Martin-du-Parc, aux abords de Brionne, y fut attaqué par les francs-tireurs de Seine-et-Oise (capitaine Poulet-Langlet), repoussé après avoir eu deux hommes hors de combat, et poursuivi jusqu'au Bosrobert.

Le 20, un détachement ennemi pénétra, par la forêt et le tunnel de Montfort-sur-Rille, jusqu'à la ligne ferrée de Pont-Audemer, détruisit le télégraphe, se mit en devoir de couper le chemin de fer, et enleva trois mobiles des Landes, qui furent surpris dans une maison; mais, à la vue d'autres mobiles accourus pour délivrer leurs camarades, les Prussiens se sauvèrent en abandonnant leurs outils.

Le 21, une reconnaissance, composée de mobiles de la Loire-Inférieure et de francs-tireurs de Louviers, attaqua, près d'Iville, un détachement du 1ᵉʳ régiment de la Prusse orientale, venu en réquisition au Neubourg, leur tua deux grenadiers et en blessa un troisième, sans que cette rencontre eût occasionné, de notre côté, d'autre perte que celle d'un homme mis hors de combat.

Sur l'ordre du général de Lauriston, Pont-Audemer avait été réoccupé, le 18 décembre, par environ trois mille gardes nationaux mobilisés du Calvados, commandés par le lieutenant-colonel de Gouyon. Le 21, la 2ᵉ compagnie des Éclaireurs de Normandie (capitaine Lumière), renforcée de quelques mobilisés, battit le pays jusqu'à Bourgachard et la Trinité; le

23, ce détachement venait d'arriver à Saint-Ouen-de-Thouberville, lorsque, à deux reprises, les éclaireurs prussiens, venus de Moulineaux, y firent leur apparition. Ce furent d'abord quelques dragons lithuaniens du 1er régiment qui tournèrent bride après avoir eu un homme tué; puis un piquet du 41e régiment d'infanterie, qui accourut au bruit de la fusillade, et qui s'enfuit à son tour après un court engagement, laissant aux mains des francs-tireurs un sous-officier blessé et six prisonniers. Le lendemain, les Prussiens, pour se venger, vinrent mettre la commune au pillage, lui imposèrent une contribution de guerre de dix mille francs, levèrent de fortes réquisitions, et regagnèrent leurs cantonnements, après avoir incendié la maison du maire.

Enfin, le 25, les francs-tireurs de Rugles et la guérilla rouennaise eurent, à Bourgthéroulde, un léger engagement, qui leur coûta la perte d'un homme tué. Ce fut le même jour que le général Roy, poursuivant son dessein de couvrir entièrement le département de l'Eure contre les incursions de l'ennemi, porta les forces dont il disposait sur la ligne qui va de Bourgthéroulde à Bourgachard et à Routot. Les 1er et 2e bataillons de l'Eure s'établirent à Berville; le 2e bataillon de l'Ardèche, à Boissey-le-Châtel; le 3e des Landes, à Saint-Denis-des-Monts, et celui de la Loire-Inférieure, au Neubourg. Le mouvement fut continué pendant les jours suivants. Les 1er et 2e bataillons de l'Ardèche furent dirigés sur Bourgachard, et le 3e de l'Eure s'empara, le 27, de Bourgthéroulde, après avoir mis en fuite une patrouille du 41e régiment prussien, qui eut un sous-officier et deux hommes blessés dans cette rencontre. Le 3e bataillon des Landes alla occuper Thuit-Hébert; le 3ᵉ de l'Ardèche, le Gros-Theil, et le bataillon des mobilisés d'Elbeuf, Amfreville. En même temps, le quartier général fut transporté à Brionne. Ce mouvement du général Roy, coïncidant avec celui du commandant Mouchez sur Goderville, fit que le général de Bentheim abandonna sans résistance les postes établis sur sa ligne défensive, de la Bouille à Elbeuf, pour se rapprocher de Rouen. De ce côté de la Seine, le colonel de Massow n'occupait plus que Grand-Couronne, avec un poste à Château-Robert; à l'est de la forêt de la Londe, les troupes faisant partie de son détachement avaient repassé sur la rive droite de la Seine dès le 24, en détruisant derrière elles les ponts d'Elbeuf et de Saint-Aubin.

Les forces, dont le général Roy disposait pour son mouvement offensif, se composaient du régiment des mobiles de l'Ardèche (lieutenant-colonel Thomas) et de celui de l'Eure (lieutenant-colonel Power), des 1ᵉʳ et 3ᵉ bataillons des Landes (commandants Condoumy et Bétat), du 6ᵉ de la Loire-Inférieure (commandant Manet), et du 5ᵉ bataillon des mobilisés de la légion de Rouen (commandant Goujon) : en tout, dix bataillons, auxquels il faut ajouter une quinzaine de corps francs, ayant à peine la valeur moyenne d'une section, et dont nous allons donner la liste par ordre alphabétique : 1ʳᵉ et 2ᵉ compagnies d'Éclaireurs de Normandie (capitaines Trémant et Lumière); 1ʳᵉ et 2ᵉ compagnies des francs-tireurs du Calvados (capitaines Pascal et Benoît); celles de Breteuil (capitaine Glaçon), de la Dive (capitaine de Logivière), de Dreux (capitaine Laval), de l'Eure (capitaine Lortie), d'Évreux (capitaine Thionet), de

Lisieux (capitaine Fresnel), de Louviers et du Neubourg (capitaine Golvin), du Puy-de-Dôme (capitaine Bezelgues), de Rugles (capitaine Bonnet), de Saintonge (capitaine Planty), de Seine-et-Oise (capitaine Poulet-Langlet), et enfin la guérilla rouennaise (capitaine Buhot). Quant à la cavalerie, elle faisait complétement défaut, sauf un peloton de gendarmes qui était chargé du service de la prévôté et de celui des dépêches, et sur lequel on ne pouvait pas compter pour s'éclairer. Le 12ᵉ régiment de chasseurs, qui avait fait précédemment partie de l'armée de Rouen, restait avec le général de Lauriston à Lisieux, en seconde ligne et éloigné du théâtre des opérations. L'artillerie comprenait une batterie de quatre pièces de 4 rayé de montagne, des mobiles des Côtes-du-Nord (lieutenant Rabeil); une de quatre pièces Armstrong, des mobiles des Basses-Pyrénées (capitaine Thiesson); enfin une de six pièces de 4 de montagne, des mobilisés du Calvados (capitaine Frémont). Ces forces réunies formaient un effectif d'une dizaine de mille hommes, avec quatorze pièces d'artillerie. Elles furent réparties de la manière suivante :

La colonne de droite, qui devait opérer à l'est de la forêt de la Londe, était composée du 3ᵉ bataillon de l'Ardèche, du 5ᵉ bataillon de mobilisés de la légion de Rouen, et de la compagnie des francs-tireurs de Louviers, avec deux canons de montagne. Dirigée provisoirement par le commandant Goujon, elle fut renforcée du 2ᵉ bataillon de la mobile de l'Eure (commandant Ferrus), et à dater du 1ᵉʳ janvier, elle passa sous les ordres du commandant de Mongolfier, des mobiles de l'Ardèche.

La colonne de gauche, destinée à agir à l'ouest

de la forêt, sous les ordres du lieutenant-colonel Thomas, comprenait les 1er et 2e bataillons de l'Ardèche avec le 3e des Landes, plusieurs corps francs, quatre pièces de 4 de montagne et deux pièces Armstrong.

Enfin, les 1er et 2e bataillons de la mobile de l'Eure; le 1er bataillon des Landes, de nouvelle formation; le 6e bataillon de la Loire-Inférieure, avec la batterie du Calvados, se trouvaient soit en réserve, soit détachés pour couvrir la droite de la ligne, et restaient sous le commandement direct du général Roy.

Les mobilisés du Calvados ayant reçu du général de Lauriston l'ordre d'occuper les positions que les troupes de l'Eure venaient de quitter sur la Rille, le général Roy détacha le 1er bataillon des Landes vers Elbeuf et Amfreville, et le 6e de la Loire-Inférieure, au Neubourg, afin de couvrir son flanc droit. Après avoir pris ces dispositions, il résolut d'accentuer son mouvement en avant, de façon à occuper la ligne qui s'étend d'Elbeuf à la Bouille, à fermer complétement la presqu'île du Rouvray, et à empêcher ainsi l'ennemi de faire des incursions sur la rive gauche de la Seine.

Pour l'intelligence des opérations qui vont suivre, il nous paraît nécessaire de jeter un coup d'œil rapide sur la configuration du terrain. En amont et en aval de Rouen, la Seine décrit dans son cours plusieurs inflexions brusques, semblables à celles qu'elle forme à Gennevilliers et à Argenteuil, après avoir traversé Paris. Serpentant d'Elbeuf à Rouen, puis se repliant sur elle-même vers la Bouille pour se redresser jusqu'à Duclair, elle redescend ensuite vers Yville et continue plus loin ses sinuosités. L'observateur, parti de Rouen par la route d'Honfleur, voit à sa gauche une chaîne de hauteurs boisées qui s'étagent successivement pour devenir de plus en plus escarpées; il trouve à sa droite une plaine d'une largeur moyenne d'un kilomètre, s'étendant jusqu'à la Seine, coupée de ruisseaux, de fossés, de haies, et complétement impraticable. Au sortir de Grand-Couronne, la route se bifurque et jette un embranchement sur Elbeuf, puis serrant de plus près les collines, elle traverse le village de Moulineaux, et, à partir de ce point, elle s'élève sur les flancs des coteaux, entre des talus de déblai et de remblai; elle passe ensuite au pied d'un petit plateau sur lequel se trouvent les ruines de l'ancien manoir féodal des ducs de Normandie, connu sous le nom de château de Robert le Diable. Ce plateau commande la route et, sur le revers opposé, il s'étend en pente plus douce jusqu'à un vallon étroit que suit la ligne du chemin de fer de Rouen à Serquigny. Dans un petit col situé entre Château-Robert et un mamelon qui le domine à l'est, s'embranche la nouvelle route de la Bouille à Elbeuf. A environ quatre kilomètres à vol d'oiseau, dans la direction de Château-Robert à Elbeuf, s'élève un autre plateau, celui d'Orival, ayant ses vues sur le débouché du vallon du chemin de fer ainsi que sur les routes qui vont de Grand-Couronne et d'Oissel à Elbeuf; la jonction de ces routes a lieu au pied même du plateau, dans un défilé très-resserré, formé d'un côté par la Seine, et de l'autre par des falaises presque à pic. Les positions de Château-Robert et d'Orival sont séparées par la forêt de la Londe, et il n'existe aucun chemin praticable pour franchir le vallon qui les relie entre elles; elles forment donc, par rapport

CHAPITRE TREIZIEME.

à la boucle de la Seine, comme les extrémités d'un immense fer à cheval ; c'était cet isthme étroit qu'il s'agissait d'occuper en force, afin de fermer complétement la presqu'île du Rouvray.

Dans la journée du 28 décembre, les abords de la forêt de la Londe furent explorés par plusieurs compagnies de la mobile de l'Eure ; des éclaireurs de Normandie (capitaine Trémant) et des francs-tireurs de la 1re compagnie du Calvados échangèrent des coups de feu dans le voisinage d'Orival avec les avant-postes du 1er régiment prussien, qui eut dans ces rencontres quatre ou cinq hommes tués ou faits prisonniers. Dans la soirée du 29, des ordres furent donnés pour l'occupation de Château-Robert et d'Orival, et le lendemain, le général Roy, accompagné du colonel Power, son chef d'état-major, alla s'installer à Bourgthéroulde pour surveiller de plus près l'exécution de ce mouvement.

Le colonel Thomas, avec les 1er et 2e bataillons de l'Ardèche et le 3e des Landes, avait pour mission d'agir dans la direction de Château-Robert et d'attaquer le carrefour de la Maison-Brûlée, où l'on supposait l'ennemi assez fortement établi. Divers corps francs, réunis sous le commandement du capitaine Trémant et appuyés par la mobile de l'Eure, devaient traverser la forêt de la Londe, enlever les petits postes établis le long de la ligne du chemin de fer ainsi que celui de Château-Robert. Enfin, la colonne du commandant Goujon avait l'ordre de s'emparer du plateau d'Orival.

Sur notre gauche, à la Maison-Brûlée, l'ennemi, prévenu de notre approche, avait évacué la position, que le colonel Thomas occupa sans coup férir. Sur la ligne du chemin de fer, le 1ᵉʳ bataillon de l'Eure rencontra un petit poste établi dans la maison d'un garde-barrière; il y eut là un léger engagement dans lequel un Prussien fut blessé et un autre fait prisonnier.

Au centre, les francs-tireurs, réunis au nombre de 5 à 600, atteignirent vers une heure de l'après-midi les hauteurs de Château-Robert. Surpris et n'étant pas en force, les fantassins prussiens qui gardaient ce poste n'opposèrent qu'une faible résistance; après une courte fusillade, ils s'enfuirent, abandonnant sur le terrain deux ou trois des leurs, et ils furent poursuivis jusque dans Moulineaux; deux compagnies du 41ᵉ régiment, qui occupaient ce village, se sauvèrent également en laissant leur repas inachevé, et allèrent s'abriter derrière les tranchées ébauchées par nous pour la défense de Rouen. Le 3ᵉ bataillon de la mobile de l'Eure (capitaine de Rostolan), entré à Moulineaux sur ces entrefaites et excité par ce succès facile, voulut à son tour continuer la poursuite; il s'avança en colonne et d'assurance dans la direction du Grésil; mais l'ennemi, qui avait établi une batterie à environ un demi-kilomètre au sud de Grand-Couronne, sur la route d'Elbeuf, ouvrit le feu tout à coup, et ses premiers obus tombant au milieu de ce bataillon y causèrent des ravages qui l'arrêtèrent court et le forcèrent à se jeter dans les bois. Une douzaine de mobiles tombèrent gravement blessés, plusieurs mortellement, et parmi ces derniers, le lieutenant de Champigny.

Notre colonne de droite s'empara sans grande difficulté des positions d'Orival qui, à l'est de la forêt de la Londe, dominent la Seine et la ville d'Elbeuf.

Vers dix heures du matin, les francs-tireurs de Louviers et du Neubourg, déployés en tirailleurs en avant de la colonne, couronnèrent ces hauteurs, débusquèrent les postes ennemis qui occupaient le Pavillon et ouvrirent le feu sur les mineurs qui, depuis plusieurs jours, travaillaient avec acharnement pour détruire le viaduc d'Orival. Mais, pendant ce temps, un détachement ennemi, commandé par le lieutenant-colonel de Massow, du 1er régiment de dragons, était parti des Authieux avec quatre pièces de canon et se dirigeait sur Elbeuf pour y lever une forte contribution de guerre, sous le prétexte gratuit, c'est-à-dire intéressé, d'un coup de feu tiré sur une sentinelle, véritable querelle d'Allemand, qui n'avait d'autre but que d'extorquer à la ville une forte somme. L'artillerie prussienne s'étant mise en batterie près de Saint-Aubin, fouilla de ses projectiles les hauteurs opposées et força nos tirailleurs à se retirer. Le 3e bataillon de l'Ardèche (capitaine Reboullet) étant arrivé sur ces entrefaites, prit position au rond-point du Pavillon, tandis que les mobilisés du bataillon d'Elbeuf se plaçaient le long de la crête qui domine la Seine, en face du chemin de fer. Quant aux Prussiens, ils s'étaient retirés dans les maisons du Gravier; en outre, un fort détachement occupait la gare de Saint-Aubin avec les quatre pièces d'artillerie. Vers deux heures, au bruit de la fusillade qui éclatait vers Château-Robert, le commandant Goujon établit sur la plate-forme du Pavillon sa section de canons de montagne, ouvrit le feu et lança une première volée à la batterie ennemie. Bien que surpris, les Prussiens ripostèrent par une dizaine d'obus; mais une nouvelle décharge des nôtres tombant au milieu d'eux, leur blessa un artilleur, et força les autres à prendre une position couverte, hors de notre portée, derrière les maisons de Saint-Aubin. Alors une de leurs pièces lourdes, prenant le Pavillon pour point de mire, l'atteignit trois fois de suite avec une précision remarquable et fit taire nos deux canons de montagne. Un peu plus tard, les tirailleurs du bataillon de mobilisés tentèrent de s'emparer du pont d'Orival; mais à peine étaient-ils sortis de la forêt qu'ils y furent ramenés par une grêle de projectiles [1]. A quatre heures l'engagement était terminé. Grâce aux positions avantageuses occupées par les nôtres, leurs pertes se bornèrent dans cette journée à un franc-tireur tué et deux hommes blessés, parmi lesquels le commandant Goujon, qui eut la jambe traversé par une balle. De leur côté, les fantassins du 1er régiment et les artilleurs prussiens eurent quatre ou cinq hommes hors de combat.

Ainsi, dans la soirée du 30 décembre, nous occupions la ligne de défense précédemment choisie par l'ennemi, de la Bouille à Elbeuf. Ce voisinage ayant paru inquiétant au général de Manteuffel, il résolut de se rendre compte par lui-même de la situation; un train spécial l'amena d'Amiens à Rouen dans la matinée du 31 décembre. Il était suivi d'un bataillon, et il annonça des renforts plus considérables, entre autres le 44e régiment d'infanterie. Dès son arrivée, il donna au général de Bentheim l'ordre de faire sur la rive gauche de la Seine une reconnaissance offensive avec cinq bataillons, afin de s'éclairer sur nos positions et nos forces.

---

[1] V. *Histoire du bataillon mobilisé d'Elbeuf.* Caudebec-lès-Elbeuf.

Dans la matinée du 31 décembre, le colonel baron de Meerscheidt-Hüllessem, à la tête du bataillon du 41ᵉ régiment qui, repoussé la veille de Château-Robert, occupait alors Grand-Couronne, se porta sur le village de Moulineaux, qu'il attaqua ; il était soutenu par un bataillon du 1ᵉʳ régiment et appuyé par une batterie qui avait pris position sur la route de Grand-Couronne à Elbeuf. Après avoir essuyé quelques coups de canon, une grand'garde de mobiles de l'Ardèche, établie à Moulineaux, n'eut que le temps de se replier pour ne pas être enveloppée. Château-Robert n'était alors que faiblement gardé par une compagnie de mobiles des Landes et par les francs-tireurs d'Évreux. Pour se couvrir, ces compagnies avaient détaché deux postes, l'un sur la ligne du chemin de fer, l'autre sur le mamelon qui s'élève en avant de Château-Robert. Ce dernier poste fut surpris par les Prussiens, qui, apparaissant tout à coup sur les hauteurs, firent pleuvoir sur les défenseurs du château une grêle de balles. Bien qu'attaqués à l'improviste, nos soldats ripostèrent vivement, et dès les premiers coups ils virent tomber un officier qui s'avançait à cheval au milieu des tirailleurs ennemis. Quelques instants après, le poste du chemin de fer était également attaqué par une autre colonne et forcé de se replier après l'échange de quelques décharges. Dans ce mouvement de retraite à travers les bois, une cinquantaine de mobiles des Landes furent poursuivis et pris par l'ennemi, qui s'étendait sur notre droite pour cerner Château-Robert, où le combat se trouva concentré. Là, sur la plate-forme du château, une trentaine de francs-tireurs et de mobiles opposèrent aux assaillants une énergique résistance; mais bientôt cette poignée de braves gens, écrasée par le nombre, fut forcée de mettre bas les armes. Le capitaine Thionet, des francs-tireurs d'Évreux, avec son sous-lieutenant et une douzaine des siens, resta au pouvoir de l'ennemi, ainsi que sept ou huit mobiles des Landes. Pendant l'action, les francs-tireurs du Puy-de-Dôme (capitaine Bezelgues) et ceux de Saintonge (capitaine Planty), au nombre d'une soixantaine en tout, étaient accourus au bruit de la fusillade et avaient pris part à l'engagement qui leur coûta trois hommes tués et quelques blessés.

En ce moment arrivait le général Roy; parti de Bourgthéroulde, il venait visiter ses avant-postes et les positions conquises la veille. Il ne put aller jusqu'à Château-Robert qui venait de tomber au pouvoir de l'ennemi, et il s'occupa aussitôt de rassembler des troupes pour le reprendre. Une compagnie du 3ᵉ bataillon des Landes (capitaine de Behr) est d'abord dirigée sur ce point à travers la forêt; à peu de distance du plateau elle rencontre l'ennemi, qui s'avance également sous bois; quelques fusiliers prussiens, se voyant tout à coup face à face avec les mobiles dont ils essuient les coups de feu, lèvent la crosse en l'air et font signe qu'ils veulent se rendre; nos soldats les abordent, et, les considérant comme prisonniers, échangent avec eux leurs coiffures; le capitaine français se dirige vers le chef du détachement ennemi et l'invite à mettre bas les armes; mais ce dernier, se sachant suivi du gros de sa troupe, veut à son tour retenir prisonnier son interlocuteur, et une rixe s'engage entre ces deux officiers; le capitaine de Behr se précipite sur son adversaire et lui arrache la croix qu'il porte sur la poitrine, mais il essuie deux coups de revolver, et à ce signal la fusillade recommence. Une compagnie de la mobile de l'Ardèche (capitaine Tournaire), envoyée comme renfort à celle des Landes et arrivant sur ces entrefaites, faillit être victime d'une méprise semblable. Ces deux compagnies n'eurent que le temps de s'enfoncer dans les bois, et elles purent rejoindre leurs bataillons sans avoir subi de pertes sensibles.

 D'autres détachements, rassemblés à la hâte, furent également dirigés sur le lieu de l'engagement; mais la vue des morts et des blessés produisit chez nos jeunes soldats un mouvement d'hésitation qu'augmentait encore leur ignorance des chemins de la forêt. La situation devenait inquiétante, car les éclaireurs ennemis n'étaient plus qu'à quelques centaines de mètres du carrefour de la Maison-Brûlée. A cet instant arrivèrent heureusement deux nouvelles compagnies, les 2⁰. et 6ᵉ du 2ᵉ bataillon de l'Eure, commandées par le capitaine de Bonnechose et composées en grande partie de jeunes gens originaires de la localité et connaissant parfaitement le pays. Le capitaine de Bonnechose les fit déployer en tirailleurs et la fusillade s'engagea de nouveau. Surpris par ce retour offensif, les tirailleurs prussiens s'arrêtèrent et se replièrent sur Château-Robert, qui fut vivement attaqué et repris par nos mobiles, sans qu'ils eussent subi d'autre perte que celle de trois ou quatre hommes hors de combat. Après avoir dégagé le plateau, ils aperçurent une colonne profonde qui se formait sur la route de Grand-Couronne; ils la couvrirent de balles et elle se mit aussitôt en retraite, emportant ses morts et ses blessés; mais elle emmenait aussi nos prisonniers; en outre, elle avait atteint le but de son mouvement offensif, qui était de s'éclairer sur nos forces. Nous restions donc maîtres de Château-Robert, qui fut réoccupé par le 1er bataillon de l'Ardèche (commandant de Guibert); mais l'attaque de cette position par l'ennemi nous avait malheureusement occasionné des pertes sensibles; outre soixante-douze mobiles et francs-tireurs faits prisonniers, nous eûmes dans cette affaire une dizaine de tués et une trentaine de blessés. L'ennemi, de son côté, avait payé sa tentative par la perte d'une dizaine d'hommes tués et de vingt et quelques blessés, dont un officier; ils appartenaient pour la plupart au 41e régiment d'infanterie de la Prusse orientale.

Tandis que ces événements se passaient à Château-Robert, d'autres engagements avaient lieu sur notre droite, à l'est de la forêt de la Londe. De ce côté, les nôtres avaient recommencé au point du jour leur guerre d'escarmouches aux abords du pont du chemin de fer, et, dans cet échange de coups de fusil, un officier des francs-tireurs de Louviers, le lieutenant Duchemin, tomba mortellement blessé. Dans l'après-midi, les Prussiens poussèrent également dans cette direction une forte reconnaissance offensive. Vers une heure, une colonne d'environ 5 à 600 hommes franchit le pont d'Orival, gravit les hauteurs opposées et engagea une vive fusillade avec une grand'garde de l'Ardèche établie dans la forêt. Bien qu'attaqués à l'improviste, les mobiles, retranchés derrière des abatis, opposèrent à l'ennemi une énergique résistance. Bientôt, à l'appel du capitaine Reboullet, les renforts arrivèrent : deux compagnies du 5e bataillon de mobilisés entrèrent en ligne, et les Prussiens, qui commençaient à plier, furent forcés de repasser précipitamment la Seine sans prendre le temps d'enlever tous leurs blessés. Embusqués derrière la voie ferrée, où se trouvaient leurs réserves, ils continuèrent néanmoins jusqu'à la tombée de la nuit un feu de mousqueterie dont plusieurs des nôtres eurent à souffrir. Les pertes de notre colonne de droite dans cette journée s'élevèrent à une dizaine d'hommes tués ou blessés; parmi ces derniers, on comptait le sous-lieutenant Védie, du 5º bataillon de la légion de Rouen. Les pertes de l'ennemi furent d'environ six tués et d'une quinzaine de blessés, dont un officier. Dans cette dernière démonstration, à laquelle prirent part des détachements des 1ᵉʳ, 3ᵉ et 5ᵉ régiments prussiens, l'ennemi avait pour but non-seulement de tâter nos avant-postes, mais encore de protéger les pionniers qui continuaient autour du pont d'Orival leur œuvre de destruction. Depuis plusieurs jours, ils s'acharnaient après ce viaduc qu'ils avaient attaqué à différentes reprises, tantôt en le déboulonnant ou en faisant sauter les piles, tantôt en coupant le tablier et en enlevant les travées. Dans la soirée du 31 décembre, trois nouvelles mines firent explosion et achevèrent de rompre cet ouvrage considérable, qui reliait la Normandie à l'ouest et au midi de la France.

Après s'être ainsi maintenu sur les positions d'Orival et de Château-Robert, le général Roy prit quelques mesures défensives; il prescrivit au colonel Thomas de couper la route dans la côte de Moulineaux et de faire garnir de tranchées et d'abatis les abords de Château-Robert, où un poste d'un bataillon devait être maintenu en permanence; il sollicita en même temps l'appui des mobilisés qu'il avait eus précédemment sous ses ordres et qui étaient restés sous ceux du commandant de la subdivision du Calvados, le général de Lauriston. Celui-ci ne possédait en tout que treize bataillons de mobilisés d'une organisation très-incomplète et manquant de tous les services ; prévoyant, d'ailleurs, l'échec qui attendait le général Roy, il refusa de l'appuyer ou de le suivre, et il persista à rester sur la défensive derrière la ligne de la Rille. Ce conflit fut porté devant la délégation de Bordeaux, qui jugea utile de réunir toutes les troupes de la rive gauche de la Seine sous un même commandement. Par dépêche du ministre de la guerre, parvenue dans la nuit du 1er au 2 janvier, le général de Lauriston reçut, sur sa demande, un congé de santé, et le commandement supérieur de l'Eure et du Calvados passa aux mains du général Roy.

Ce dernier, comme on l'a dit plus haut, avait également sollicité le concours de l'armée du Havre, en vue d'une action commune qui devait contraindre l'ennemi à diviser ses forces. Voici quelle était en ce moment la situation sur la rive droite de la Seine. La nouvelle colonne mobile, partie du Havre sous les ordres du commandant Mouchez, se tenait entre la Mare-Carel et Goderville, un peu en arrière de Bolbec. L'ennemi, de son côté, avait fait occuper Yvetot par un bataillon, un escadron et une batterie. D'Yvetot, les Prussiens poussaient de fréquentes reconnaissances dans les directions de Bolbec et de Fauville ; ils observaient avec une attention particulière le cours de la Seine, et, le 29 décembre, la canonnade se fit entendre dans la direction du Trait. C'était une batterie prussienne qui, sur l'ordre du major Burchard, chef du détachement de Duclair, avait pris position sur la rive droite de la Seine, en face d'Heurteauville, et essayait de démolir une maison de la rive gauche d'où étaient partis quelques coups de feu. Ce jour-là, les artilleurs du 1er régiment prussien y lancèrent, sans résultat, une douzaine d'obus ; mais le lendemain ils recommencèrent leur exercice de tir, et, après une trentaine de coups, la maison fut démolie et mise en feu.

Sur ces entrefaites, le général Peletingeas, annoncé depuis quelques jours par la délégation de Bordeaux au commandant Mouchez et attendu impatiemment au Havre, était enfin arrivé dans cette ville le 29 décembre : c'était un ancien capitaine d'artillerie, élève de l'École polytechnique, alors chef de légion de gendarmerie et nommé général de brigade à titre provisoire. Aussitôt débarqué, le général Peletingeas adressa à la multitude assemblée sur les quais un discours qui se terminait par un mot jadis sublime, mais alors devenu banal : « Vaincre ou mourir, telle « est ma devise », s'était-il écrié en terminant sa harangue, qui fut couverte d'applaudissements ; il la répéta peu de temps après du balcon de son hôtel, et la fit placarder le lendemain sur les murs de la ville. Mais ce n'était pas de phrases sonores qu'il s'agissait ; la situation exigeait des actes énergiques, et le nouveau général ne devait guère justifier sa devise.

Cependant la prise de possession de son commandement fut inaugurée par un léger succès qui ne fut par malheur suivi d'aucun autre. Averti qu'un détachement de réquisition devait se diriger sur Bolbec, le commandant Dornat, qui occupait Beuzeville avec le 5e bataillon de marche, avait transmis cet avis au

Havre et avait été autorisé à prendre ses dispositions pour recevoir l'ennemi. Le 31 décembre, avant le jour, le 5º bataillon de marche, fort d'environ 500 hommes et appuyé par une section d'artillerie, fut formé en deux colonnes et posté dans différentes fermes de Bolleville; une fois les Prussiens engagés entre ce village et Lanquetot, le cercle devait se fermer et le détachement entier eût été pris. Vers huit heures et demie du matin, la colonne ennemie fut signalée; elle était forte d'une compagnie du 5º régiment d'infanterie et d'un escadron du 10º dragons. Quelques-uns de nos éclaireurs s'étant maladroitement montrés lorsque les Prussiens apparurent, ceux-ci arrêtèrent brusquement leur marche. Mais le commandant Dornat n'était pas homme à les laisser se replier sans coup férir; il commanda le feu et l'action s'engagea. Au bout de peu de temps, l'ennemi refoulé battit en retraite, laissant deux morts sur le terrain et emportant huit blessés, dont un atteint mortellement. Les soldats du bataillon de marche, qui montrèrent dans cette affaire le plus grand entrain, s'emparèrent en outre de onze prisonniers, sans que ce résultat leur coûtât d'autre perte que celle d'un caporal.

Dans les diverses rencontres qui eurent lieu à la fin de décembre sur les deux rives de la Seine, l'ennemi avait perdu une centaine d'hommes; l'année funeste de 1870 était close en Normandie par plusieurs engagements heureux, qui furent pour nos soldats comme une dernière lueur d'espérance. Les Prussiens, de leur côté, attendaient à Rouen des renforts qui allaient malheureusement leur permettre de frapper contre nous un coup décisif.

CHAPITRE XIV.

Événements en Normandie au commencement de janvier. — Événements sur la rive gauche de la Seine. — Rencontre de Moulineaux (2 janvier). — Situation des deux partis dans la journée du 3 janvier. — Combats de Château-Robert, de Maison-Brûlée et de Saint-Ouen-de-Thouberville. — Surprise de Rougemontier. — Combats de Bourgthéroulde et de la Londe. — Entreprises contre Elbeuf et engagements d'Orival (4 janvier). — Retraite du général Roy derrière la Rille et la Touques. — Rencontres de Breteuil, de Bosrobert et d'Appeville (7 janvier). — Formation d'une division avec les troupes de l'Eure et du Calvados sous le général Saussier. — Événements sur la rive droite de la Seine. — Rencontre d'Alliquerville (2 janvier). — Rentrée du général Peletingeas au Havre. — Reconnaissance des Prussiens à Gainneville (6 janvier). — Formation d'une division avec les troupes du Havre et projet d'embarquement de cette division (7 et 8 janvier). — Départ du général de Manteuffel et son remplacement par le général de Goeben. — Combat d'avant-postes à Gainneville (10 janvier). — Prise du Mans (12 janvier).

Venu à Rouen le 31 décembre pour donner ses instructions au commandant du Ier corps, le général de Manteuffel était reparti pour Amiens dans l'après-midi du 1er janvier. De retour dans cette ville, il activa le départ du 44e régiment rappelé des environs de Corbie. Ce régiment arriva à Rouen le 2 janvier, et fut aussitôt dirigé sur Grand-Couronne; là, le colonel de Boeking, commandant la 1re brigade d'infanterie, voulant s'assurer si le village de Moulineaux était occupé par nos troupes, le fit immédiatement fouiller à coups de canon. Une batterie y lança par intervalles, à une distance de plus de trois kilomètres, une dizaine d'obus. C'est ainsi que plus d'une fois l'ennemi exécuta ses reconnaissances [1]. Cette canonnade

---

[1] V. Troschke: *Geschichte des ostpreus. Feldartill.-Regim^t n° 1*. Berlin.

n'ayant révélé la présence apparente d'aucune troupe dans le village, le colonel de Boeking y dirigea une patrouille, mais elle fut reçue à coups de fusil par un de nos petits postes et s'empressa de tourner bride, essuyant dans sa fuite quelques coups de canon partis des retranchements de Château-Robert.

En avant de Grand-Couronne, les Prussiens utilisant, comme on l'a vu plus haut, les travaux de défense ébauchés par nous, avaient prolongé et achevé, en l'appuyant aux hameaux des Essarts, une longue tranchée qui barrait la plaine, les protégeait contre nos attaques et leur permettait de cheminer à couvert dans la forêt de la Londe. Tout faisait prévoir qu'ils allaient prochainement prendre l'offensive, et le général Roy avait fait prévenir le colonel Thomas de se tenir sur ses gardes, lui enjoignant « de résister à outrance et de ne pas reculer d'une semelle »[1]. Les braves mobiles de l'Ardèche étaient heureusement de ceux qui n'ont pas besoin d'une pareille recommandation, et ils avaient déjà fait leurs préparatifs de défense. A droite, sur le plateau d'Orival, le commandant de Montgolfier avait établi des épaulements pour son artillerie et obstrué toutes les routes et tous les défilés. A gauche, le colonel Thomas, ancien officier du génie, avait pris des dispositions analogues; une tranchée avait été creusée autour du plateau circulaire sur lequel s'élève Château-Robert, et les routes avaient été coupées et garnies d'abatis.

Dans la journée du 3 janvier, les troupes du général Roy étaient établies dans les positions suivantes : A droite, au pavillon d'Orival, le commandant de

---

[1] V. Thomas. *Campagne de la garde mobile de l'Ardèche.* Largentière.

Montgolfier, avec le 3ᵉ bataillon de l'Ardèche, le 2ᵉ de l'Eure, une section de canons de montagne, une de pièces Armstrong et plusieurs corps francs; en tout, un peu plus de 2,000 hommes avec quatre canons, occupant Orival, Saint-Ouen et la Londe, aux abords de la forêt de ce nom. A gauche, à la Bouille, le colonel Thomas ayant sous ses ordres : au Château-Robert, une fraction du 2ᵉ bataillon de l'Ardèche et une partie du 3ᵉ des Landes; à la Maison-Brûlée, le reste de ces deux bataillons; au Chouquet et à Saint-Ouen-de-Thouberville, le 1ᵉʳ bataillon de l'Ardèche, avec plusieurs compagnies franches occupant des postes d'observation aux abords de la forêt, un peloton de chasseurs à cheval, quatre pièces de 4 et deux pièces Armstrong : total, un peu plus de 3,000 hommes et six canons. Au centre et en réserve, à Bourgthéroulde, le général Roy avec les 1ᵉʳ et 3ᵉ bataillons de la mobile de l'Eure, un peloton de chasseurs à cheval et quelques gendarmes, environ 1,500 hommes. Enfin d'autres corps, détachés à l'extrême droite, paraissent placés sous les ordres directs du quartier général, ce sont : à Caudebec-lès-Elbeuf, le 1ᵉʳ bataillon des Landes; à Elbeuf, le 5ᵉ bataillon de mobilisés de la légion de Rouen, qui devait remplacer au Neubourg le 6ᵉ bataillon de la mobile de la Loire-Inférieure.

Telles étaient les positions occupées par le général Roy. Nous voudrions pouvoir approuver sans réserve un chef militaire qui marchait résolûment en avant, alors que tant d'autres n'étaient que trop disposés à se porter en sens inverse; mais il faut bien reconnaître qu'avant d'entreprendre un mouvement offensif de cette importance, le général Roy aurait dû, non-seulement solliciter, mais encore s'assurer le concours efficace de l'armée du Havre, et surtout celui des troupes du Calvados, qui étaient plus à sa portée et qui venaient de passer sous son commandement direct. En outre, pour aller affronter seul aux portes de Rouen un ennemi supérieur en nombre, il eût fallu prendre une position plus militaire. Les troupes du général Roy étaient disséminées sur une longue ligne en forme de V, allant d'Elbeuf à Bourgthéroulde et à la Bouille, et hors de proportion avec les effectifs; par suite, les ailes n'étaient nullement reliées entre elles ni avec la réserve, et ne pouvaient par conséquent se prêter un appui réciproque; la boucle de la Seine, qu'on aurait dû fermer en occupant fortement la ligne la plus courte, restait ouverte, et la forêt de la Londe abandonnée à l'ennemi. Dès lors il est facile de prévoir qu'en cas d'attaque les groupes isolés d'Elbeuf, de Bourgthéroulde et de la Bouille en seront réduits à leurs efforts individuels.

Le général de Bentheim, auquel le général Roy était opposé, avait sous ses ordres directs, à la date du 3 janvier, tout le Ier corps d'armée, sauf un régiment d'infanterie et deux batteries, plus la brigade des dragons de la garde et les 1er et 10e dragons de la ligne, c'est-à-dire vingt-deux bataillons, seize escadrons et treize batteries; en tout, plus de 20,000 hommes et soixante-dix-huit canons. En défalquant les détachements qu'il avait envoyés pour se couvrir sur la rive droite, dans la direction d'Yvetot, la brigade de Zglinitzki, celle du comte de Brandebourg et la garnison de Rouen, le général de Bentheim pouvait encore disposer de près de trois brigades pour la durée de son mouvement offensif sur la rive gauche. En réalité, le corps destiné à agir sous ses ordres contre le général Roy se composait de la 1re division d'infanterie, commandée, en l'absence du général de Falkenstein, par le général d'artillerie de Bergmann et renforcée par le 44e régiment et le 1er bataillon de chasseurs, avec l'artillerie correspondante et un régiment de cavalerie; en tout, seize bataillons et quatre escadrons, ce qui pouvait former un effectif de 14 à 15,000 hommes.

C'est avec une partie de ces forces que l'ennemi partit de Grand-Couronne, le 4 janvier, vers quatre heures du matin, par une nuit des plus épaisses et par un froid de dix degrés. Formé en plusieurs colonnes, il s'avança en silence, traversa le village de Moulineaux qu'il trouva inoccupé, et attaqua presque simultanément tous nos avant-postes. Le premier choc fut subi par trois compagnies du 2e bataillon de l'Ardèche, placées en grand'garde sur le mamelon qui domine Château-Robert du côté de Rouen. Le poste avancé, assailli par la fusillade serrée d'une nombreuse infanterie qui, à la faveur de l'obscurité, avait pu s'avancer par les deux versants de la crête, fut forcé de se replier sur les compagnies de soutien qui accouraient à son secours. Il y eut alors une mêlée générale dans laquelle on ne reconnaissait son adversaire qu'à la lueur des coups de feu; l'ennemi continuait de s'avancer en masses profondes, et, après une énergique résistance, les trois compagnies de l'Ardèche durent se retirer sur Château-Robert pour rallier le reste de leur bataillon. La pente de la montagne, naturellement très-rapide, était rendue plus difficile encore par l'effet de la neige et de la gelée;

aussi les nôtres eurent-ils beaucoup à souffrir d'un feu plongeant auquel ils ne pouvaient répondre. D'autres postes, placés sur la crête du ravin qui longe le chemin de fer, furent attaqués en même temps et refoulés soit sur le château, soit sur la Maison-Brûlée.

Dès lors la défense se concentre sur le plateau de Château-Robert. Cette position est attaquée par une colonne secondaire qui débouche par la forêt et le ravin du chemin de fer, tandis que la colonne principale s'avance par la rampe de Moulineaux, sous le feu rasant des défenseurs abrités derrière les retranchements du château. Là, deux ou trois cents mobiles du 2ᵉ bataillon de l'Ardèche avec une partie du 3ᵉ bataillon des Landes, sous les ordres du commandant Bétat, opposent aux assaillants les plus héroïques efforts; mais, après avoir disputé le terrain pied à pied pendant une heure, ils sont presque complétement enveloppés et forcés de se retirer sur le carrefour de la Maison-Brûlée, où s'est réuni le 1ᵉʳ bataillon de l'Ardèche (commandant de Guibert). A ce moment, le jour commence à poindre, mais on n'y voit pas assez pour distinguer les nôtres de l'ennemi, et cette circonstance empêche la réserve d'ouvrir le feu pour protéger la retraite des défenseurs du château, position désormais perdue.

Dans la défense de Château-Robert, le 2ᵉ bataillon de l'Ardèche et le 3ᵉ des Landes avaient subi des pertes sérieuses, surtout en officiers. Le 1ᵉʳ bataillon de l'Ardèche avait envoyé en avant, pour soutenir la retraite, quelques sections qui avaient également souffert; en outre, il s'était affaibli de deux compagnies (capitaine Sugier), détachées avec deux pièces de canon à Duclair, où l'ennemi faisait mine de vouloir franchir le fleuve. Le 3ᵉ bataillon des Landes, fractionné en plusieurs détachements, était presque totalement dispersé, à l'exception d'une compagnie environ, en sorte qu'au carrefour de la Maison-Brûlée il ne restait pas deux bataillons complets à opposer aux douze ou treize du général de Bentheim.

Cependant des colonnes profondes commencent à se montrer sur la route de Rouen et les avenues de la forêt : il est environ sept heures et demie du matin. Le colonel Thomas, ayant rallié les défenseurs, fait ouvrir un feu roulant de mousqueterie, tandis que les deux pièces de montagne de la batterie des mobilisés du Calvados, placées devant la Maison-Brûlée, enfilent la route de Rouen. La section de canons Armstrong des Basses-Pyrénées est également mise en batterie à quelques centaines de mètres sur notre droite, en face d'une avenue de la forêt où apparaît l'ennemi ; mais les artilleurs, qui croient déjà leurs pièces prises, s'enfuient au galop sans avoir même ouvert le feu ; bientôt la rapidité de leur course fait sauter un caisson, et cette explosion tue ou blesse plusieurs conducteurs qui s'en seraient peut-être tirés sains et saufs s'ils étaient restés à leur place de bataille. Malgré cet incident fâcheux qui les découvre sur leur droite, et malgré la disproportion du nombre, les nôtres soutiennent cependant la lutte avec acharnement pendant près d'une heure, jusqu'à ce que les masses ennemies ne soient plus qu'à quelques pas ; en ce moment, le colonel Thomas, attaqué de front, est sur le point d'être tourné sur sa droite, du côté de la route de Bourgthéroulde, où la 1ʳᵉ compagnie du 1ᵉʳ bataillon de l'Ardèche (capitaine de Montravel) a failli être enveloppée et a perdu son chef, resté aux mains de l'ennemi ; il est menacé sur sa gauche par une colonne qui monte par la Bouille, refoulant un de nos postes en observation sur ce point ; il se résout à ordonner la retraite sur Saint-Ouen-de-Thouberville. Dans cette deuxième phase de l'action, nous éprouvons des pertes sensibles ; nos deux canons de montagne, qui n'ont pu brûler que quelques gargousses, sont néanmoins servis jusqu'au dernier moment au milieu d'une grêle de balles, et vomissent encore la mort, quand ils tombent aux mains de l'ennemi : *die beiden feuernden Geschütze genommen*[1]. Si cette circonstance est honorable pour le vainqueur, elle l'est surtout pour les braves gens qui se firent héroïquement tuer sur leurs pièces en essayant de les sauver.

A partir de ce moment, les Prussiens ayant cessé le feu s'établirent à Maison-Brûlée sans chercher à poursuivre les nôtres, et il s'ensuivit comme une sorte de suspension d'armes tacite. Le général de Bentheim attendait vraisemblablement l'arrivée de son artillerie et de sa cavalerie, qui, à cause des coupures et des obstacles semés sur la route de Grand-Couronne, ne pouvaient avancer que très-difficilement. Le colonel Thomas, de son côté, profita de ce répit pour reformer ses deux bataillons à Bosgouet, en arrière de Saint-Ouen-de-Thouberville, et pour envoyer chercher, à Bourgachard, une batterie de 12 rayé, servie par des mobiles du Morbihan (capitaine Redon) et escortée par un bataillon de mobilisés du Calvados. Il était onze heures lorsque ces renforts arrivèrent à Bosgouet.

Maître désormais du carrefour de Maison-Brûlée

---

[1] V. Wartensleben : *Die Operationen der I. Armee.* Berlin.

et en possession de son artillerie, le général de Bentheim forma ses troupes en trois colonnes qu'il lança sur les points où il savait les nôtres concentrées. A son aile droite, deux bataillons du 3° régiment, sous les ordres du colonel de Legat, durent s'avancer sur la route de Bourgachard ; au centre, le colonel de Busse, avec un bataillon du 43° régiment et le 44°, fut dirigé sur Bourgthéroulde ; enfin, à sa gauche, le 41° régiment, sous les ordres du colonel de Meerscheidt-Hüllessem, prit à travers la forêt une avenue qui conduit dans la direction de la Londe. Nous allons suivre successivement, en commençant par notre gauche, la marche de chacune de ces colonnes.

A Bosgouet, en arrière de Saint-Ouen-de-Thouberville, le colonel Thomas a fait reformer ce qui reste des bataillons de mobiles, auxquels on a distribué des cartouches de réserve ; il les déploie à droite et à gauche de la route, sur laquelle il fait avancer la batterie de 12 ; puis il se prépare à opérer un vigoureux retour offensif. A sa voix, les débris des bataillons de l'Ardèche et des Landes, des mobilisés du Calvados et quelques francs-tireurs de Caen, de Lisieux, du Puy-de-Dôme et de Saintonge, fondent avec impétuosité sur l'ennemi, qui, surpris par cette attaque, se retire sur Saint-Ouen-de-Thouberville. Les nôtres ouvrent aussitôt un feu à volonté sur toute la ligne, tandis que les pièces de 12, mises en batterie sur la route, tonnent pendant une demi-heure et empêchent les Prussiens d'avancer. Un nouveau combat sérieux s'est engagé ; il tourne à notre avantage, car notre droite, gagnant du terrain à la faveur du brouillard, serre de très-près l'aile gauche prussienne et menace de l'envelopper ;

mais le colonel de Legat se voit tout à coup dégagé, grâce à l'intervention inattendue de son artillerie, qui, retardée jusque-là par la coupure de la route, entre subitement en ligne, crible les nôtres de mitraille, à la distance d'environ trois cents pas, puis les couvre en peu de temps d'une centaine d'obus. Le trouble commence à se mettre dans nos rangs; le colonel Thomas charge les premiers fuyards et les ramène énergiquement au combat; mais, menacé d'être enveloppé à son tour, prévenu que la plupart des mobiles ont épuisé leurs munitions, il se voit hors d'état de continuer cette lutte inégale qui ne lui laisse plus aucun espoir de succès. N'ayant reçu ni ordres, ni renforts du quartier général, il se replie de nouveau en arrière de Saint-Ouen-de-Thouberville, et prend rapidement la route de Bourgachard, afin d'éviter la poursuite de l'artillerie et de la cavalerie qui ne tardent pas à le suivre, timidement d'abord, mais d'assez près. Arrivé à Bourgachard, il s'apprêtait à faire reformer sa colonne, quand son arrière-garde lui signala la présence de l'ennemi; il continua sa retraite par Routot, où il rallia le détachement qu'il avait envoyé vers Bardouville pour surveiller la rive gauche de la Seine. Enfin, après une halte d'une heure à Routot, il poursuivit sa route sur Pont-Audemer, où il arriva très-affaibli vers onze heures du soir.

Dans les combats successifs de Château-Robert, de Maison-Brûlée et de Saint-Ouen-de-Thouberville, notre colonne de gauche avait perdu une quarantaine d'hommes tués, à peu près 80 blessés et environ 250 prisonniers, parmi lesquels 7 officiers. Ces pertes portèrent pour la plus forte partie sur les bataillons de l'Ardèche et des Landes, qui avaient soutenu presque seuls le principal effort du combat et contenu jusque vers neuf heures du matin treize des bataillons du général de Bentheim, luttant ainsi dans la proportion de un contre quatre ou cinq, défendant le terrain pied à pied et opposant à l'ennemi la plus admirable résistance. Voilà les mobiles que tant de gens avaient intérêt à décrier ! Il est certain qu'aucune troupe de ligne ne se fût mieux conduite que ces soldats improvisés ; non-seulement ils sauvèrent l'honneur de la journée, mais ils firent payer cher à l'ennemi les positions de Château-Robert et de Moulineaux. Dans ces diverses attaques, les 3e et 41e régiments, ainsi que le 1er bataillon de chasseurs prussiens, perdirent une trentaine d'hommes tués, dont deux officiers, et une centaine de blessés. Le 3e régiment fut celui qui eut le plus à souffrir : il eut à lui seul une vingtaine de tués, parmi lesquels les seconds lieutenants Dallmer et Liebe, et en outre un officier avec plus de quatre-vingts hommes hors de combat.

Après avoir pris part au retour offensif dirigé par le colonel Thomas sur Maison-Brûlée, les artilleurs de la batterie du Morbihan, ainsi que le bataillon de mobilisés du Calvados qui lui servait de soutien, s'étaient retirés, vers midi, sur Rougemontier ; ils se croyaient sans doute couverts par les mobiles de l'Ardèche qui, comme on sait, avaient pris le chemin de Routot, lorsque, vers cinq heures du soir, ils se virent subitement attaqués par une colonne volante qui, à la faveur d'un brouillard épais, s'était mise à leur poursuite. Ce détachement, conduit par le major Preinitzer, commandant l'artillerie de la 1re division d'infanterie prussienne, se composait d'une compagnie du 3e régiment montée sur des voitures, de deux pelotons du 1ᵉʳ dragons, et d'une section d'artillerie. Les premiers éclaireurs qui se présentèrent à Rougemontier ayant essuyé quelques coups de feu, le major Preinitzer prit aussitôt ses dispositions : l'artillerie se plaça sur la route, à environ huit cents mètres du village, ayant à sa droite l'infanterie, à sa gauche la cavalerie ; puis, à un signal bruyant, donné par tous les clairons réunis, l'attaque commença. L'infanterie ouvrit le feu, tandis que l'artillerie lançait une vingtaine d'obus sur Rougemontier. Deux de nos pièces, placées à l'entrée de ce village, essayèrent de répondre à celles de l'ennemi, pendant que quelques francs-tireurs ripostaient à la fusillade ; mais, au milieu de l'obscurité qui régnait alors, il était impossible de juger à quelles forces on avait affaire, et bientôt les gardes nationaux, effrayés par les hurrahs, se sauvèrent dans toutes les directions, abandonnant une voiture de munitions et deux pièces, qui tombèrent plus tard aux mains de l'ennemi. A la suite de cette panique, toutes les troupes qui se trouvaient aux environs rétrogradèrent en désordre sur Pont-Audemer et même sur Honfleur et Pont-l'Évêque. C'en était fait désormais de notre colonne de gauche.

Depuis longtemps déjà celle du centre n'existait plus. Dès le matin, au bruit de la fusillade qui éclatait vers Château-Robert, la 2ᵉ compagnie du 3ᵉ bataillon de l'Eure avait été envoyée en reconnaissance dans cette direction ; à peu de distance de Bourgthéroulde, elle rencontra des estafettes venant apporter au général Roy l'avis que les grand'gardes de l'Ardèche et des Landes avaient été surprises et écrasées. Quelques instants après, le capitaine de Boisgelin, du 1ᵉʳ bataillon de l'Eure, accouru de Saint-Ouen-de-Thouberville, à travers les bois, annonçait que l'ennemi, maître du carrefour de la Maison-Brûlée, marchait à la fois sur Bourgachard et sur Bourgthéroulde. Le général Roy, ainsi qu'il était facile de le prévoir, s'était vu coupé de ses ailes dès le début de l'engagement, parce qu'il avait négligé de faire occuper la forêt de la Londe, dont l'ennemi était complétement maître. Il resta donc sans aucune communication avec le colonel Thomas, et il eût sans doute été enlevé lui-même par les quatre bataillons du colonel de Busse, si un épais brouillard n'avait pas dérobé à l'ennemi la faiblesse numérique de ses adversaires. Le général Roy n'avait avec lui que deux bataillons de mobiles, un peloton de chasseurs, et quelques francs-tireurs; toutefois, il ne voulut pas céder le terrain sans combattre. Il détacha quatre compagnies du 1er bataillon de l'Eure sur la route d'Elbeuf, deux autres sur celle de Bourgachard, et, laissant une réserve à Bourgthéroulde, il se porta lui-même avec ce qui lui restait à la rencontre de l'ennemi. Un peu avant dix heures, les premiers tirailleurs prussiens débouchèrent sur la lisière de la forêt de la Londe, et il s'engagea, de ce côté, une courte, mais vive fusillade. Les francs-tireurs de la 2e compagnie du Calvados, dont le chef fut tué dès les premiers coups; puis quelques compagnies de mobiles, jetées à la hâte le long des fossés, arrêtèrent un instant l'avant-garde du colonel de Busse; mais bientôt, assaillis de tous côtés par une grêle de balles, les nôtres furent refoulés jusque dans Bourgthéroulde. Là, le général Roy donna le signal de la retraite, et le commandant Guillaume, du 1er bataillon de l'Eure, fut chargé de la couvrir. Une faible arrière-garde, composée d'une quarantaine de mobiles, s'embusqua derrière l'église, fit bravement tête aux Prussiens qui débouchaient par les routes de Rouen et d'Elbeuf et les tint quelque temps en respect. Grâce à la résistance énergique de cette poignée d'hommes, et à la faveur du brouillard qui, en ce moment, redoublait d'intensité, le reste de la colonne put se retirer sur Brionne sans être poursuivi ni inquiété[1]. Cet engagement coûta aux nôtres huit hommes tués, au nombre desquels le capitaine Pascal, des francs-tireurs du Calvados, et une douzaine de blessés, dont le capitaine de Saint-Foy, des mobiles de l'Eure. Le bataillon du 43ᵉ régiment prussien, qui fut seul engagé dans cette affaire, eut une dizaine de soldats atteints plus ou moins grièvement. A dix heures et demie du matin, Bourgthéroulde était au pouvoir de l'ennemi, ce qui explique comment les ailes du général Roy, coupées l'une de l'autre, se trouvèrent en même temps sans communication avec le quartier général.

Le plateau d'Orival devait être assailli simultanément par un détachement venu de Pont-de-l'Arche et par la colonne qui, de la Maison-Brûlée, avait été dirigée à travers la forêt sur le village de la Londe. Cette dernière se composait, comme on l'a vu plus haut, du 43ᵉ régiment d'infanterie ; le colonel de Meerscheidt, qui la commandait, devait se relier avec le lieutenant-colonel de Massow, venu par Elbeuf, pour isoler, cerner et jeter à la Seine l'aile droite du général Roy. Mais les entreprises de ces colonnes avortèrent toutes les deux par suite de circonstances

---

[1] V. *Souvenirs d'un mobile du Vexin*. Paris.

que nous allons faire connaître. Au bruit de la violente fusillade qui avait éclaté dès le matin à Château-Robert, le commandant de Montgolfier avait fait doubler les avant-postes, et prendre les armes à son détachement, qu'il concentra sur le plateau du Pavillon d'Orival. Dès la veille, il avait prescrit à la compagnie des francs-tireurs de Seine-et-Oise (capitaine Poulet-Langlet), cantonnée à Saint-Ouen-de-la-Londe, de pousser une reconnaissance sur Château-Robert, et c'est cette compagnie qui se trouva aux prises avec le colonel de Meerscheidt. Parti de Saint-Ouen dans la matinée du 4 janvier, au bruit de la fusillade, le capitaine Poulet-Langlet traversait le village de la Londe, lorsqu'un paysan tout essoufflé vint le prévenir qu'il y avait autour de sa maison une dizaine de fantassins prussiens; une section de francs-tireurs s'avança pour s'en assurer, et elle se trouva aussitôt en face, non d'une escouade; mais d'un bataillon qui la reçut par une grêle de balles. Le capitaine Poulet-Langlet fit immédiatement occuper les quatre chemins qui aboutissent au carrefour du village, et il envoya une seconde section pour appuyer celle qui se trouvait engagée. Grâce au brouillard, qui ne permettait de voir qu'à quelques pas, l'ennemi fut trompé sur la force des nôtres; chaque fois qu'il se présentait au débouché d'une rue, il essuyait des coups de feu, en sorte qu'il crut le village fortement occupé [1]. En réalité, il ne s'y trouvait alors que les francs-tireurs de Seine-et-Oise et une section du 3e bataillon de l'Ardèche, chargée de la garde des bagages, qui fut elle-même attaquée sur un autre

---

[1] V. *Rapport de la comp^{ie} des francs-tireurs de Seine-et-Oise*. Poissy.

point. Ces mobiles se défendirent énergiquement, et, avec l'appui des francs-tireurs, ils purent emmener la caisse et les munitions de réserve de leur bataillon. Cependant, au bruit de la fusillade, le commandant de Montgolfier avait renforcé le poste de la Bergerie, qui avoisine la Londe, et dirigé sur ce village deux compagnies du 2ᵉ bataillon de l'Eure, et une de la Loire-Inférieure. A l'arrivée de ce renfort, les Prussiens s'empressèrent de rentrer dans la forêt, emmenant leurs prisonniers et incendiant une ferme derrière eux. Nous perdîmes, dans cette affaire, sept hommes tués, dont un officier, le sous-lieutenant Joigneau, des francs-tireurs de Seine-et-Oise, douze blessés et une quarantaine de prisonniers. Le 41ᵉ régiment prussien, de son côté, avait subi, en tués et blessés, des pertes à peu près égales.

On sait que la marche du colonel de Meerscheidt sur la Londe était combinée avec une attaque qui devait être faite par Pont-de-l'Arche, contre Elbeuf et Orival. Cette attaque eut lieu en effet, mais elle demeura également sans résultat. Vers sept heures du matin, le lieutenant-colonel de Massow, des dragons lithuaniens, ayant réuni entre Alizay et Igoville un détachement composé d'une partie du 1ᵉʳ régiment d'infanterie, d'un escadron de dragons et d'une batterie, franchit la Seine à Pont-de-l'Arche et s'avança par Criquebeuf et Martot dans la direction d'Elbeuf. Cette ville était occupée par le 1ᵉʳ bataillon des Landes, six compagnies de mobilisés, les francs-tireurs de Louviers et des gardes nationaux volontaires. Vers neuf heures, les premiers éclaireurs pénétrèrent jusque dans Caudebec-lès-Elbeuf; quelques coups de feu furent échangés, et les dragons poursuivis jusqu'à la Villette. Sur ces entrefaites, une batterie s'étant approchée jusqu'à environ six cents mètres des faubourgs, avait lancé sur la ville, un peu au hasard, une vingtaine d'obus. Là se borna la démonstration du lieutenant-colonel de Massow. N'ayant pu, à cause du brouillard, s'éclairer suffisamment, il se retira sur la rive droite de la Seine par Pont-de-l'Arche, dont il fit soigneusement barricader le pont. De leur côté, les mobiles et les mobilisés, n'ayant point d'ordres précis, évacuèrent Elbeuf dans l'après-midi.

Nos troupes du plateau d'Orival avaient ainsi échappé au danger qui les menaçait, ce qui ne les empêcha pas d'avoir à repousser plusieurs tentatives faites sur leur front, dans le but probable de détourner leur attention du double mouvement tournant qui devait s'opérer. Le pont d'Orival était gardé par les éclaireurs de Normandie (capitaine Trémant), appuyés par une compagnie du 2ᵉ bataillon de l'Eure (capitaine de Bonnechose), et, plus en arrière, par une autre du 3ᵉ bataillon de l'Ardèche (capitaine de Canson). S'avançant par les bois de Saint-Aubin, les Prussiens assaillirent ces avant-postes par le pont d'Orival, sur la rive droite, tandis que d'autres détachements, débouchant par le Port-du-Gravier et le Catelier, les menaçaient sur la rive gauche. L'ennemi tâtait ainsi la position, tantôt d'un côté, tantôt de l'autre ; son attaque, commencée à huit heures du matin, se renouvela encore à deux reprises, à onze heures et à deux heures, mais chaque fois sans succès. Nos tirailleurs, embusqués sur le pont même et derrière les talus du chemin de fer, appuyés en arrière par une seconde ligne placée sur les hauteurs, opposèrent à l'ennemi une sérieuse résistance, et le repoussèrent chaque fois qu'il se montra. Vers trois heures, ayant jugé ses efforts inutiles, il renonça à son entreprise, qui lui coûta la perte de deux hommes tués et d'une quinzaine de blessés, dont un officier. Grâce aux positions avantageuses qu'ils occupaient, nos tirailleurs n'avaient eu que deux ou trois hommes hors de combat, parmi lesquels le capitaine de Bonnechose.

Par suite de l'occupation de Bourgthéroulde par l'ennemi et de l'évacuation d'Elbeuf par nos troupes, le commandant de Montgolfier, isolé à Orival et sans nouvelles du général Roy, se trouvait dans une position des plus critiques ; aussi, après avoir réuni, dans la soirée du 4 janvier, les principaux officiers de son détachement, il résolut de se soustraire, par une marche de nuit, aux dangers qui le menaçaient. Cette marche s'opéra heureusement et sans être inquiétée, par la forêt d'Elbeuf et le Gros-Theil sur Brionne, que la colonne atteignit le 5, à midi. Il était temps d'évacuer le plateau d'Orival et d'effectuer une retraite qui, différée plus longtemps, eût été gravement compromise ; car, le lendemain matin, l'ennemi s'apprêtait à renouveler contre cette position ses attaques de la veille. Le lieutenant-colonel de Massow, après avoir fait lancer sept ou huit obus sur les faubourgs d'Elbeuf, comme pour annoncer son arrivée, reprit possession de la ville évacuée par nous depuis la veille.

Tel est le récit des événements dont la rive gauche de la Seine a été le théâtre dans la journée du 4 janvier. Au moment où notre petit corps de l'Eure essuyait ainsi le choc du général de Bentheim, le général Faidherbe battait en retraite dans le Nord après la bataille de Bapaume. Si cette bataille fut un succès pour nos armes, nos troupes de Normandie y avaient indirectement contribué, car c'est leur mouvement offensif qui avait forcé le général de Manteuffel à envoyer neuf bataillons d'Amiens à Rouen; or, il est évident que si ces renforts, au lieu d'être sur la Seine, s'étaient trouvés sur la Somme le 3 janvier, ils auraient pu modifier les résultats. Nos efforts sur la basse Seine ne furent donc pas tentés en pure perte, et si ces mouvements offensifs, au lieu d'être isolés et décousus, eussent été concertés et combinés, on peut être fondé à croire qu'ils auraient eu des conséquences décisives.

Après l'échec du 4 janvier, toutes nos troupes de l'Eure avaient repassé la Rille; quelques corps s'étaient même repliés jusque sur la Touques; c'était la conséquence d'une panique qui s'était produite à Pont-Audemer, dans la nuit du 4 au 5, à la suite de la surprise dont les mobilisés du Calvados avaient été victimes à Rougemontier; panique dont fut témoin le commandant Mouchez, qui était venu seul ce jour-là du Havre à Bourgachard, pour se concerter avec le commandant de la rive gauche. Dans la journée du 5 janvier, le général Roy réoccupa Pont-Audemer à la tête d'un bataillon de mobilisés du Calvados et des gardes nationaux sédentaires de Bernay, et il rentra le lendemain à Brionne.

Dans la journée du 7, des reconnaissances ennemies se présentèrent sur toute la ligne. Sur notre droite, des éclaireurs du général de Rheinbaben, partis de Damville, s'avançaient jusqu'à Breteuil, où ils rencontraient des francs-tireurs; puis, après avoir échangé des coups de feu pendant un quart d'heure aux abords de cette ville, l'ennemi regagnait ses cantonnements, emmenant un landwehrien du 2ᵉ régiment de grenadiers de la garde, blessé dans cette rencontre. Pendant ce temps, les reconnaissances du général de Bentheim attaquaient nos avant-postes de la Rille sur plusieurs points, notamment au Bosrobert, en avant de Brionne, et à Appeville, sur la lisière de la forêt de Montfort, où un dragon lithuanien fut tué.

Tandis que le général Roy s'occupait de réorganiser la défense de la vallée de la Rille, le ministre de la guerre, ayant appris les résultats de son mouvement offensif, lui adressait des dépêches dans lesquelles il lui reprochait, en termes fort vifs, d'avoir adopté de mauvaises dispositions et de s'être laissé surprendre par l'ennemi. En même temps il le remplaçait par le colonel Saussier, du 41ᵉ de ligne, qui fut promu au grade de général de brigade, et chargé du commandement des forces réunies dans l'Eure et le Calvados. Le 9, le général Saussier vint se mettre à Brionne à la tête de ses troupes, qui se trouvaient réparties le long de la Rille. Par suite de la réunion du corps de l'Eure et des mobilisés du Calvados, il disposait de près de 20,000 hommes, et il reçut l'ordre d'organiser, avec ces divers éléments, une division destinée à faire partie du 19ᵉ corps en formation. La 1ʳᵉ brigade de cette division resta aux ordres du général Roy, la seconde fut placée sous le colonel de Gouyon.

L'armée du Havre devait également former une division pour le 19ᵉ corps; mais, avant d'arriver à cette formation, nous devons dire quelques mots des événements, d'ailleurs peu importants, survenus dans ces derniers jours en avant du Havre.

CHAPITRE QUATORZIÈME.

Tandis que le général Roy échouait aux portes de Rouen, le général Peletingeas se tenait, avec une colonne mobile d'une dizaine de mille hommes et trois batteries, entre Bolbec et Goderville, avec son quartier général à Bréauté. Il était opposé au général de Pritzelwitz, qui, chargé d'observer le Havre, occupait la ligne de Duclair à Barentin, avec la brigade de Zglinitzki et celle du comte de Brandebourg. L'ennemi avait poussé jusqu'à Yvetot un fort détachement, afin de s'éclairer dans la direction de Bolbec et de Fauville; il y eut même dans cette dernière localité quelques coups de feu échangés entre les éclaireurs des deux partis. Au moment où les opérations recommençaient dans le Nord ainsi que sur la rive gauche de la Seine, un mouvement offensif de l'armée du Havre sur la ligne de Rouen à Amiens aurait certainement bouleversé tous les projets de l'ennemi, mais ce mouvement ne devait pas être tenté. Tout ce que fit le général Peletingeas fut de porter, le 2 janvier, sa colonne mobile en avant de Bolbec, entre Lanquetot et Nointot. Le même jour, nos hussards allèrent éclairer la route de Rouen; cinq d'entre eux s'avançant vers Alvimare rencontrèrent sur les limites de cette commune, aux abords d'Alliquerville, une patrouille du 2ᵉ régiment de dragons de la garde à laquelle ils blessèrent un cavalier. Ce furent là les seuls coups de feu échangés. Peu au courant de la situation militaire, mal renseigné sur les forces de l'ennemi et voyant dans ses reconnaissances sur Fauville les indices d'un mouvement tournant, le général Peletingeas avait résolu de se replier sur les lignes de défense, et il fit convoquer le 3 janvier les divers comités et corps constitués de la ville du Havre pour les associer à la responsabilité de cette détermination. Approuvé peut-être par les autorités civiles et les gens incompétents, ce projet souleva chez les militaires, officiers supérieurs ou chefs de service, une opposition à peu près unanime; néanmoins, la colonne mobile du Havre reçut l'ordre de reprendre les positions qu'elle occupait précédemment, de Beuzeville à Goderville. A peine ces troupes étaient-elles en marche, dans la matinée du 4 janvier, qu'elles entendirent très-distinctement le canon qui tonnait en ce moment sur les hauteurs de Bosgouet et de Saint-Ouen-de-Thouberville; le son se propageant sur la terre gelée produisait une illusion telle, que l'on crut un moment à un combat d'arrière-garde; plusieurs bataillons s'arrêtèrent spontanément pour faire face à l'ennemi; mais nos éclaireurs n'ayant rien signalé, on attribua cette canonnade à un engagement de notre flottille sur la Seine, et le mouvement rétrograde fut continué. Dans la soirée, le général Peletingeas, ayant appris la défaite de nos troupes de l'Eure, s'empressa de replier les siennes. Elles se mirent en marche pendant la nuit, arrivèrent dans l'après-midi du 5 janvier aux environs du Havre, et prirent leurs cantonnements sur la ligne d'Harfleur à Montivilliers et Octeville. Pendant cette sortie d'une douzaine de jours, cette colonne mobile fut presque toujours en mouvement; mal vêtus, mal chaussés, sans distributions de vivres régulières, bivouaquant sur la neige par un froid de 12 à 15 degrés, nos soldats rentrèrent au Havre plus que décimés par la maladie; ils avaient dépensé en détail dans les alertes perpétuelles, les reconnaissances, les marches et contre-marches qu'on leur fit exécuter, une énergie, une patience et une résignation dignes d'un meilleur emploi et d'un autre résultat.

Le général Peletingeas en se repliant sur le Havre, par une marche de nuit, se croyait serré de près par l'ennemi. Il était suivi en effet, mais de loin et par un faible détachement ; c'était une simple reconnaissance composée d'une compagnie, d'un escadron et d'une section d'artillerie. Partie du camp de Bouville, elle était sous les ordres du capitaine de Kczewski, le même qui avait dirigé l'attaque du 24 décembre contre Bolbec et qui apparut de nouveau le 5 janvier aux environs de cette ville. Le lendemain, il se dirigeait sur Saint-Romain, et vers dix heures il arrivait à la hauteur de Routot. Là, tandis que ses cavaliers battaient la campagne, il mit ses deux pièces en batterie sur la droite de la route et lança sur la Queue-du-Gril, vide de défenseurs, une vingtaine d'obus, après quoi il regagna Saint-Romain et Bolbec. C'était, comme on l'a déjà vu, un moyen employé par les Prussiens pour s'éclairer et pour accroître la portée de leurs reconnaissances. Ces procédés de canonnade à outrance étaient alors plus en vogue que jamais dans toute l'armée allemande ; et ce même jour, le général de Barby, qui commandait à Évreux, menaçait la ville « d'un bombardement », à propos d'un article de journal.

Ce fut le lendemain du jour où les Prussiens avaient ainsi insulté les avant-postes du général Peletingeas, qu'il reçut l'ordre de former avec ses troupes les mieux organisées une division destinée à faire partie du 19ᵉ corps. Le 7 janvier, il réunit les officiers supérieurs au château d'Éprémênil, où il avait installé son quartier général, et il leur communiqua les dépêches qu'il avait reçues. Le projet de départ rencontra une approbation presque unanime; seul le commandant des mobiles du Havre protesta contre l'abandon inopportun d'une place pour laquelle on avait fait jusque-là les plus grands sacrifices; il obtint que son bataillon ne ferait point partie de la formation projetée. Dans la matinée du 8 janvier, les troupes furent concentrées au Havre; la flottille devait les conduire à Caen, où le matériel du chemin de fer avait été réuni pour leur transport ultérieur sur Mézidon et Argentan. Dan la journée, il y eut un échange suivi de dépêches entre le Havre et Bordeaux; et, soit que les autorités civiles aient fait de nouvelles représentations au ministre de la guerre, soit que ce dernier ait reconnu lui-même que le corps dont il voulait renforcer le général Chanzy ne pourrait jamais arriver à temps pour le secourir, toujours est-il que dans la matinée du 9 l'embarquement fut contremandé. Les troupes reprirent aussitôt leurs cantonnements, à la grande satisfaction des habitants du Havre et à la confusion non moins grande de tous ceux qui avaient présenté, deux jours auparavant, de si excellentes raisons pour l'abandon de la place.

A cette même date du 9 janvier, il se produisit dans la répartition des forces de nos adversaires une modification importante : le général de Manteuffel, appelé au commandement de l'armée du Sud, qui allait opérer contre le général Bourbaki, fut remplacé à la tête de la Ire armée par le général d'infanterie de Goeben. Ce dernier, toujours opposé au général Faidherbe, s'empressa de faire diriger de Rouen sur Amiens six bataillons et deux batteries tirés du Ier corps, pour en former le détachement du général de Memerty. Sur la Seine, les forces ennemies étaient donc réduites à seize bataillons et seize escadrons, avec lesquels le général de Bentheim occupait la ville de Rouen, la ligne de Bourgachard à Pont-de-l'Arche sur la rive gauche, et celle de Duclair à Pavilly sur la rive droite. Ainsi affaibli, il devait nécessairement se tenir sur la défensive; il se contenta donc d'envoyer dans la direction du Havre, de Fécamp et de Dieppe, des détachements d'observation, des colonnes volantes et des simples reconnaissances.

Un de ces détachements parut le 10 à Gainneville. C'était le même qui était venu le 6 jusqu'à Routot, d'où il avait fait sur la Queue-du-Gril une reconnaissance à coups de canon; le 7, il avait marché sur Fauville, le 8 sur Fécamp, et, après être rentré au camp de Bouville, il s'avançait de nouveau le 9 jusqu'au delà de Lillebonne. Il était composé, comme précédemment, d'une compagnie montée sur des voitures, d'un escadron et de deux canons, sous les ordres du capitaine de Kczewski, du 5e régiment d'infanterie. Par suite de la concentration de troupes qui s'était opérée au Havre en vue d'un embarquement, il ne restait alors aux avant-postes que des mobilisés : une partie de ces troupes couvrait la route du Havre en avant d'Harfleur, s'étendant du château d'Orcher à celui de Bainvillers; Gainneville n'était occupé le 10 janvier que par la 4e compagnie du 2e bataillon de la légion de Rouen (capitaine Lecerf), qui s'y trouvait de grand'garde et s'était établie dans une ferme située en face de l'église. Vers six heures du matin, le capitaine de Kczewski, parti pendant la nuit de Saint-Antoine-la-Forêt, arrivait à Gainneville, en vue de nos avant-postes. Il prit position au lieu dit la Maison-Blanche, établit ses deux pièces en face du pavillon Holker et se mit en devoir de recommencer une canonnade qui, cette fois, ne devait pas rester complétement impunie. Déployés derrière les haies, les fossés et les clôtures des fermes, les mobilisés accueillirent l'ennemi par une vive fusillade et le maintinrent à distance pendant plus d'une demi-heure; mais, ayant épuisé leurs faibles munitions et ne se sentant pas soutenus, ils se virent forcés de se replier sur Gonfreville-l'Orcher. Les Prussiens les suivirent en lançant de diverses positions une trentaine d'obus, qui n'occasionnèrent que des dégâts matériels insignifiants; vers huit heures, ils reprirent la direction de Bolbec, emmenant avec eux cinq hommes blessés, dont deux mortellement. De notre côté, deux mobilisés furent légèrement atteints, et une femme de Gainneville eut l'épaule traversée par une balle.

A la suite de cet engagement, l'armée du Havre resta établie derrière ses lignes de défense. A partir de cette époque, les événements décisifs vont se précipiter : le 10 janvier, la capitulation de Péronne a rendu l'ennemi complétement maître de la ligne de la Somme; le 12, notre armée de la Loire essuie au Mans un désastre irréparable; nos armées de l'Est et du Nord luttent encore, mais avec plus de résignation que d'espoir de succès; Paris bombardé se prépare à faire son dernier effort; de toutes parts on pressent l'approche de la crise suprême.

CHAPITRE XV.

Événements en Normandie depuis la prise du Mans jusqu'à la bataille de Saint-Quentin. — Événements sur la rive droite de la Seine. — Formation d'une armée du Havre sous le général Loysel (12 janvier). — Situation militaire à Rouen. — Effectifs des deux partis. — Rencontres de Bolbec et de Mirville (14 janvier). — Rencontre et combat de Saint-Romain (15 et 17 janvier). — Événements sur la rive gauche de la Seine : Rencontres de Brestot (8 janvier), du Neubourg (11 janvier) et de Bourneville (13 janvier). — Mouvement du général Saussier sur Lisieux et Argentan. — Embuscades à Roman (10 et 11 janvier). — Rencontre de Gouville (17 janvier). — Marche du général de Rheinbaben sur Verneuil. — Engagement du Fidelaire (18 janvier). — Bataille de Saint-Quentin et dernière sortie de l'armée de Paris (19 janvier).

On a vu, dans le chapitre précédent, que pour renforcer l'armée du général Chanzy, le ministre de la guerre avait prescrit la création d'un nouveau corps, composé en grande partie des troupes de Normandie, et que la garnison du Havre devait dans le principe en former la 3ᵉ division. Le commandement de cette division fut dévolu à un évadé de Metz, le général Loysel, qui avait précédemment fait partie de l'état-major de la région du Nord, en qualité de lieutenant-colonel, jusqu'au départ du général Bourbaki. Attaché à la fin de novembre au corps du général Jaurès, il avait obtenu là un avancement rapide. Arrivé au Havre le 12 janvier, il prit aussitôt possession de son commandement. Les troupes placées sous ses ordres devaient primitivement, comme on le sait, être transportées par Caen sur Argentan; mais elles avaient été remplacées dans la formation du 19ᵉ corps par celles du général Saussier, et la division formée au Havre par le général Peletingeas avait été maintenue dans cette place. Quelques jours après son arrivée, le général Loysel élargit les cadres, déjà si faibles, de cette division, en forma deux autres par l'adjonction des mobilisés et prit le titre de général en chef de l'armée du Havre. La première division fut laissée au général Peletingeas ; la seconde confiée à un vrai soldat, le général de brigade Berthe, ancien colonel du 86e régiment d'infanterie.

Avant de rien entreprendre, le général Loysel fit rentrer son armée dans les lignes de défense afin de compléter son organisation. L'artillerie était insuffisante ; on l'augmenta en dédoublant les batteries de l'armée régulière et en armant celles de la mobile. En ce qui concerne la cavalerie, il ne restait au Havre qu'un escadron de hussards avec quelques éclaireurs à cheval ; on soumit les chevaux des particuliers à une sorte de conscription, et on s'occupa de former deux escadrons auxiliaires avec des mobiles. Par malheur ces batteries et ces escadrons ne devaient jamais rendre le moindre service. Il en fut de même d'un train auxiliaire, créé à grands frais avec des voitures de réquisition, et qui ne fonctionna que dans les rues de la ville. Singulière destinée de l'armée du Havre, qui allait finir par où elle aurait dû commencer : on l'avait jetée en campagne, alors qu'on devait avant tout songer à la former, et on s'occupait maintenant de la former, alors qu'il aurait fallu prendre résolûment l'offensive. C'était ou jamais le moment d'agir pour opposer une digue au débordement prussien ; il n'y avait plus qu'à marcher, sans perdre de temps, avec les troupes qu'on avait sous la main, si l'on voulait prendre part au dernier et suprême effort tenté pour le salut de la France.

Les forces dont le général Loysel disposait étaient les mêmes que celles qui ont été énumérées dans un précédent chapitre. Il faut y joindre toutefois les troupes de la marine, qui formaient le noyau de la résistance. C'étaient d'abord les équipages de la division navale de la basse Seine, qui était sous les ordres du capitaine de vaisseau Mouchez, chargé en même temps du commandement de la place du Havre et de la 2ᵉ division militaire. La flottille comprenait les bâtiments suivants : La corvette à roues *le Catinat* (capitaine de vaisseau Mouchez); les batteries flottantes *la Protectrice* (capitaine de frégate Vallon) et *l'Imprenable* (capitaine de frégate Rallier); l'aviso à hélice de 2ᵉ classe *le Diamant* (lieutenant de vaisseau Kerros); les canonnières à hélice de 1ʳᵉ classe *l'Oriflamme* (lieutenant de vaisseau Pic-Paris) et *l'Etendard* (lieutenant de vaisseau Maire); les canonnières *Farcy la Mitrailleuse* (lieutenant de vaisseau Dupuis) et *l'Alerte* (lieutenant de vaisseau Masson); enfin 4 chaloupes à vapeur et 2 ordinaires, commandées par l'enseigne de vaisseau Bonaffé. L'armement de ces bâtiments comprenait au total 36 pièces, dont plusieurs se chargeant par la culasse; les calibres étaient ainsi répartis : huit pièces de 19 centimètres, six de 16, six de 14, quatre de 12 et douze de 4. Le chiffre des équipages s'élevait à près de 800 hommes. Puis venaient les 1ʳᵉ et 2ᵉ compagnies de fusiliers de Cherbourg (lieutenants de vaisseau Crova et Orlandini), et un détachement du 1ᵉʳ régiment d'infanterie de marine (sous-lieutenant Larnuder), ce qui portait à près de 1,500 hommes l'effectif des marins.

Les troupes de terre avaient été diminuées par le départ du 3ᵉ hussards et surtout par les pertes résultant des maladies; mais, d'un autre côté, on avait organisé le dépôt des mobiles de la Seine-Inférieure en un bataillon de marche; on avait complété l'escadron des guides éclaireurs havrais; on s'occupait de la formation de deux escadrons de marche de chasseurs : enfin on avait créé de nouveaux corps auxiliaires plus spécialement affectés au service de la place, tels que le demi-bataillon des canonniers marins, sans parler de la garde nationale sédentaire. Les forces réunies de terre et de mer formaient un effectif total d'à peu près 33,000 rationnaires. L'armement comprenait environ 10,000 fusils à tabatière, 6,000 chassepots, 6,000 sniders, 6,000 fusils lisses et 2,000 rayés français, 1,500 remingtons, 1,000 carabines Minié ou fusils Enfield, et 500 mousquetons des systèmes Sharp, Spencer ou Springfield. L'artillerie avait été réorganisée en six batteries mixtes, comprenant ensemble dix pièces rayées de 4, six canons rayés de 12, six pièces Armstrong, six obusiers de montagne et six mitrailleuses Gatling.

Si ces forces, au lieu de rester concentrées dans les lignes du Havre, eussent été portées en avant, n'eût-on fait qu'une simple démonstration en reprenant les positions précédemment abandonnées aux environs de Bolbec par le général Peletingeas, les Prussiens auraient vraisemblablement évacué Rouen sans combat. En effet, du côté de l'ennemi, la situation militaire était la suivante :

Le général de Goeben, qui avait succédé au général de Manteuffel, se trouvait aux prises avec son infatigable adversaire, le général Faidherbe; pour maintenir sa supériorité, il avait appelé de Rouen douze bataillons et six batteries, c'est-à-dire une division entière, dont il donna le commandement au général de Groeben; en sorte que le corps du général de Bentheim était diminué de moitié, en attendant qu'il fût réduit davantage, par suite de l'inaction persistante de nos forces de Normandie. Le 12 janvier, le général de Bentheim mandait au commandant en chef de la Ire armée prussienne que, par suite du départ pour Amiens de trois nouveaux bataillons, il ne lui restait pas de forces suffisantes pour prévenir une attaque sérieuse, et qu'il devait éventuellement songer à évacuer Rouen : *er an Aufgabe von Rouen denken müsse*[1]. Le général de Goeben, de son côté, lui faisait parvenir des instructions dans le même sens qui se croisaient avec la précédente dépêche ; il lui recommandait, « pour le cas extraordinaire d'une atta- « que faite par des forces supérieures, d'abandonner « Rouen et de battre en retraite dans la direction de « Paris. » Toute la question était de savoir comment cette retraite s'opérerait; le général de Bentheim demanda des éclaircissements, et il lui fut répondu « qu'il devrait se retirer sur Paris par la rive droite, « des circonstances extraordinaires pouvant seules « légitimer une retraite par la rive gauche. »

Ces instructions, depuis rendues publiques, répondaient bien aux exigences de la situation militaire. A la date du 14 janvier, la ville de Rouen, où le général de Bentheim avait toujours son quartier général, n'était plus occupée que par deux bataillons, un escadron et une batterie ; il y avait, en outre, de petits dé-

---

[1] V. Schell : *Die Operationen der I. Armee*. Berlin.

tachements à Buchy, à Forges et à Gisors, pour la protection des chemins de fer et des communications. Sur la rive droite de la Seine, le général de Pritzelwitz s'étendait avec quatre bataillons, dix escadrons et quatre batteries sur la ligne qui passe par Duclair, Barentin, Pavilly et Clères. Ce détachement occupait là un poste d'observation et non de défense ; en cas d'attaque il devait se concentrer à Pavilly et à Saint-Jean-du-Cardonnay. Depuis l'offensive du général Roy, la rive gauche de la Seine était l'objet d'une surveillance particulière ; cette tâche était dévolue au général de Gayl, qui couvrait Rouen de ce côté avec sept bataillons, quatre escadrons et trois batteries.

Le général de Bentheim faisait visiter les villes du littoral, telles que Dieppe et Fécamp, par de fréquentes patrouilles, craignant sans doute un débarquement sur ces points; en outre, comme le général Loysel, profitant de son affaiblissement, aurait pu prendre l'offensive, la destruction du chemin de fer précédemment opérée à Ectot ne lui parut pas suffisante, et il entreprit encore de faire sauter le viaduc de Mirville, l'un des ouvrages les plus importants de la ligne de Paris au Havre. Un détachement fut formé et mis en marche à cet effet ; il se composait de deux compagnies du 45°, d'un escadron renforcé du 10° dragons, d'une section de pionniers et de deux pièces d'artillerie, sous les ordres du capitaine de dragons de Frantzius. Dans la matinée du 14 janvier, ce détachement arrivait aux environs de Bolbec, et les habitants de cette ville étaient réveillés par plusieurs décharges de mousqueterie qui éclataient en face de l'église, et dont ils eurent bientôt l'explication. Une patrouille du 10° dragons de la Prusse orientale, commandée par un officier, stationnait depuis quelque temps dans les rues, lorsque des tirailleurs havrais, venus de Saint-Antoine-la-Forêt, aperçurent ces cavaliers, et les saluèrent d'une fusillade qui les mit aussitôt en fuite. Au bruit des coups de feu, le second lieutenant de Prittwitz-Gaffron, chef de la patrouille, quitta l'hôtel où il était descendu et essaya de rejoindre sa troupe qui avait déjà disparu par la route de Fauville; au lieu de suivre cette route, il reprit celle de Rouen; une trentaine de francs-tireurs l'y attendaient et l'étendirent roide mort, transpercé de plusieurs balles. Une heure après, on trouva caché dans un bâtiment en construction l'ordonnance de l'officier tué; on le questionna. et on apprit que le détachement, dont nous avons fait connaître plus haut la composition, était en marche sur Bolbec. En effet, avant dix heures il arrivait sur les hauteurs de Caltot; là les Prussiens essuyèrent de nouveaux coups de feu et perdirent un dragon; mais aussitôt l'artillerie entra en ligne et, au premier coup de canon, les francs-tireurs, voyant qu'ils avaient affaire à des forces sérieuses, s'empressèrent de regagner leurs cantonnements. L'artillerie continua néanmoins de couvrir Bolbec de ses projectiles et de fouiller le terrain dans toutes les directions. Vers onze heures, la canonnade cessa et, peu d'instants après, la colonne prussienne fit son entrée dans la ville. Lorsque les capitaines de Frantzius, chef du détachement, et de Fiedler, commandant de l'infanterie, apprirent la mort du second lieutenant de Prittwitz, ils se répandirent en menaces et déclarèrent que si, avant trois heures, une contribution de guerre de 50,000 francs n'était pas versée entre leurs mains, la ville serait

bombardée et mise au pillage. Ils se calmèrent néanmoins, après avoir parlementé, et ils consentirent à accepter une somme de 27,000 francs qui avait pu être réunie et qui leur fut versée sur-le-champ. Mais cette convention ne fut pas ratifiée par le quartier général, et le lendemain le capitaine de Frantzius signifia à la municipalité que la contribution était portée à 100,000 francs. Quatre notables pris comme otages et conduits à Roumare, près du général de Zglinitzki, exposèrent que la ville ne pouvait être rendue responsable d'un fait de guerre qu'il n'était pas en son pouvoir d'empêcher. « Vous êtes si bien respon-
« sables, répondit l'inflexible général, que si en ce
« moment j'apprenais que pareil fait s'est reproduit à
« Bolbec, je vous ferais immédiatement fusiller tous
« au pied de cet arbre ». Cet inexorable ennemi était, comme on le voit, décidé à appliquer dans toute sa barbarie le principe de la responsabilité des communes. La somme fut réunie et versée jusqu'au dernier sou; mais, dans la matinée du 15, sous le prétexte qu'on avait tiré sur un de leurs postes, les Prussiens livrèrent aux flammes le château de Tous-Vents. Ainsi pour un homme tué, la ville de Bolbec se vit livrée à toutes les représailles de la guerre de terreur; contributions, otages, bombardement, incendie, rien n'y manqua, si ce n'est toutefois ce que dans leur jargon barbare les Allemands appelaient « le fu-
« sillement ».

Ces violences, qui avaient jeté la contrée dans une profonde consternation, furent bientôt connues au Havre. Il eût été facile de punir ces incendiaires et de les anéantir sur les ruines même qu'ils amoncelaient; nos matelots et notre infanterie de marine, jetés sur le rivage de la Seine ou sur le littoral, en eussent fait promptement justice; mais aucun effort sérieux ne devait être tenté, ni pour punir l'ennemi, ni même pour l'empêcher de détruire l'important viaduc de Mirville, qui était le principal but de son expédition.

Dès le 14, un détachement de pionniers, escorté de quelques dragons et d'un piquet d'infanterie, avait été dirigé sur Mirville, où il se mit en devoir de miner le viaduc. Le hasard voulut qu'un ancien officier de spahis, chef des guides à cheval du Calvados, parti à la découverte, arrivât vers cinq heurse du soir à la station de Beuzeville avec une douzaine de cavaliers. Ayant appris du chef de gare ce qui se passait, le capitaine de la Villeurnoy, à peine suivi, fondit sur l'ennemi, le mousqueton au poing, avec la même assurance que s'il eût été à la tête d'un escadron. Troublés dans leur opération, les Prussiens s'enfuirent à toutes jambes, abandonnant leurs voitures et leurs outils, et ne revinrent que dans la soirée avec du renfort.

Le lendemain, pour permettre à ses pionniers d'établir avec plus de sécurité leurs fourneaux de mine et les garantir contre une nouvelle surprise, le capitaine de Frantzius fit une pointe dans la direction du Havre. De son côté, le général Loysel crut qu'il suffirait, pour se faire respecter, d'envoyer aux avant-postes quelques corps francs; sur ses ordres, le bourg de Saint-Romain et les environs furent occupés par le 2e bataillon des éclaireurs de la Seine (commandant Mabille), les tirailleurs et les vengeurs du Havre, les francs-tireurs des Andelys, d'Elbeuf, du Nord et de Rouen. Ces forces réunies étaient plus que suffisantes pour arrêter l'ennemi ; par malheur, les corps francs avaient de la difficulté à se subordonner non-seulement à l'armée régulière, mais même entre eux, et ils continuèrent d'agir à leur fantaisie. Vers dix heures et demie du matin, les premiers dragons apparurent en vue de Saint-Romain et furent accueillis par une fusillade qui en mit un hors de combat. Bientôt les artilleurs prussiens prirent position à sept ou huit cents mètres du bourg et ouvrirent le feu : nos tirailleurs essayèrent de riposter ; mais, par suite du manque d'entente et de direction, ils ne tardèrent pas à rétrograder en désordre, poursuivis par l'artillerie ennemie qui leur lança une vingtaine d'obus. A la suite de cette rencontre, qui n'occasionna de part et d'autre que des pertes insignifiantes, le capitaine de Frantzius reprit la route de Bolbec. Pendant ce temps, ses pionniers, ayant achevé leur travail de mine, faisaient sauter le viaduc de Mirville ; les trois premières arches du côté de Paris étaient complétement détruites, et, comme pour éclairer ces ruines, les Prussiens, en se retirant, mettaient le feu aux bâtiments d'une ferme voisine.

Cette destruction était achevée, lorsque Saint-Romain fut réoccupé le 16 janvier par les divers corps francs qui l'avaient abandonné la veille et qui n'allaient pas tarder à se trouver de nouveau en face de l'ennemi. Le 17, en effet, le capitaine de Frantzius quitta Bolbec pour venir tâter les avant-postes du Havre [1]. Il avait formé son détachement en trois colonnes qui arrivèrent à midi en vue de Saint-Romain. Ce bourg était gardé par des francs-tireurs du Nord

---

[1] V. Troschke : *Geschichte des ostpreus. feldartill.-Regims n° 1.* Berlin.

(capitaine Janssens) et des éclaireurs rouennais (capitaine Desseaux); la 2e compagnie des tirailleurs havrais (lieutenant Bellanger) et les chasseurs-éclaireurs de Bolbec (capitaine Pimont) tenaient la droite, vers la route de Lillebonne; les éclaireurs de la Seine (commandant Mabille) s'étendaient à gauche vers la route de Paris. Les dragons, s'étant avancés jusqu'à la hauteur de la Chapelle, se retirèrent aux premiers coups de feu, en démasquant deux pièces de canon qui tonnèrent aussitôt, et la fusillade leur répondit de tous côtés. Ces pièces s'étant approchées, de position en position, jusqu'à environ 600 mètres de Saint-Romain, devinrent le point de mire des francs-tireurs; au bout de peu de temps, quelques artilleurs et plusieurs chevaux tombèrent tués ou blessés, en sorte que la canonnade se ralentit un moment. Mais, pendant ce temps, l'infanterie prussienne s'avançait et attaquait notre ligne sur trois points à la fois. Son principal effort porta sur la ferme Duparc qu'elle attaqua vigoureusement, et qu'une section d'éclaireurs de la Seine se vit forcée d'abandonner. Par malheur, cet incident occasionna parmi les francs-tireurs une méprise, qui fit chez eux plusieurs victimes; bientôt la ferme Duparc fut reprise par quelques éclaireurs, à la tête desquels s'était élancé un jeune homme, Belge d'origine, Français de cœur, le capitaine Janssens, qui eut un cheval tué sous lui et montra pendant l'action la plus grande bravoure. Les francs-tireurs se maintinrent dans cette position; sur notre gauche, les Prussiens continuaient de s'avancer, mais sur la lisière d'une ferme qu'ils croyaient inoccupée, ils essuyèrent une décharge qui les arrêta court et les força de battre en

24

retraite. Il était environ deux heures de l'après-midi. Nos pertes, dans cette affaire, furent de deux tués, dont un officier, le lieutenant Bellanger, appartenant aux tirailleurs havrais, et de onze hommes blessés, dont deux mortellement. L'ennemi, de son côté, avait subi des pertes à peu près égales; il laissa trois des siens sur le terrain et emmena une dizaine de blessés, dont un succomba peu de temps après. Dans cette journée, la valeur individuelle avait pu suppléer, chez nous, au manque de direction générale. Le capitaine de Frantzius, qui avait le dessein de s'avancer ce jour-là jusqu'aux lignes du Havre, n'avait pu accomplir son audacieuse tentative; par malheur, en se retirant sur Bolbec, pour ne plus reparaître, il ne s'était que trop bien acquitté de la première partie de sa mission : Le viaduc de Mirville était détruit, celui de Bolleville était également rompu et la ligne du chemin de fer du Havre rendue impraticable.

Libre désormais de toute préoccupation sur la Seine, et sentant que le moment décisif approchait, le général de Goeben s'empressa d'appeler de Normandie de nouveaux renforts. Le 18 janvier, quatre trains de chemin de fer transportèrent encore de Rouen à Amiens un régiment et une batterie d'artillerie, en sorte qu'à cette date, le général de Bentheim ne disposait plus que de dix bataillons, seize escadrons et huit batteries pour la surveillance des deux rives de la Seine et pour l'occupation de Rouen. Il est bien certain que, si à ce moment on avait essayé de reprendre cette ville, l'ennemi n'aurait pu en disputer la possession; mais aucune démonstration ne devait être faite par l'armée du Havre. Sur la rive gauche de la Seine, nos troupes avaient déjà évacué depuis quelques jours la ligne de la Rille, et nous allons faire connaître les faits survenus de ce côté depuis l'arrivée du général Saussier.

Après l'échec du 4 janvier, les troupes du général Roy avaient repris leurs anciennes positions sur la Rille, de Pont-Audemer à Beaumont-le-Roger. Chargé le 5 janvier d'en prendre le commandement, le général Saussier forma sa division sur place ; tout en restant sur la défensive, il devait néanmoins chercher son point d'appui vers l'Ouest, car il pouvait être appelé d'un moment à l'autre à concourir au mouvement du 19ᵉ corps qui formait la gauche de la longue ligne de bataille du général Chanzy. Cette position du général Saussier, en arrière de la Rille, avait l'avantage d'être toujours une menace pour Rouen ; il y resta donc aussi longtemps qu'il le put, envoyant des partis et de fortes reconnaissances dans toutes les directions. Il était opposé, comme on l'a dit plus haut, au général de Gayl, qui couvrait Rouen sur la rive gauche avec sept bataillons, quatre escadrons et trois batteries, et s'étendait par ses avant-postes de Bourgachard à Bourgthéroulde et à la Londe. Pour faire croire à des intentions offensives et dissimuler l'envoi des renforts de Rouen à Amiens, le général de Gayl tâtait souvent nos positions sur la Rille, quelquefois avec de l'infanterie et du canon ; il en résulta quelques légers engagements. Le 8 janvier, une patrouille de dragons lithuaniens, partie de Bourgachard, s'avançait jusqu'à Brestot, sur la lisière de la forêt de Monfort, et tombait dans les avant-postes des mobilisés du Calvados qui lui tuèrent deux cavaliers et en blessèrent un troisième. Le 11, les dragons du même régiment rencontrèrent au Neubourg les francs-tireurs du Calvados (capitaine Benoît) qui les mirent en fuite, après leur avoir tué trois hommes.

Dans la soirée du 12 janvier, le général Saussier reçut du ministre de la guerre une dépêche qui lui enjoignait de quitter immédiatement ses positions de la Rille pour se retirer par Lisieux sur Argentan ; on venait d'apprendre que le général Chanzy avait été battu au Mans et se retirait sur la Sarthe ; le général Saussier était forcé de se conformer à ce mouvement, et il donna le signal de la retraite ; dans la matinée du 13, sa division se mit en marche en trois colonnes par les routes de Brionne et Thiberville, Saint-Georges et Lieurey, Pont-Audemer et Cormeilles. Les francs-tireurs avaient reçu l'ordre d'occuper les avant-postes, qu'ils devaient garder encore quelques heures après le départ de la division. De son côté, le général de Gayl avait précisément choisi ce moment pour pousser une forte reconnaissance sur la route de Pont-Audemer. Arrivés à peu de distance de Brestot, où, comme on s'en souvient, ils avaient perdu trois dragons quelques jours auparavant, les Prussiens lancèrent sur le village une centaine d'obus, puis ils s'étendirent par leur droite sur Étreville et Bourneville, pendant que des chasseurs du 1er bataillon, partis du Landin, se dirigeaient sur Guerbaville et fouillaient la forêt de Brotonne. Il en résulta une rencontre d'arrière-garde aux environs de Bourneville.

Cette localité était occupée par environ cinq cents mobilisés du 3e bataillon de la légion de Caen (commandant de Cyresne), auxquels étaient venus se joindre une quarantaine d'éclaireurs de Normandie de la

2ᵉ compagnie (capitaine Lumière). Serrés de près par l'ennemi, ces francs-tireurs avaient failli être pris la veille dans la forêt de Brotonne et n'avaient dû leur salut qu'à la présence d'esprit du curé de la Haie-de-Routot, qui leur servit de guide. Dans la matinée du 13 janvier, à la nouvelle de l'approche de l'ennemi, deux compagnies de mobilisés, fortes d'un peu plus de cent hommes, s'étaient déployées en tirailleurs à environ un kilomètre à l'est de Bourneville, s'étendant du hameau des Coqs à la ferme du Bocage. Vers dix heures, au moment où un épais brouillard venait de se dissiper, les mobilisés se virent en présence d'une forte reconnaissance prussienne, dont ils n'étaient séparés que par l'étroit vallon du Callouet, qui coupe à angle droit le chemin de Routot. Bien qu'armés de mauvais fusils à percussion, ils engagent une fusillade qui maintient pendant quelque temps l'ennemi à distance, et permet à leur bataillon, resté à Bourneville, de se retirer sur Pont-Audemer sans être inquiété. Bientôt, craignant d'être débordés sur leur gauche, ils abandonnent la ferme du Bocage, où cinq des leurs sont faits prisonniers. Les éclaireurs de Normandie, accourus à leur secours, restent seuls pour soutenir la retraite; mais, vers onze heures, menacés à leur tour sur leur droite par une centaine de cavaliers, qui se répandent dans la plaine avec du canon, ils quittent leur position et regagnent à travers champs la route de Fourmetot. Un des leurs, le caporal Vanier, resté le dernier, se voit tout à coup poursuivi par trois dragons. Avec le sentiment de supériorité que doit avoir tout fantassin en face de quelques hommes à cheval, il continue sa retraite sans se déconcerter, puis, quand ses adversaires ne sont plus qu'à une cinquantaine de pas, il se retourne, ajuste celui qu'il croit être le chef de la patrouille et l'étend roide mort; après quoi il recharge son arme et continue sa route, s'attendant à être poursuivi. Mais les cavaliers se sont arrêtés; l'un d'eux met pied à terre pour relever celui qui est tombé, l'autre galope après le cheval qui a perdu sa monture. Pendant ce temps, le caporal Vanier gagne Bourneville et s'échappe en se jetant sur un cheval de paysan. Son coup de feu avait été le dernier de la journée; il avait frappé au cœur le capitaine de Dressler, chef de l'escadron des dragons lithuaniens[1]. Le 3ᵉ régiment d'infanterie prussienne perdit un grenadier dans cette rencontre; de notre côté, on eut à déplorer la perte de deux hommes tués, cinq blessés et six prisonniers.

A la suite de cette affaire, les mobilisés et les francs-tireurs se retirèrent sur la Touques pour rejoindre le gros de leur division. Le général Saussier s'était porté en deux étapes sur Lisieux; là il reçut l'ordre de se diriger sur Mézidon, où il transféra son quartier général dans la soirée du 17; il était chargé de couvrir l'embranchement des lignes ferrées de Lisieux et d'Argentan, point stratégique d'une certaine importance. Sur ces entrefaites, le général Saurin, qui commandait la 2ᵉ division du 19ᵉ corps, avait occupé Falaise, et il ne tarda pas à y appeler la 3ᵉ, celle du général Saussier; ces deux divisions descendirent alors sur Argentan dont elles occupèrent les environs, se reliant par leur droite à la gauche du général Chanzy vers Flers. A partir de ce moment, le

---

[1] V. Krause. *Gedächtnisshalle für die gefallenen Krieger*. Berlin.

général Saussier n'exécuta plus que des mouvements sans importance, d'après les ordres du général Dargent, commandant du 19ᵉ corps. Ce mouvement de retraite de nos troupes de la Rille avait produit un fâcheux effet sur les populations de la basse Normandie, très-disposées à la résistance. Tout le département de l'Eure et la lisière de celui du Calvados se trouvaient ainsi abandonnés aux incursions des partis ennemis. Les patrouilles du général de Bentheim ne pouvaient, il est vrai, s'aventurer bien loin sur la rive gauche de la Seine; mais celles du général de Rheinbaben, qui occupait la majeure partie de l'Eure, allaient sillonner le reste du département dans toutes les directions. Nous allons rappeler en peu de mots les événements survenus de ce côté dans les derniers temps.

Le général de Rheinbaben se tenait toujours sur la ligne de l'Eure, à Anet et à Ivry-la-Bataille. Évreux, occupé militairement depuis le 9 décembre, avait eu à subir depuis la présence d'un préfet prussien, nommé de Poremski ; ce fonctionnaire était chargé, comme ses collègues de Rouen et d'Amiens, de centraliser les contributions de guerre, les impôts directs, indirects et autres, ainsi que les réquisitions; il s'acquittait de cette mission avec une rigueur inexorable, et les contribuables du département de l'Eure en conserveront longtemps le triste souvenir. Il était appuyé, pour l'accomplissement de sa tâche, par la brigade de Barby, qui occupait Évreux et Damville. Cette brigade avait l'ordre de se tenir en communication avec le général de Bentheim ; en outre, elle faisait surveiller par ses éclaireurs la lisière des forêts de Conches et de Breteuil, ainsi que le cours de l'Iton, ce qui occasionna plusieurs rencontres.

Le 10 janvier, une patrouille du 4ᵉ régiment de cuirassiers, partie de Damville, se dirigeait sur Dame-Marie, lorsque, sur le territoire de Roman, dans le bois de Chagny, elle fut surprise par des francs-tireurs qui lui firent cinq prisonniers. Le lendemain matin, d'autres cuirassiers, à la recherche de ceux qui manquaient à l'appel, poussèrent par Dame-Marie jusqu'à Saint-Ouen-d'Athez; à leur retour, ils tombèrent dans une embuscade dressée au même endroit que la veille, et, loin de ramener leurs camarades, ils ne firent qu'augmenter le nombre des prisonniers. Huit d'entre eux furent pris dans ces deux rencontres.

Le 17 janvier, les uhlans hanovriens de la brigade de Barby, qui occupaient Damville, établirent leurs avant-postes à Authenay, sur la route de Breteuil, et le même jour ils se présentèrent dans cette dernière ville; à leur retour ils essuyèrent, aux abords de Gouville, une fusillade qui blessa et démonta trois cavaliers, entre autres le lieutenant de Schöning, chef de la patrouille; cet officier serait resté entre les mains des francs-tireurs, sans l'indigne faiblesse de quelques habitants qui jugèrent plus conforme à leurs intérêts de le cacher et de le renvoyer ensuite à Authenay sous un déguisement.

Depuis quelques jours, le général de Rheinbaben avait reçu l'ordre de flanquer le corps du grand-duc de Mecklembourg, qui, après la prise du Mans, avait été dirigé sur Alençon et dont nous suivrons la marche dans le prochain chapitre. Le général de Rheinbaben envoya d'abord sur l'Huisne et sur la Sarthe, à la rencontre du grand-duc, la brigade de

Bredow; puis, le 18 janvier, il quitta lui-même ses positions sur la ligne de l'Eure pour établir son quartier général à Verneuil. Dans ce mouvement, l'ennemi explora la forêt de Conches, dont il n'avait pas encore cherché à s'emparer; les 11e et 17e hussards de la brigade de Redern poussèrent une reconnaissance sur le Fidelaire, village situé au milieu de la forêt et dont les habitants, énergiquement résolus à se défendre, avaient conservé leurs armes; les hussards surprirent d'abord le poste des gardes nationaux, mais l'alarme fut aussitôt donnée; il s'ensuivit un engagement qui dura plusieurs heures et dans lequel trois habitants furent tués et cinq autres faits prisonniers. Ces braves gens avaient fait expier leurs pertes à l'ennemi; les hussards de Brunswick et de Westphalie eurent trois hommes tués et autant de blessés dans cette affaire. Le même jour, la brigade de Barby quitta Damville pour se rendre à Verneuil, et ses éclaireurs essuyèrent quelques coups de feu sur leur passage; près de l'ancien château de Montéan, sur la commune de Dame-Marie, un cuirassier fut légèrement blessé par une décharge de plomb de chasse, ce qui faillit coûter la vie à plusieurs habitants inoffensifs. Le lendemain, ce fut le tour des uhlans hanovriens qui, en éclairant la route de Bourth à Laigle, eurent un des leurs grièvement blessé.

Tandis qu'en Normandie quelques habitants isolés et sans appui risquaient ainsi leur vie pour défendre leurs foyers, des événements autrement graves s'accomplissaient dans les autres parties de la France; le 19 janvier, au moment même où l'armée de Paris tentait sa dernière sortie, notre armée du Nord succombait héroïquement à Saint-Quentin, et notre armée de l'Est, battue dans un combat de trois jours, commençait une retraite qui devait aboutir à la dernière et à l'une des plus lamentables catastrophes de cette guerre funeste.

CHAPITRE XVI.

Événements en Normandie depuis le mouvement du grand-duc de Mecklembourg jusqu'à la fin de l'armistice. — Marche du grand-duc de Mecklembourg sur Alençon et Rouen — Combat de Saint-Pater et occupation d'Alençon (15 et 16 janvier). — Combats d'Orbec et de Bernay (21 janvier). — Embuscades à Serquigny et à Conches (22 et 23 janvier). — Rencontre de Marolles (24 janvier). Entrée du grand-duc de Mecklembourg à Rouen (25 janvier). — Rencontre de Bolbec (24 janvier). — Conclusion de l'armistice (28 janvier). — Engagements sur la Seine à Guerbaville et à Caudebec (29 et 30 janvier). — Occupation de Dieppe (1er février) et de Fécamp (3 février). — Ligne de démarcation de l'armistice dans la péninsule du Havre et sur la rive gauche de la Seine. — Mouvements de concentration opérés par les deux partis pendant l'armistice. — Occupation d'Honfleur (23 février). — Signature des préliminaires de paix (26 février).

Par suite de nos revers sur la Loire, la Normandie allait être sillonnée et occupée par un nouveau corps ennemi, celui du grand-duc de Mecklembourg, et subir comme une seconde invasion. On se souvient qu'après le combat de Dreux le XIII° corps prussien s'était rabattu sur Nogent-le-Rotrou; depuis ce moment, il avait continué dans l'Ouest une marche en zigzag dont la trajectoire trahit suffisamment les incertitudes qui régnaient alors au grand quartier de Versailles. Après avoir pris part à la bataille du Mans, il fut dirigé sur Alençon. Il eut le 15 janvier aux abords de cette ville, à Saint-Pater, un court mais très-vif engagement avec le général Lipowski, lequel avait sous ses ordres environ 2,000 francs-tireurs et 4,000 mobilisés de l'Orne et de la Mayenne, avec un peloton de chasseurs et huit canons de montagne. Le général de Wittich, avec la 22e division [1], arrivait par la route du Mans; il était appuyé sur celle de Mamers par la brigade de Bredow, qui avait été envoyée à sa rencontre et qui formait son avant-garde. Tenu en échec pendant toute la journée du 15, le grand-duc avait pris ses dispositions pour une attaque générale, lorsqu'il apprit qu'Alençon avait été évacué par nous dans la nuit. Il y fit son entrée sans résistance dans la matinée du 16 janvier. Après avoir séjourné dans cette ville, le XIIIe corps cessa de faire partie de l'armée du prince Frédéric-Charles et reçut l'ordre de se mettre en marche sur Rouen. Il devait se joindre à la première armée prussienne pour frapper contre le général Faidherbe un coup décisif, car on n'espérait pas à Versailles que les renforts envoyés de Rouen et de Paris au général de Goeben pussent lui suffire pour écraser son adversaire. Le 18, l'avant-garde du XIIIe corps partit d'Alençon, éclairée par la brigade de Bredow; la division de cavalerie de Rheinbaben ayant relevé celle du prince Albert (père), restée à l'aile droite du prince Frédéric-Charles. Cette avant-garde arriva le 18 à Sées, le 19 à Gacé et le 20 à Montreuil-l'Argillé; elle était suivie à une journée d'intervalle par la 17e division; la 22e, passant par le Mesle et Moulins-la-Marche, se dirigea sur Glos-la-Ferrière, sans rencontrer d'autre résistance que celle de quelques paysans qui, sur la route de Crulai à Laigle, blessèrent un uhlan et tuèrent un fantassin au major de Necker, qui commandait l'avant-garde.

La marche du grand-duc de Mecklembourg eut

---

[1] V. Wittich. *Aus meinem Tagebuche* 1870-1871. Cassel.

pour effet d'interrompre brusquement le mouvement de notre 19° corps, dont les têtes de colonne étaient déjà parvenues à Argentan, et qui devait gagner Laval pour y rejoindre les débris de l'armée de la Loire. La présence du XIII° corps allemand dans cette contrée jeta le plus grand trouble dans la direction déjà si indécise de nos opérations militaires; et le grand-duc, dont la marche de flanc aurait pu être sérieusement inquiétée, passa devant tout le front du général Dargent sans rencontrer le moindre obstacle. Le département de l'Eure et la lisière du Calvados étaient complétement abandonnés à l'ennemi; il se produisit néanmoins quelques tentatives isolées de résistance dans les arrondissements de Lisieux et de Bernay, où des gardes nationaux mal armés tentèrent, avec plus de courage que de chance de succès, d'arrêter le flot de ces nouveaux envahisseurs.

Le 21 janvier, le 16° régiment de uhlans, détaché de la brigade de Bredow pour surveiller la route de Lisieux, se vit brusquement arrêté en avant d'Orbec où il essuya des coups de feu. Averti de cette résistance, le général de Treskow, qui se trouvait en ce moment avec le gros de la 17° division à Montreuil-l'Argillé, au point de bifurcation des routes de Bernay et d'Orbec, dirigea sur cette dernière ville le 14° bataillon de chasseurs mecklembourgeois, appuyé par une section d'artillerie et soutenu par un bataillon du 75°; il plaça ce détachement sous les ordres du major de Gaza, après quoi il continua sa marche sur Broglie. A deux kilomètres au sud-est d'Orbec, en avant du hameau de Sevrais, la route était coupée, fortement barricadée et gardée par une centaine de francs-tireurs de Lisieux et de gardes nationaux du pays ; avec une résolution digne d'un meilleur résultat, ces braves gens essuyèrent quelque temps la canonnade ; mais, menacés d'être pris à revers par deux compagnies qui avaient déjà débordé leur ligne, ils se virent forcés d'abandonner leur position et de se retirer sur Orbec. Là ils essayèrent encore de se défendre, mais en présence des forces relativement énormes qui menaçaient de les envelopper de toutes parts, ils durent se résigner à évacuer la ville vers quatre heures de l'après-midi. Dans cet engagement, un uhlan fut mis hors de combat ; les nôtres eurent deux ou trois hommes blessés, et quatre d'entre eux furent faits prisonniers. Dans la soirée, le major de Gaza fit son entrée à Orbec à la tête de son détachement ; son premier soin fut d'imposer à la ville une contribution de guerre de 40,000 francs ; le lendemain, ne voulant pas laisser impunie la conduite des Français qui avaient commis le crime de défendre le sol de la patrie et leurs foyers domestiques, il fit impitoyablement fusiller les quatre gardes nationaux pris la veille les armes à la main, et il défendit aux habitants de leur donner la sépulture.

Bien que réduits à leurs propres forces par suite de l'évacuation complète du département de l'Eure, les habitants de Bernay, de même que ceux d'Orbec, s'opposèrent bravement à la marche de l'ennemi. Dans la matinée du 21 janvier, dès que l'on connut son approche, on battit le rappel dans les rues de la ville. Réunis au nombre d'environ trois cents, les gardes nationaux se portèrent à la rencontre des Allemands et prirent position dans les bois, du côté menacé ; ils gardaient la route principale au hameau de Malouve, s'étendant sur leur gauche jusqu'à la vallée de la Charentonne. Pendant ce temps, des volontaires partis en reconnaissance s'avançaient sur la route de Broglie et, vers onze heures, ils se virent en présence des premiers éclaireurs du général de Bredow. Après avoir détaché le 16ᵉ uhlans sur Orbec, ce général avait continué sa marche sur Bernay et traversé Broglie sans éprouver de résistance; mais lorsque son extrême avant-garde arriva à la hauteur de Saint-Quentin-des-Iles, elle essuya de loin une décharge qui lui fit aussitôt tourner bride. Le major de Bessel, qui appuyait ces cavaliers avec un bataillon du 90ᵉ régiment mecklembourgeois, prit aussitôt ses dispositions : une compagnie, détachée sur la rive droite de la Charentonne, reçut pour mission de menacer Bernay à l'est, tandis qu'une section d'infanterie et un piquet de cavalerie se portaient à l'ouest de cette ville dans le but d'y détruire le chemin de fer. Le reste de la colonne suivit la route principale, et, après avoir dépassé Saint-Quentin, l'artillerie s'essaya par quelques coups de canon qui furent le signal du combat. L'action s'engagea de tous côtés, et le tocsin, qui appelait aux armes les habitants des communes voisines, mêla son glas lugubre au bruit du canon et de la fusillade. Vers deux heures, les Allemands s'étaient avancés au delà de Malouve; ils s'étendaient de la Charentonne à la vallée de Saint-Nicolas, et fouillaient de leurs obus les abords de la ville et les bois occupés par les gardes nationaux. De notre côté, quelques volontaires, s'emparant d'une lourde pièce en fonte restée sous les halles de Bernay et plus dangereuse pour ceux qui la servaient que pour l'ennemi, la traînèrent jusqu'à l'entrée de la ville où ils la mirent en position; mais, après avoir tiré quelques coups à mitraille, nos canonniers improvisés se virent bientôt forcés de cesser cette lutte inégale sur une route enfilée par les projectiles ennemis. Le combat de tirailleurs se prolongea néanmoins jusqu'après trois heures; à ce moment les nôtres, menacés d'être cernés, se rapprochèrent de Bernay; quelques-uns d'entre eux, embusqués dans une briqueterie du Valmonard, continuèrent opiniâtrément une fusillade dont l'ennemi ne put triompher malgré sa supériorité numérique. La nuit arrivait, et les fusiliers mecklembourgeois ayant perdu l'officier qui les commandait, le premier lieutenant Glaewecke, se retirèrent à une certaine distance, abandonnant le champ de bataille. Cette affaire coûta aux habitants de Bernay une dizaine d'hommes tués ou blessés ; mais par cette conduite honorable ils avaient tenu en échec, pendant une demi-journée, l'avant-garde du XIII° corps allemand et effacé le souvenir de la sédition du 17 décembre. Si tous nos gardes nationaux avaient défendu leurs foyers avec la même résolution, ils auraient bien vite lassé l'envahisseur. Le lendemain, la lutte devait recommencer; mais elle eût été plus inégale encore que la veille, car le grand-duc avait cru nécessaire de concentrer toutes ses forces pour une attaque générale, et il avait appelé à Broglie la 22° division, qui se trouvait à Glos-la-Ferrière au moment du combat. La municipalité de Bernay, sentant l'impossibilité d'une plus longue résistance, s'employa pour la faire cesser, afin d'épargner à la ville les horreurs d'une prise de vive force [1]. Le 22, à six heures du matin, le major de Bessel, avec un ba-

---

[1] V. *Les Prussiens à Bernay*. Bernay.

taillon et un escadron, prit possession de Bernay, après avoir encore essuyé quelques coups de feu qui amenèrent de sanglantes représailles. A midi, la 17ᵉ division fit son entrée à son tour, et le général de Treskow frappa une contribution de guerre, qui fut réduite, il est vrai, à cent mille francs, mais qui avait d'abord été portée à un taux dont l'énormité même montrait tout le dépit qu'éprouvaient les Allemands de s'être laissés arrêter par une poignée de gardes nationaux.

Le lendemain, le grand-duc fit éclairer sa marche vers Rouen par la 5ᵉ division de cavalerie, qui avait été placée sous ses ordres pour la durée de ses opérations ; le général de Reinbaben lui-même fut appelé au commandement de la 22ᵉ division d'infanterie, en remplacement du général de Wittich. De fortes reconnaissances rayonnèrent dans les principales directions : la 17ᵉ brigade de cavalerie (général major de Rauch) s'avança sur la route de Lisieux jusqu'à Thiberville ; la brigade de Bredow sur la route de Lieurey jusqu'à Bazoques ; enfin la brigade de Redern fut dirigée sur Brionne ; une de ses patrouilles, en explorant le cours de la Rille, eut deux hussards blessés aux environs de Serquigny. Le 23 janvier, des flanqueurs en marche sur le Neubourg mirent Conches au pillage, parce qu'au sortir de cette ville ils avaient essuyé des coups de feu qui blessèrent un uhlan. Le même jour, l'avant-garde du XIIIᵉ corps se mit en communication à Saint-Denis-des-Monts avec les avant-postes de la Iʳᵉ armée prussienne. La jonction du grand-duc de Mecklembourg avec le général de Bentheim était dès lors effectuée.

Le 24, le grand-duc continua sa marche sur

Rouen; la 17ᵉ division se porta directement sur Brionne et la 22ᵉ fut dirigée de Broglie sur Beaumesnil, Beaumont-le-Roger et le Neubourg. Pendant ce temps, le major de Rosenberg, à la tête du 13ᵉ uhlans, s'avançait sur Lisieux; mais son escadron d'avant-garde rencontra, au delà de Marolles, des mobilisés du Calvados, qui démontèrent deux cavaliers et forcèrent les autres à tourner bride. Le major de Rosenberg fit alors avancer une section d'artillerie et lança quelques obus sur nos avant-postes, après quoi, supposant sans doute Lisieux mieux gardé qu'il ne l'était en réalité, il rétrograda jusqu'à Marolles et l'Hôtellerie, où il établit ses cantonnements.

Le 25 janvier à midi, le grand-duc fit son entrée à Rouen, à la tête de son état-major et de son avant-garde. Le lendemain, le 90ᵉ régiment d'infanterie, le 14ᵉ bataillon de chasseurs, le 18ᵉ dragons et deux batteries allèrent renforcer, de Duclair à Pavilly, sur la ligne de la Sainte-Austreberte, les détachements du général de Bentheim. Le 27, toute la 17ᵉ division et la brigade de cavalerie du XIIIᵉ corps passèrent sur la rive droite de la Seine, tandis que la 22ᵉ restait sur la rive gauche, cantonnée le long de la Rille, avec la division de cavalerie de Reinbaben.

Toutes ces troupes faisaient front vers l'ouest, observant la ligne de la Touques et particulièrement le Havre. Le grand-duc, s'imaginant sans doute que le général Loysel se risquerait à prendre l'offensive, résolut de rendre le cours de la basse Seine complétement impraticable. Le barrage établi précédemment à Duclair par le général de Bentheim ne lui parut pas suffisant; il fit encore placer des torpilles en aval, à la hauteur de Guerbaville; un officier supérieur du génie, le major Vincenz, avec un détachement de pionniers, fut chargé de cette opération. Pour protéger les travailleurs, des postes de deux compagnies et de quelques cavaliers furent établis sur les deux rives de la Seine, à Saint-Vandrille et à Guerbaville.

Le 29, le général de Bentheim concentra, vers l'embranchement de Dieppe à Amiens, les fractions de la Ire armée restées sous ses ordres, à l'exception de la brigade des dragons de la garde qui fut attachée à la 17e division. De cette nouvelle position il pouvait également rejoindre le général de Goeben ou appuyer le grand-duc de Mecklembourg. Le même jour, la rivière de l'Austreberte fut gardée, de Duclair à Barentin, par le 90e régiment mecklembourgeois et deux batteries, et la ligne de Pavilly à Clères par la brigade des dragons de la garde, à laquelle on adjoignit le 13e bataillon de chasseurs et une seconde batterie à cheval. Clères fut occupé par la 17e brigade de cavalerie. Yvetot reçut en même temps une garnison composée de deux compagnies du 90e, d'un escadron du 18e dragons et d'une section d'artillerie, sous les ordres du capitaine de dragons comte de Bethusy-Huc.

Pendant que l'ennemi prenait ces dispositions, la fortune venait de nous porter le dernier coup. La catastrophe suprême, prévue depuis la sortie de Montretout, achevait de nous accabler : Paris, n'ayant plus de pain, avait capitulé; un armistice avait été conclu le 28 janvier; le lendemain, les forts de la capitale étaient en la possession de l'ennemi, et nos armées de province n'avaient plus d'objectif. Cette nouvelle fut accueillie par nos soldats avec une morne résignation : depuis longtemps ils savaient qu'ils ne se battaient plus que pour l'honneur.

L'armistice de trois semaines, conclu le 28 janvier, ne devait commencer que le 31 à midi pour les armées de province, qui en furent informées dans la soirée du 29. A cette date, la division du général Saussier était restée en arrière de la Dives. Quant à l'armée du Havre, elle n'était pas sérieusement sortie de ses lignes de défense; on s'était borné à mettre en marche une colonne mobile qui occupait Criquetot; en outre, une reconnaissance avait été dirigée sur Bolbec; là, le 24 janvier, des éclaireurs à cheval du Havre (sous-lieutenant Theymann) avaient poursuivi une patrouille de cavaliers du 10ᵉ dragons, dont un fut blessé et fait prisonnier; enfin, quelques francs-tireurs avaient poussé jusqu'à Lillebonne; mais cette dernière ville n'était pas occupée d'une manière effective. Les ports de la Seine et du littoral, tels que Caudebec, Étretat, Fécamp et Dieppe, avaient été visités par nos croiseurs, mais aucun d'eux n'était protégé d'une façon efficace.

Cependant la basse Seine continuait d'être explorée par notre flottille. Le 29 janvier, la canonnière *l'Oriflamme* (lieutenant de vaisseau Pic-Paris) remontait le fleuve et arrivait vers huit heures du matin à la hauteur de Guerbaville; là, nos marins se virent en présence du détachement ennemi chargé de la protection des torpilles. Une fusillade s'engagea aussitôt à grande distance, et quelques obus que le commandant Pic-Paris put lancer sans danger pour les habitants, ne tardèrent pas à disperser les Allemands dans toutes les directions. Comme la poursuite n'était pas possible, *l'Oriflamme* redescendit la Seine, n'ayant éprouvé que quelques dommages matériels, tels que cordages coupés et autres légères avaries. Dans l'après-midi, au moment où notre canonnière repassait à Caudebec, trois dragons ayant fait mine de la suivre, essuyèrent quelques coups de feu bien dirigés qui les démontèrent tous les trois et mirent fin à leur bravade.

Le lendemain, l'*Oriflamme* appareillait de Quillebœuf, où elle avait passé la nuit, et remontait de nouveau la Seine, suivie de la canonnière l'*Alerte* (lieutenant de vaisseau Masson). En approchant de Caudebec, qui était occupé depuis le matin par le détachement venu de Saint-Vandrille, sous les ordres du capitaine de Quitzow, nos canonnières furent accueillies par une vive fusillade. L'*Alerte,* dont le pont était découvert, et qui d'ailleurs remontait difficilement le courant, dut rebrousser chemin. Quant au commandant Pic-Paris, une fois engagé, il continua sa route, ripostant avec sa mousqueterie; il ne pouvait se servir de ses canons, car les Mecklembourgeois étaient embusqués dans les maisons qui bordent le quai, et tiraient par les fenêtres. En raison de la petite distance à laquelle notre canonnière défilait, les balles, traversant les bastingages et les abris, mirent quelques-uns de nos marins hors de combat. Après avoir remonté la Seine jusqu'au banc des Moules et avoir essuyé quelques coups de feu de la rive gauche, à la hauteur de Guerbaville, le commandant Pic-Paris vira de bord, redescendit le fleuve, reprit, en passant à Caudebec, l'engagement du matin et continua sa route sur le Havre. Les Meklembourgeois, bien abrités derrière les arbres ou dans les maisons, n'eurent qu'un homme grièvement atteint dans ces rencontres ; quant à l'équipage de l'*Oriflamme*, il eut un matelot tué et quatre blessés.

Dans ces divers engagements, nos braves marins avaient montré le parti qu'on pouvait tirer d'eux. Leur navigation en cette saison, au milieu des glaces, était doublement périlleuse, car un obus, bien dirigé à la ligne de flottaison d'un de ces petits bâtiments, aurait certainement pu le couler. Par bonheur, les Allemands n'y songèrent pas. Le barrage de Duclair et les torpilles de Guerbaville sont les meilleures preuves de la crainte que notre flottille inspirait à leur état-major. Quant aux simples soldats du Mecklembourg et de la Thuringe qui se trouvaient cantonnés sur la rive de la basse Seine, on raconte que, dans les premiers jours, ils ne voyaient pas sans émotion le retour périodique du flot, phénomène qu'ils attribuaient à l'approche de nos canonnières.

L'ennemi, qui avait reçu le premier la nouvelle de l'armistice, en profita pour s'étendre le plus possible : *Es war von Interesse mit Beginn des Waffenstillstandes einen möglichst ausgedehnten Rayon factisch zu besitzen*[1]. Dans la journée du 29, le grand-duc s'empressa de pousser jusqu'à Caudebec le détachement de Saint-Vandrille, et il renforça la garnison d'Yvetot en y envoyant deux sections d'artillerie. Le lendemain, la brigade des dragons de la garde envoya également un détachement, par Doudeville, dans la direction de Fécamp, tandis que le général de Bentheim dirigeait le 5ᵉ régiment d'infanterie avec deux escadrons et trois batteries sur Dieppe, afin d'occuper cette ville avant l'ouverture de l'armistice.

V. Fischer. *Die 17. Infanterie-Division im Feldzuge* 1870-71. Berlin.

L'ennemi cherchait ainsi à donner le plus d'extension possible à son rayon d'occupation; il en résulta des rencontres et des conflits, peu sérieux d'ailleurs, et qui, dans les circonstances où nous nous trouvions, devaient forcément tourner à notre détriment.

Sur le littoral, la possession de la ville de Dieppe, en raison de son importance, fut sérieusement disputée de part et d'autre. Le lieutenant de vaisseau Carrey, commandant l'aviso *le Diamant*, était entré dans ce port le 30 janvier et avait fait occuper l'hôtel de ville par une partie de son équipage. Un détachement de mobiles avait été également envoyé d'Abbeville afin de protéger Dieppe contre les tentatives de l'ennemi. Dans la matinée du 31, l'avant-garde prussienne arriva dans l'intention de s'en emparer. Le commandant Carrey soutint énergiquement ses droits de premier occupant, et comme l'armistice ne commençait qu'à midi ; il offrit au chef du détachement prussien de se battre jusqu'à l'heure fixée. Sa proposition ne fut pas agréée, et le général de Pritzelwitz dut accepter une ligne de démarcation qui laissait libre Dieppe et une certaine étendue de la côte. Mais le général de Goeben, informé de cet incident, refusa de ratifier la convention conclue, et donna l'ordre au général de Bentheim d'occuper la ville sans retard. Des parlementaires se présentèrent donc de nouveau dans la matinée du lendemain et déclarèrent qu'ils avaient reçu l'ordre formel de s'en emparer. Le commandant Carrey ne put que s'incliner devant les clauses précises de la convention de Versailles, qui avait été publiée sur ces entrefaites, et qui fixait, comme démarcation, à l'armée du Havre, une ligne partant d'Étretat dans la direction de Saint-

Romain. En conséqnence, il céda la ville de Dieppe aux troupes prussiennes, qui y firent leur entrée vers onze heures du matin.

Les Allemands attachaient un si grand prix à la possession de ce port de mer, que le grand-duc, de son côté, avait aussi dirigé un détachement sur ce point. Ayant trouvé Dieppe au pouvoir des Prussiens, les Mecklembourgeois se rabattirent sur Fécamp; ils se présentèrent à l'entrée de cette ville le 2 février. A cette date elle était occupée par une section des éclaireurs du Havre (sous-lieutenant de Beaumont); elle était, en outre, protégée par l'aviso *l'Averne* (capitaine de frégate Lefèvre-Dubua), chargé sur la côte du service des dépêches. Avertis de la présence de nos troupes, les Mecklembourgeois prirent leurs cantonnements aux environs; mais dans la matinée du 3 février, ils s'avancèrent jusqu'au bas de la côte de la Toussaint. Le détachement ennemi était commandé par le colonel comte de Kleist et se composait de deux bataillons du 89º régiment, de deux escadrons du 18ᵉ dragons et d'une batterie d'artillerie. Après avoir parlementé et demandé des instructions, nos officiers reçurent l'ordre de se conformer à la convention et d'évacuer la ville. Elle fut occupée par l'ennemi dans l'après-midi, et elle eut à subir les vexations d'un commandant de place, le major de Malotki, lequel, en dépit de l'armistice, prétendit appliquer aux habitants le régime de l'état de guerre, pour les punir de la répugnance qu'ils avaient témoignée pour l'occupation étrangère. Ainsi, par une amère dérision du sort, notre flottille se voyait repoussée des divers points de notre propre littoral par ces mêmes troupes mecklembourgeoises qui, sous les ordres du général Vogel de Falkenstein, avaient reçu au début des hostilités la mission de protéger contre elle les côtes de la Baltique.

Tandis que nos marins échouaient ainsi dans leurs tentatives, le général Loysel n'était guère plus heureux dans les siennes. Dès qu'il connut le texte de la convention de Versailles, qui assignait pour la péninsule du Havre une ligne de démarcation allant d'Étretat à Saint-Romain, il protesta contre cette clause par des télégrammes rendus publics et adressés coup sur coup au ministre de la guerre ; il invoquait les arguments du *statu quo* et de l'*uti possidetis* dans une question ou, par malheur, il n'y avait d'autre juge que la force. On crut un instant que le Havre, comme Belfort, allait être exclu de l'armistice ; sans doute les Allemands n'eussent pas mieux demandé, mais le général Loysel pouvait d'autant moins repousser les conditions du vainqueur, que le général Faidherbe lui-même dut livrer à l'ennemi Abbeville, avec une portion du territoire qu'il occupait et qu'il avait héroïquement défendu. Une simple démonstration de l'armée du Havre au moment de la bataille de Saint-Quentin l'eût rendue maîtresse de Rouen et de la Seine-Inférieure : n'étant pas sortie de ses lignes, elle s'y vit plus étroitement enfermée que jamais. Toutes les protestations du général Loysel ne furent qu'une occasion pour l'ennemi de se vanter d'avoir réduit son adversaire au silence en le menaçant de la reprise des hostilités : *auf dem rechten Seineufer die Drohung der Wiederaufnahme der Feindseligkeiten nothwendig wurde, um die Bedingungen des Waffenstillstandes anerkannt zu sehen* [1]. Malgré ces difficultés,

[1] V. Schell : *Die Operationen der I. Armee*. Berlin.

les clauses relatives à l'application de l'armistice à l'armée du Havre furent ratifiées à Yvetot le 3 février. Le grand-duc de Mecklembourg s'engageait à ne pas laisser franchir par ses avant-postes une ligne qui, partant de Fécamp, passait par Ganzeville, Gonfreville, Bernières, Beuzevillette et la Trinité pour aboutir à Lillebonne. De son côté, le général Loysel ne devait pas dépasser la ligne qui, partant de Saint-Jouin, passait par Mannevillette, Rolleville, Saint-Martin-du-Manoir, Gainneville et aboutissait à Rogerville. Les deux armées se trouvaient ainsi séparées par une zone neutre d'environ vingt kilomètres de largeur.

On sait que sur la rive gauche de la Seine la division du général Saussier avait été dirigée sur Argentan et Écouché, pour se relier au 19ᵉ corps. Elle formait ainsi l'extrême gauche du général Chanzy, et elle garda ses positions pendant la marche du grand-duc de Mecklembourg ; après le passage du XIIIᵉ corps allemand, cette division se rabattit vers le nord en suivant le cours de la Dives, dont elle occupa le bassin moyen. A la date du 25 janvier, le général Saussier, s'étendant par sa gauche, avait réparti ses troupes à Coulibœuf, Pont-sur-Jort, où se trouvait le quartier général, Saint-Pierre sur Dives et Mézidon. De ce côté de la Seine, l'ambiguïté des clauses de l'armistice devait également faire naître des difficultés. Aux termes de la convention de Versailles, la démarcation était fixée par une ligne qui, partant de Pont-l'Évêque, se dirigeait sur Lignières, au nord-est du département de la Mayenne. Pour avoir une ligne de démarcation complète, il eût fallu la prolonger au nord de Pont-l'Évêque, ce qui eût laissé Honfleur de notre côté; mais comme les Allemands avaient l'intention de s'en emparer, ils imposèrent comme limite le cours de la Touques en aval de Pont-l'Évêque. Une conférence eut lieu à cet effet le 2 février, au château de Marolles, entre les délégués du général Dargent et ceux du grand-duc de Mecklembourg. En ce qui concernait l'occupation d'Honfleur, il s'éleva une protestation inspirée par le général Loysel et fondée sur ce que cette ville, située à sept kilomètres de la pointe du Hoc, se trouvait trop rapprochée du Havre pour être occupée par l'ennemi. Sauf ce point resté en litige, une convention fut conclue à Marolles, et l'on adopta pour la démarcation une ligne partant de Trouville et passant par Pont-l'Évêque, la Motte, Saint-Julien-le-Faucon, Boissey, les Moutiers-en-Auge, Montabart et Saint-Hilaire-de-Briouze. Mézidon restait ainsi en dehors de la zone neutre; mais ce point stratégique avait perdu toute son importance, puisque ses communications par les embranchements de Falaise et de Lisieux se trouvaient interrompues. Le général Saussier s'établit à Saint-Silvain, puis à Fierville-la-Campagne; la ligne de ses avant-postes était déterminée par les villages d'Ecajeul, Percy-en-Auge, Escures, Sassy et Perrières; celle des avant-postes ennemis par les villages de Fiquefleur, Quetteville, Saint-Léger, le Faulq, Firfol, Auquainville, Bellon et Saint-Germain-de-Montgommery.

Lorsque la délimitation de la zone neutre fut arrêtée, l'ennemi opéra une nouvelle répartition de ses forces. Le XIII° corps, jusque-là commandé par le grand-duc de Mecklembourg, fut disloqué, et la 22° division rejoignit le XI° corps d'armée dont elle avait été distraite. La 17e, réunie à la Ire armée, en même temps que la cavalerie de Rheinbaben, repassa en partie sur la rive gauche de la Seine, et le gros de cette division, sous les ordres du général major de Kottwitz, s'établit à Brionne. Un premier détachement, commandé par le colonel comte de Solms-Wildenfels et composé de deux bataillons du 76e, du 11e uhlans et d'une batterie, occupa Pont-Audemer, avec ses avant-postes à Fiquefleur, Beuzeville et Cormeilles. Un second détachement formé d'un bataillon du 76e et du 17e dragons, sous le colonel de Kahlden, tint garnison à Bernay avec ses avant-postes au Pin, à Firfol, à Saint-Martin-de-Bienfaite, se reliant à Orbec à un bataillon du 75e et à la 5e division de cavalerie, qui formait ainsi la gauche de la ligne d'observation. Le général major de Manteuffel, avec la 34e brigade d'infanterie, prit position à Elbeuf où fut établi le quartier général de la 17e division. L'état-major du 75e régiment occupa Évreux avec des détachements à Broglie et à Laigle.

Sur la rive droite de la Seine, les positions de l'ennemi étaient les suivantes : Le major Detmering, avec le 14e bataillon de chasseurs, gardait Caudebec et Yvetot. Lillebonne, Lanquetot et Annouville-Vilmesnil étaient occupés chacun par un escadron du 18e dragons; Fécamp par deux compagnies et un escadron. La brigade des dragons de la garde, cantonnée à Doudeville et aux environs, envoyait des détachements d'un escadron chacun sur le littoral, à Veulettes, Saint-Valery-en-Caux et Veules. Le général de Pritzelwitz avec sa division occupait Dieppe et la ligne du chemin de fer.

Vers le milieu de février, nos armées de province

durent opérer plusieurs mouvements de concentration. Tout le 19ᵉ corps s'ébranla pour aller reformer avec les débris du général Chanzy la dernière armée de la France; dans le Nord, le 22ᵉ corps fut embarqué à Dunkerque pour aller rejoindre à Cherbourg l'armée de Bretagne. Ces divers mouvements amenèrent dans l'armée du général de Goeben un déplacement correspondant. Il reçut l'ordre de se concentrer sur son aile gauche, en ne laissant dans le Nord que des forces en rapport avec les nôtres. Il ne resta sur la Somme que le général de Barnekow avec la 16ᵉ division d'infanterie et l'artillerie à cheval, le comte de Groeben avec la 3ᵉ division de cavalerie, et le prince Albert (fils) avec la 3ᵉ division de réserve. La 17ᵉ division d'infanterie se tint sur la rive droite de la Seine, à cheval sur le chemin de fer de Rouen à Dieppe. La 15ᵉ division fut dirigée sur Buchy et Saint-Saens.

Le Iᵉʳ corps d'armée et la 5ᵉ division de cavalerie s'établirent sur la rive gauche de la Seine dans les positions désignées plus haut. Jusque-là, Honfleur était resté dans la zone neutre; les Allemands avaient paru renoncer à une occupation effective, moyennant le payement des contributions directes de cette ville; mais le versement venait d'être fait, lorsqu'elle fut subitement envahie. Dans la matinée du 23 février, le colonel de Rauch en prit possession à la tête d'un détachement composé d'un bataillon du 41ᵉ régiment de la Prusse orientale, de deux escadrons du 17ᵉ régiment de hussards de Brunswick et d'une batterie d'artillerie. De nouvelles protestations s'élevèrent contre cette violation de l'armistice, mais il fallut bien se soumettre à la loi du plus fort.

Malgré la suspension apparente des hostilités, les Allemands les continuèrent en frappant partout d'énormes contributions de guerre; Rouen ne devait pas payer moins de six millions et demi; Dieppe reçut des garnisaires; partout des réquisitions écrasantes furent levées, et dans ce nouveau genre d'opérations on vit la rapacité germanique aux prises avec la ténacité normande.

De notre côté, on profita de l'armistice pour organiser et exercer nos troupes. Le Havre plus étroitement investi continua ses travaux de fortification passagère; on fit à la hâte quelques relèvements de terre d'un faible profit et d'un développement énorme, dirigés plutôt contre l'inaction de nos soldats que contre l'ennemi. On chercherait vainement aujourd'hui les vestiges de ces retranchements, dont il ne reste rien pour la défense de la place, tandis qu'à peu de distance, sur la côte normande, on peut voir encore les travaux improvisés des légions de César, ces camps romains qui, après plus de vingt siècles, font encore l'étonnement de la postérité.

En résumé, vers la fin de février, le Havre, notre dernier point d'occupation sur la Seine, était cette fois sérieusement menacé; ses communications avec la rive gauche étaient rompues, Honfleur étant au pouvoir de l'ennemi. De ce côté du fleuve, le général Chanzy, après avoir d'abord songé à s'établir dans les lignes de Carentan, avait résolu plus tard de porter son quartier général à Poitiers pour barrer à l'ennemi la route de Bordeaux[1]. La Normandie était désormais abandonnée, et la Bretagne n'avait plus pour se

---

[1] V. Chanzy. *La deuxième armée de la Loire.* Paris.

couvrir qu'une armée composée en grande partie des mobilisés du camp de Conlie. Dans le cas d'une reprise des hostilités, c'en était fait de l'Ouest de la France.

Telle était la situation militaire, lorsque l'armistice, prorogé d'abord jusqu'au 24 février à midi, le fut de nouveau jusqu'au 26 à minuit. Quelques heures après l'expiration de ce dernier délai, on apprit que les préliminaires du traité de paix avaient été signés et que notre ruine était consommée. Trahie par la fortune plutôt que par son courage, la France avait dû se voiler la face et voter la paix. Notre sol envahi; nos armées détruites ou captives; cent mille de nos soldats, l'élite de la jeunesse, sacrifiés sur les champs de bataille; nos villes et nos villages pillés et saccagés; notre dette accrue de plus de cinq milliards, notre matériel de guerre resté aux mains de l'ennemi; nos meilleures frontières tournées contre nous; deux de nos plus patriotiques provinces violemment arrachées du sein de la mère patrie, voilà quels étaient les résultats d'une guerre follement déclarée et plus follement conduite.

Tels sont les événements dont l'Ouest a été le théâtre pendant la guerre allemande. Bien qu'ils n'aient eu qu'une importance secondaire, ils n'en portent pas moins avec eux leur enseignement : c'est que le courage et le patriotisme sont inutiles, que les efforts et les sacrifices sont stériles là où règne le défaut d'entente. Nulle part, peut-être, on n'a mieux vu la nécessité de serrer les rangs en face d'un ennemi redoutable. Que ce soit la morale de ce récit. Si nous voulons que la France reprenne en Europe le rang qui lui appartient, soyons unis; unis dans l'accomplissement du devoir, dans le respect de la loi, dans l'amour de la patrie. C'est ainsi que nous obtiendrons la véritable revanche. L'autre viendra d'elle-même. Tôt ou tard, la Prusse sera forcée de reconnaître l'abus qu'elle a fait de la victoire; elle s'apercevra tôt ou tard qu'en enchaînant à ses pieds, dans l'ivresse du triomphe, deux provinces françaises, elle n'a fait qu'ajouter à ses difficultés bien plus qu'à sa puissance.

FIN DU SEIZIÈME ET DERNIER CHAPITRE.

TABLE DES MATIÈRES.

Avant-propos. 1

CHAPITRE PREMIER.

Marche des Allemands sur Paris. — Situation militaire de la France au mois de septembre. — Troupes de marche de la ligne. — Garde mobile. — Corps francs. — Garde nationale. 3

CHAPITRE II.

Premières entreprises des fourrageurs ennemis après l'investissement de Paris. — Pointe de la brigade de Bredow sur la rive gauche de la Seine : Rencontre d'Aulnay-sur-Mauldre; incendie de Mézières; apparition de l'ennemi à Mantes (22 septembre). — Marche des détachements prussiens et saxons sur la ligne de l'Oise. — Occupation de Creil (23 septembre). — Rencontre de Laigneville (25 septembre). — Rencontre de Liancourt; occupation de Chantilly et de Senlis (26 septembre). — Prise de Clermont (27 septembre). — Occupation de Beauvais (30 septembre). — Reconnaissance des Saxons sur Breteuil (1er octobre). — Engagements dans la vallée basse de l'Oise. — Embuscade de Stors (23 septembre). — Rencontre de Mériel (26 septembre). — Combats de l'Isle-Adam et de Parmain (27-29 septembre). — Incendie de Parmain (30 septembre). — Marche du détachement du prince Albert (fils). 15

CHAPITRE III.

Suite des entreprises de la cavalerie ennemie sur l'Eure et sur l'Oise. — Situation militaire de la Normandie à la fin du mois de septembre. — Corps du général Gudin dans le département de la Seine-Inférieure. — Corps du général Delarue dans le département de l'Eure. — Excursion de la garde nationale de Rouen à Mantes (29 septembre). — Entreprises du détachement de Bredow sur la rive gauche de la Seine. — Rencontre des Alluets (30 septembre). — Occupation de Mantes (1er octobre). Rencontre d'Aigleville (5 octobre). — Entreprises des Allemands sur la ligne de Chartres. — Embuscades et massacres de

Saint-Léger-aux-Bois (1-2 octobre). — Combat d'Épernon (4 octobre).
— Surprise et incendie d'Ablis (8 octobre). — Entreprises des Saxons
et des Prussiens sur la rive droite de la Seine. — Rencontres de Gournay
(2 octobre) et d'Armentières (5 octobre). — Incendie d'Héricourt
(6 octobre). — Occupation de Compiègne (7 octobre). — Apparition
des Prussiens à Gisors (6 octobre). 41

CHAPITRE IV.

Suite des opérations des détachements saxo-prussiens dans le nord-ouest.
— Marche du prince Albert (fils) sur la ligne de l'Epte. — Situation
militaire des deux partis sur l'Andelle et sur l'Epte. — Prise de
Gisors et combat de Bazincourt (9 octobre).—Expédition des Allemands
à Gournay (10 octobre). — Combat de Breteuil (12 octobre). — Rencontre d'Écouis (14 octobre). — Expédition des Prussiens aux Andelys
(15 octobre). — Embuscades de Fontenay-Saint-Père (15 et 16 octobre). — Expédition des Allemands à Montdidier (17 octobre). —
Nouvelle répartition de nos commandements en province, nominations et mutations dans les régions du nord et de l'ouest. 67

CHAPITRE V.

Nouvelles entreprises de la cavalerie ennemie sur l'Eure et sur l'Epte. —
Situation militaire sur la rive gauche de la Seine au commencement
d'octobre. — Rencontres de Garancières (6 octobre) et de Condé-sur-
Vègre (7 octobre). — Première apparition des Prussiens à Dreux
(8 octobre).—Combat de Chérisy (9 octobre). — Incendies de Chérisy
et de Septeuil (10 octobre). — Évacuation et réoccupation de Dreux
(11 octobre). — Situation militaire dans le département de l'Eure à
l'arrivée du général de Kersalaun. — Combat de Villegats (22 octobre).
— Situation militaire sur la rive droite de la Seine à l'arrivée du
général Briand.— Bombardement de la Broche (20 octobre), de Vernon
(22 octobre), de Longchamps (24 octobre). — Combat de Formerie
(28 octobre). 91

CHAPITRE VI.

Événements sur la rive droite de la Seine dans la première quinzaine
de novembre. — Capitulation de Metz (27 octobre). — Négociations
de M. Thiers à Versailles. — Rencontres de Mainneville (30 octobre)
et de Formerie (3 novembre). — Embuscades de Suzay et de Richeville
(2 et 3 novembre). — Embuscades du Montchel (31 octobre) et de
Maignelay (2 novembre). — Embuscade d'Étrépagny (5 novembre). —
Rencontre du Thil (6 novembre). — Embuscades de Gommecourt
(1er, 4 et 6 novembre). — Sac de Guitry et de Forêt-la-Folie (7 novembre). — Embuscade de Bazincourt (8 novembre). — Incendie
d'Hébécourt (10 novembre). — Expédition des Saxons à Ravenel
(16 novembre). 123

CHAPITRE VII.

Opérations des Allemands sur la rivière de l'Eure jusqu'à l'évacuation d'Évreux. — Rencontres de Condé-sur-Vègre (17 octobre) et d'Orgerus (18 octobre). — Combat d'Artenay (10 octobre). — Marche du général de Wittich et du prince Albert (père) sur Chartres et Dreux. — Héroïque défense de Châteaudun (18 octobre). — Occupation de Chartres (20 octobre). — Combat d'avant-postes à Chérisy. — Rencontre de Marville et catastrophe des Cinq-Chênes (24 octobre). — Occupation de Dreux (25 octobre). — Reconnaissance des Prussiens sur Anet (26 octobre). — Rencontre d'Ivry-la-Bataille. — Rencontre et incendie de Bréval. — Embuscade à Bonnières (31 octobre). — Rencontres de Boissy-Mauvoisin et de Ménerville (3 novembre). — Embuscades à Dreux (31 octobre, 5 et 7 novembre). — Rencontre de Boncourt (7 novembre). — Rencontres de Bu, de la Belle-Côte, de Boissy-Mauvoisin et de Gilles (14 novembre). — Marche du grand-duc de Mecklembourg sur Chartres et Dreux. — Combats d'Imbermais, de Dreux et de Berchères-sur-Vègre. — Rencontres de Gilles et de Châteauneuf (17 novembre). — Combats de Torçay, d'Ardelles et de Digny. — Retraite des corps d'Eure-et-Avre et de Senonches. — Rencontres de Saint-Remy-sur-Avre, de Marcilly-sur-Eure et de Gilles (18 novembre). — Rencontres de Saint-Ouen-de-Marchefroy, de Marcilly-sur-Eure et de Verneuil. — Reconnaissance des Prussiens sur Évreux et évacuation de cette ville (19 novembre). — Marche du grand-duc de Mecklembourg sur Nogent-le-Rotrou. 141

CHAPITRE VIII.

Événements en Normandie jusqu'au combat d'Étrépagny. — Marche du général de Manteuffel sur l'Oise et sur la Somme. — Départ du général Bourbaki pour l'armée de la Loire (19 novembre). — Situation militaire sur la rive gauche de la Seine. — Apparition de l'ennemi à Conches (21 novembre). — Combat de Vernon (22 novembre). — Rencontres de Blaru (23 novembre) et de la Villeneuve-en-Chevrie (25 novembre). — Combat de Blaru (26 novembre). — Embuscades de Grossœuvre et de Nogent-le-Sec (23 novembre). — Entrée en campagne de la garde nationale mobilisée. — Situation militaire sur la rive droite de la Seine à la fin de novembre. — Rencontres de Gournay et de Songeons, de Richeville et de Saint-Jean-de-Frenelle (28 et 29 novembre). — Combat d'Étrépagny. — Rencontres des Thilliers et d'Éragny. — Incendie d'Étrépagny (30 novembre). 189

CHAPITRE IX.

Événements sur la rive droite de la Seine depuis le combat d'Étrépagny jusqu'à ceux de Buchy. — Grande sortie de Paris. — Ordres de marche sur la capitale (29 et 30 novembre). — Événements dans le Nord. — Bataille de Villers-Bretonneux (27 novembre). — Chute de la Fère et prise d'Amiens. — Marche du général de Manteuffel sur Rouen (1er décembre). — Formation de la première armée allemande à la date du 3 décembre. — Répartition des troupes de l'Andelle à la même date. — Effectif des forces allemandes. — Combats de Forgettes, de Rocquemont et de Bosc-le-Hard. — Escarmouches de Saint-Jean-de-Frenelle, de Lyons-la-Forêt et de Vascœuil (4 décembre). — Positions des deux partis dans la soirée du 4 décembre. 219

CHAPITRE X.

Événements en Normandie depuis la prise de Rouen jusqu'à l'occupation de Dieppe. — État de défense et occupation de la ville de Rouen. — Retraite du général Briand sur Honfleur (5 et 6 décembre). — Événements sur la rive gauche de la Seine. — Rencontres de Damville, de Breteuil et d'Autrebois (28 novembre - 2 décembre). — Surprise de Guichainville (4 décembre). — Rencontres de Blaru et de Réanville (5, 7 et 8 décembre). — Retraite des troupes de l'Eure sur Serquigny et Louviers. — Mouvements des détachements ennemis sur la rive gauche de la Seine. — Occupation de Vernon (9 décembre). — Occupation d'Évreux (8 décembre). — Marche des Prussiens sur Bourg-Achard et Pont-Audemer (8-9 décembre). — Retour des Saxons à Gisors (8 décembre). — Expédition des Prussiens à Dieppe (9 décembre). 249

CHAPITRE XI.

Entreprises de la Ire armée allemande contre le Havre. — État de défense de cette place au commencement de décembre. — Reconnaissance du comte de Brandebourg sur le Havre (9 décembre). — Départ du général Briand pour Cherbourg (10 décembre). — Effectif de la garnison du Havre à la même date. — Mouvement du général de Goeben contre le Havre (10-11 décembre). — Reprise des hostilités dans le Nord. — Marche du général de Goeben sur Dieppe et sur Amiens (12-20 décembre). 271

CHAPITRE XII.

Événements sur la basse Seine pendant la reprise des hostilités dans le Nord. — Séparation de la Ire armée prussienne en deux groupes sur la Seine et sur la Somme (10 décembre). — Composition du corps du général de Bentheim à Rouen. — Événements sur la rive gauche de la Seine : engagements de Beaumont-le-Roger, de Tilleul-Othon et de Goupillières (11 décembre). — Combats d'avant-postes à Nassandres et à Beaumont-le-Roger (12 décembre). — Engagement de Serquigny (13 décembre). — Marche du général de Bentheim sur la Rille (16 décembre). — Mouvement de retraite et sédition à Bernay (17 décembre). — Événements sur la rive droite de la Seine. — Coup de main à Lillebonne (14 décembre). — Engagement de Caudebec (15 décembre). —

Organisation de la défense du Havre (17 décembre). — Rencontre de Saint-Romain (18 décembre). — Mesures défensives prises par le général de Bentheim (20-21 décembre). — Engagement de Bolbec (24 décembre). 293

CHAPITRE XIII.

Mouvements offensifs des troupes de Normandie sur la basse Seine à la fin de décembre. — Événements sur la rive gauche : Rencontres de Saint-Martin-du-Parc (19 décembre); de Montfort-sur-Rille (20 décembre); d'Iville (21 décembre); de Saint-Ouen-de-Thouberville (23 décembre). — Mouvement offensif du général Roy. — Rencontres de Bourgthéroulde (25 décembre); de la Londe (27 décembre); d'Orival (28 décembre). — Effectif et positions des troupes de l'Eure. — Prise de Château-Robert et du plateau d'Orival (30 décembre). — Perte et reprise de Château-Robert; engagement d'Orival (31 décembre). — — Événements sur la rive droite : rencontre de Bolleville (31 décembre). 313

CHAPITRE XIV.

Événements en Normandie au commencement de janvier. — Événements sur la rive gauche de la Seine. — Rencontre de Moulineaux (2 janvier). — Situation des deux partis dans la journée du 3 janvier. — Combats de Château-Robert, de Maison-Brûlée et de Saint-Ouen-de-Thouberville. — Surprise de Rougemontier. — Combats de Bourgthéroulde et de la Londe. — Entreprises contre Elbeuf et engagements d'Orival (4 janvier). — Retraite du général Roy derrière la Rille et la Touques. — Rencontres de Breteuil, de Bosrobert et d'Appeville (7 janvier). — Formation d'une division avec les troupes de l'Eure et du Calvados sous le général Saussier. — Événements sur la rive droite de la Seine. — Rencontre d'Alliquerville (2 janvier). — Rentrée du général Peletingeas au Havre. — Reconnaissance des Prussiens à Gainneville (6 janvier). — Formation d'une division avec les troupes du Havre et projet d'embarquement de cette division (7 et 8 janvier). — Départ du général de Manteuffel et son remplacement par le général de Goeben. — Combat d'avant-postes à Gainneville (10 janvier). — Prise du Mans (12 janvier). 333

CHAPITRE XV.

Événements en Normandie depuis la prise du Mans jusqu'à la bataille de Saint-Quentin. — Événements sur la rive droite de la Seine. — Formation d'une armée du Havre sous le général Loysel (12 janvier). — Situation militaire à Rouen. — Effectifs des deux partis. — Rencontres de Bolbec et de Mirville (14 janvier). — Rencontre et combat de Saint-Romain (15 et 17 janvier). — Événements sur la rive gauche de la Seine : Rencontres de Brestot (8 janvier), du Neubourg (11 janvier) et de Bourneville (13 janvier). — Mouvement du général Saussier sur

Lisieux et Argentan. — Embuscades à Roman (10 et 11 janvier). — Rencontre de Gouville (17 janvier). — Marche du général de Rheinbaben sur Verneuil. — Engagement du Fidelaire (18 janvier). — Bataille de Saint-Quentin et dernière sortie de l'armée de Paris (19 janvier). 359

CHAPITRE XVI.

Événements en Normandie depuis le mouvement du grand-duc de Mecklembourg jusqu'à la fin de l'armistice. — Marche du grand-duc de Mecklembourg sur Alençon et Rouen. — Combat de Saint-Pater et occupation d'Alençon (15 et 16 janvier). — Combats d'Orbec et de Bernay (21 janvier). — Embuscades à Serquigny et à Conches (22 et 23 janvier). — Rencontre de Marolles (24 janvier). Entrée du grand-duc de Mecklembourg à Rouen (25 janvier). — Rencontre de Bolbec (24 janvier). — Conclusion de l'armistice (28 janvier). — Engagements sur la Seine à Guerbaville et à Caudebec (29 et 30 janvier). — Occupation de Dieppe (1er février) et de Fécamp (3 février). — Ligne de démarcation de l'armistice dans la péninsule du Havre et sur la rive gauche de la Seine. — Mouvements de concentration opérés par les deux partis pendant l'armistice. — Occupation d'Honfleur (23 février). — Signature des préliminaires de paix (26 février). 379

FIN DE LA TABLE DES MATIÈRES.

PARIS. TYPOGRAPHIE DE E. PLON ET Cie, RUE GARANCIÈRE, 8.

www.ingramcontent.com/pod-product-compliance
Lightning Source LLC
Chambersburg PA
CBHW071902230426
43671CB00010B/1438